RESEARCH ON THE CULTIVATION OF
INNOVATIVE TALENTS IN THE FIELD OF
ARTIFICIAL INTELLIGENCE LAW

人工智能
法治创新型人才
塑造研究

王炳 等／著

法律出版社
LAW PRESS · CHINA
——北京——

图书在版编目（CIP）数据

人工智能法治创新型人才塑造研究 / 王炳等著.
北京：法律出版社，2025. -- ISBN 978-7-5197-9965-6

Ⅰ. D922.174

中国国家版本馆 CIP 数据核字第 2025SW3238 号

人工智能法治创新型人才塑造研究
RENGONG ZHINENG FAZHI CHUANGXINXING RENCAI SUZAO YANJIU

王　炳　李　彤　孙清白　聂明岩　等著

策划编辑　肖　越
责任编辑　肖　越
装帧设计　鲍龙卉

出版发行　法律出版社
编辑统筹　法商出版分社
责任校对　王　皓
责任印制　胡晓雅
经　　销　新华书店

开本　710 毫米×1000 毫米　1/16
印张　16.75　　**字数**　250 千
版本　2025 年 2 月第 1 版
印次　2025 年 2 月第 1 次印刷
印刷　北京建宏印刷有限公司

地址：北京市丰台区莲花池西里 7 号（100073）
网址：www.lawpress.com.cn
投稿邮箱：info@lawpress.com.cn
举报盗版邮箱：jbwq@lawpress.com.cn
销售电话：010-83938349
客服电话：010-83938350
咨询电话：010-63939796

书号：ISBN 978-7-5197-9965-6
定价：62.00 元

作者简介

王　炳，法学博士，南京航空航天大学法律系教授，网络与人工智能法治研究院院长，首批国家级一流本科课程“网络与人工智能法”建设负责人，校教学指导委员会委员，牛津大学访问学者(2014年11月至2015年11月)。出版著作有《反垄断非强制性执法制度与实践分析》(独著)、《反垄断法中的经营者集中附条件许可问题研究》(独著)、《反垄断法实施指南制度建构研究》(独著)、《“互联网+”经济发展的反垄断法保障研究》(独著)、《竞争法学》(合著)、《经济法学》(合著)、《知识产权引论》(合著)、《网络与人工智能法学》(合著)，在《法律科学》《法学评论》《人民日报》等出版物发表论文多篇，主要有《公平竞争审查的合宪性审查进路》《反垄断法中协同性单边公告违法性的认定标准》《反垄断中止调查与终止调查制度：契约化还是行政化》《论反垄断委员会制度的回应性、超越与改良》《我国反垄断指南的尴尬法律地位与救赎方法》《反垄断法实施中的行政指导滥用及其矫正》《论经营者集中附条件许可制度的适用衡量：以比例原则为视角》《反垄断执法和解的制度机理》《管制行业反垄断执法权配置分析——以管制度为视角》《试论反垄断对外贸易豁免规则的内在冲突及克服》《论金融调控权的软性》《论知识生产难度与知识产权保护成比例原则》等。主持国家社科基金重点项目、一般项目、重大项目子课题共3项，主持教育部人文社会科学研究项目、江苏省社科基金项目、江苏省高校哲学社会科学研究项目共4项，主持或参与其他课题近20项。论文被《人大复印报刊资料》、中国社会科学网、光明网、人民网等全文转载，获全国或省经济法学研究会奖等奖项9项。兼任江苏省法学会互联网与信息法学研究会副会长、江苏省法学会经济法学研究会副会长、中国法学会网络与信息法学研究会理事、中国法学会经济法学研究会理事等，被聘为国家社科基金项目同行评议专家、科技部基地与外专项目评审专家、中国科协网络与数据法治决策咨询专家、密码法治实践创新基地学术委员会委员、江苏省市场监督管理局公平竞争审查和反垄断专家、江苏省知识产权局数据知识产权试点工作咨询专家、江苏省司法厅合法性审查专家等。为《法学评论》《东方法学》及多个高校学报的审稿专家。

李　彤，法学博士，南京航空航天大学法律系副教授。主要研究领域为人工智能法、中外民商法史。曾在《东方法学》等刊物发表论文多篇，出版专著3部，译著(第二译者)1部，参编教材1部。曾作为主要参加人参与国家社科基金重大项目(11&ZD081)、入选上海市优秀青年教师资助计划等。

孙清白，法学博士，南京航空航天大学法律系副教授、硕士生导师、系副主任，南京大学竞争政策与企业合规研究中心研究员。主要从事商法学、互联网与信息法学研究。兼任江苏省法学会互联网与信息法学研究会副秘书长、江苏省数字法学研究会理事、江苏省经济法学研究会理事。主持国家社科基金青年项目、工信部重大问题研究、中央高校基本科研业务费等多项课题，在《中外法学》《行政法学研究》《法学杂志》等核心期刊发表论文十余篇。系法律出版社"21世纪法学系列教材"《网络与人工智能法学》编写组成员。曾获"江苏省第十六届哲学社会科学优秀成果奖"三等奖、第十四届"长三角法学论坛"二等奖、第二届"网络安全法治建设"学术论坛优秀论文奖等多个奖项。

聂明岩，法学博士，南京航空航天大学法律系副教授、硕士研究生导师、院长助理，工信部智库航空产业政策法规研究中心执行主任。博士毕业于德国科隆大学法学院。主要研究方向为国际法、航空航天法与外层空间法。已出版中文专著2部、英文专著1部，主持国家社科基金一般项目1项(在研)、青年项目1项(已结项)，江苏省社科基金项目1项(在研)。在CSSCI、SSCI、SCI、ESCI、KCI来源刊物发表中、英文论文多篇。

何叶华，法学博士，南京航空航天大学法律系讲师、硕士生导师，网络与人工智能法治研究院特聘副研究员，兼任江苏省法学会涉外法治研究会理事。主持司法部项目1项、江苏省社科基金项目1项，曾发表《论数据保护法的域外效力》等多篇核心期刊论文。主要研究方向为国际私法、国际民事诉讼法、人工智能与数据法。

张　彧，法学博士，南京航空航天大学法律系助理教授、硕士生导师，网络与人工智能法治研究院特聘副研究员。兼任江苏省人大常委会地方立法研究基地特聘副研究员，江苏省法学会地方立法研究会理事、江苏省法学会涉外法治研究会理事、江苏省法学会经济法研究会理事等职。在《政治与法律》《行政法学研究》等法学期刊上发表论文多篇，独立主持省部级课题1项，作为核心成员参与国家社科基金重大招标项目2项、国家社科基金重点项目1项、其他省部级课题若干项。

季　洁，法学博士，南京航空航天大学法律系讲师、硕士生导师，网络与人工智能法治研究院特聘副研究员。兼任江苏省法学会经济法学研究会理事，入选中国科协智库青年人才计划，发表10余篇相关主题的期刊文章，其中多篇刊载于CSSCI期刊，并以副主编身份参与《中国经济法治变迁》的编写工作（北京大学出版社出版）。

王胜民，法学博士，南京航空航天大学法律系讲师。主要研究方向为经济法、公司法、证券法、人工智能法学等。曾作为主要参加人参与国家社科基金重大项目“完善促进两岸交流合作制度安排和政策措施研究”、中国法学会部级项目“修改《台湾同胞投资保护法》的实证研究”等课题的研究。在CSSCI来源刊物发表论文多篇。

吴亚光，法学博士，南京航空航天大学法律系助理教授。博士毕业于上海交通大学凯原法学院。主要研究方向为网络法、数据法、法理学。发表的学术论文主要有《信息接收视角下个人信息自决的不完备性与效力限度》《论数据财产权成立的权利客体基础》《政府数据开放中个人隐私信息的公开界限》等。

序

未来已来,人工智能时代已临。当下,人工智能法治问题成为法学研究的热点问题。然而,人工智能时代的法学教育问题并未得到应有的重视。总体而言,我国人工智能法治实践走在了人工智能法学教育的前面,智慧司法、智慧检务、智慧守法、智慧立法在实践中都得以采用,而法学教育界尚未将人工智能法治人才培养问题作为积极推动解决的问题,仍然以传统法学教育模式开展法治人才培养,更谈不上高度重视人工智能创新型法治人才培养。

为此,本书以人工智能法治创新型人才培养为研究范畴,主要研究内容包括人工智能法治创新型人才塑造的理念思考、人工智能法治创新型人才塑造的体系构成、人工智能法治创新型人才塑造的学科建设、人工智能法治创新型人才塑造的课程建设、人工智能法治创新型人才塑造的教师体系、人工智能法治创新型人才塑造的平台建设、人工智能法治创新型人才塑造之学术培养、人工智能法治创新型人才塑造之实践培养、人工智能法治创新型人才塑造的评价机制、人工智能法治创新型人才塑造的具体建议等,以促进人工智能时代的高水平法治人才培养。

本书由王炳教授拟定研究框架并统稿,李彤副教授参与了部分统稿工作。本书各章节的撰写者分别为:第一章,王炳、王胜民;第二章,季洁;第三章,王胜民;第四章,吴亚光;第五章,聂明岩;第六章,孙清白;第七章,何叶华;第八章,王炳;第九章,张彧;第十章,李彤。

人工智能技术发展方兴未艾,人工智能法治建设如火如荼,人工智能法学教育及人工智能法治人才培养也在不断探索中,我们虽尽可能进行更全面的审视、更深邃的思考、更系统的分析、更精心的论证,但不足之处在所难免,恳请各位读者不吝批评指正。

王 炳

2024 年 1 月于南京

目　　录

第一章　人工智能法治创新型人才塑造的理念思考

先进的教育理念是人工智能法治创新型人才塑造的重要基础和关键引擎，事关人工智能法治创新型人才塑造的成败。先进的法学教育理念是法学教育中"顶层设计的问题"，[①]更是世界一流法学学科的"普遍性特征"。[②] 然而，我国既有人工智能法学研究主要聚焦人工智能所引发的法律风险及其治理，对人工智能时代法学教育的改革与转向研究偏少。即便是探讨人工智能时代法学教育之文献，也往往侧重探讨法学教育模式的整体转型，缺乏对人工智能法治创新型人才塑造应秉持何种先进理念的研讨。早在 2018 年 9 月，教育部发布的《关于加快建设高水平本科教育全面提高人才培养能力的意见》就明确提出，当前高等教育中存在"教育理念仍相对滞后"等问题。时至今日，法学教育理念问题仍未得到实质性重视，事关法学教育理念之探讨也未能蔚然成风。即便部分学者论及法学教育理念问题，也未展开富有成效的讨论。故而，本章聚焦人工智能法治创新型人才塑造的先进理念，以希冀促进法学教育之革新，助推新时代的法学教育承担起培养人工智能时代创新型法治人才的重任。

---

① 参见郜占川：《新时代卓越法治人才培养之道与术》，载《政法论坛》2019 年第 2 期。

② 参见周杨：《在科学和法治的轨道上推进中国特色世界一流法学学科建设——张文显教授访谈录》，载《中国大学教学》2017 年第 8 期。

第一节　法学教育中的传统人才塑造理念

传统法学教育立足于工业革命时代，法学教育理念承接传统教育学理念。实际上，大学教育的组织和实施方式自其产生以来并未发生巨大变化。① 随着人工智能时代的到来，传统法学教育理念遭遇现代性危机。总体而言，我国法学教育中普遍存在较为典型的司法中心主义、部门法学思维、教师中心主义、小数据实证思维等传统的人才塑造理念。

一、司法中心主义

法学教育中的司法中心主义即以培养司法人才（法官、检察官、律师）为导向，由此制定培养方案，以案件为中心组织教学资源，培养学生的司法技能，并最终以毕业生是否到司法部门就业和是否胜任司法部门工作为标准评价法学教育得失的法学教育理念。②

在中国法学人才培养中，司法中心主义的倾向颇为明显。其一，以培养司法人才为导向。司法中心主义固守司法部门人才是法学教育的第一要务之理念，有法学者曾着手论证法学教育以司法考试（现更名为国家统一法律职业资格考试）为导向的合理性。③ 虽然在之后的学术研讨中，法学教育与法律职业资格考试的衔接路径逐渐得以理顺，关于法律职业资格考试的反思逐渐出炉，④但法学教育以培养司法人才为导向之理念仍影响深远。在此导向下，法学教育偏重从概念出发，开展“三段论”式的演绎推理，⑤聚焦于法律的适用环节，法学教育也始终将规范解释或适用摆在突出位置，强调法律规制至上，不断扩张法律规制的范围，并逐步形成“法律规制国”。其二，以案例为中心组织

① 参见[美]托尼·瓦格纳：《教育大未来》，余燕译，南海出版公司 2013 年版，第 2 页。

② 参见邓世豹：《超越司法中心主义——面向全面实施依法治国的法治人才培养》，载《法学评论》2016 年第 4 期。

③ 参见周详、齐文远：《法学教育以司法考试为导向的合理性——以司法考试刑法卷为例》，载《法学》2009 年第 4 期。

④ 参见杨城新：《论“司考”改“法考”与法学教育发展——〈司考十年反思录〉再思考》，载杨宗科主编：《法学教育研究》第 36 卷，法律出版社 2022 年版。

⑤ 参见冯果：《新理念与法学教育创新》，载《中国大学教学》2019 年第 10 期。

教学资源以培养学生的司法技能。坚持司法中心主义，难免将案例拘泥于法院、检察院已审结的案件，而对立法权运行、行政权行使关照明显不足。多年来，法学教育界不断开展案例教学、模拟法庭教学、法律诊所教学等以推动教学方式或理念的更新。然而，案例教学的效果并不如意。

司法中心主义的法学教育理念在人才培养上存有诸多弊端。首先，它将人才培养局限在司法领域，“造成毕业生理念和视野相对狭窄，社会适应性明显不强”。① 单就国家机关而言，立法机关等同样有大量的法治人才需求。其次，司法中心主义的教育理念将法治人才聚焦于法官、检察官、律师队伍，与风险社会的时代特性不符。风险是现代社会的突出表现，②而司法中心主义忽略了风险的普遍性、无处不在性、风险防范的多样性及全面依法治国对法治人才需求的多元性。最后，虽然司法中心主义提倡“案例教学法”，并试图对教学模式予以改革创新，但实践中必须面对的现实是，大多数高校教师并无实务或庭审经验，只能依凭其所掌握的法学理论对案例进行坐而论道式的评析，往往在教学中难以切中案例的要害，难以使学生真正领会实践中的案例思维。

二、部门法学思维

我国的法律体系是由分属于不同法律部门的法律规范所组成的有机联系的整体。③ 学界主要以法律所调整的对象（社会关系的种类）、调整的方式等标准划分法律部门。④ 宪法、行政法、民商法、经济法、刑法等法律部门由此产生，并深刻地影响了既有的法律教学与科研。部门法学者逐渐以特定法律框架为基础，划定部门法学的研究疆域，并形成了各部门法学的研究思维。

在课程设置上，部门法学思维坚持基础的部门法学课程最为重要，并主张增加民法、刑法、行政法、民事诉讼法的学分数。⑤ 特别是在法学教育的研究生阶段，学生被依据宪法学与行政法学、法理学、民商法学、经济法学、刑法学等

---

① 郜占川：《新时代卓越法治人才培养之道与术》，载《政法论坛》2019 年第 2 期。

② 参见［德］乌尔希里·贝克：《风险社会：新的现代性之路》，张文杰、何博闻译，译林出版社 2022 年版，第 7 页。

③ 参见《中国大百科全书》总编辑委员会、《法学》编辑委员会：《中国大百科全书·法学》，中国大百科全书出版社 1998 年版，第 84 页。

④ 参见雷磊：《新科技时代的法学基本范畴：挑战与回应》，载《中国法学》2023 年第 1 期。

⑤ 参见葛云松：《法学教育的理想》，载《中外法学》2014 年第 2 期。

学科划分入不同的学科，学生的主要精力也集中于学习自己所在的部门法领域，忽略了法学基础理论与部门法之间、部门法与部门法之间的融会贯通，难以将基础的民商法知识、法理学理论予以迁移理解。具体而言，部门法学思维在人才培养上存在如下局限性。

其一，导致理论法学与部门法间的割裂。在精细的学科划分后，多数法学教育和研究者开始围绕特定部门法及其学科知识展开教学、科研。相应地，受此影响，法科学生也更加注重对特定部门法学科知识的汲取，理论法学等一般法理论与法治精神的学习被置于边缘地带。长此以往，法治人才将难以对法学问题形成深度思考，缺乏就法学元问题的远见卓识，难以掌握复杂法律问题的全貌。

其二，导致法学与其他社会科学、自然科学等学科的割裂。一方面，法律既是被逻辑规整过的经验，也是一种被经验浸润过的逻辑。因此，法学既是一种规范科学，同样也是社会科学。[①] 法学的社会科学属性强调法学与社会科学的紧密联结。然而，严格的部门法学划分使部门法研究缺乏对法律与社会科学联结的重视。法学研究需要放置在整个人类制度文明的演进中，方能揭开法律的神秘面纱，方得其演进的深层逻辑。另一方面，大数据时代，自然科学的知识与技术具备了应用于分析法律现象的基础，并有出现"自然科学法学"的趋势。[②] 然而，因法学一贯被视为社会科学，法科生、法学教师有知识背景的局限，加之部门法学的划分，阻碍了法学向摆脱抽象化、主观化的"自然科学法学"迈进的步伐。鉴于此，2023 年 2 月，中共中央办公厅、国务院办公厅印发的《关于加强新时代法学教育和法学理论研究的意见》中明确指出要"推进法学和经济学、社会学、政治学、心理学、统计学、管理学、人类学、网络工程以及自然科学等学科交叉融合发展，培养高质量复合型法治人才"。该意见所致力于解决的，正是部门法学思维所导致的法学学科研究内容的僵化及学科局限性。

---

① 参见郑戈：《再问法学是一门社会科学吗？——一个实用主义的视角》，载《中国法律评论》2020 年第 4 期。

② 参见左卫民：《大数据时代法学研究的谱系面向：自科法学？》，载《政法论坛》2022 年第 6 期。

三、教师中心主义

当今世界，诸多名校皆具有先进的教育理念，如哈佛大学的案例教学法、哥伦比亚大学的讨论班、耶鲁大学的小班制，都是享誉世界的法科生培养模式。它们倡导自由研习，留给学生充裕的阅读讨论时间；学术上发挥学生的创造性，使学生得以畅所欲言。① 然而，在我国，基础教育阶段以教师讲授、灌输知识为主的教育方式在大学阶段仍得以部分程度地延续。教师讲授被视为大学最基本最常用的教学模式。② 法学教育作为高等教育的组成部分，必然也受高等教育弊病之影响，呈现典型的教师中心主义。

一方面，虽然在我国法学院校的课程设置中，一般亦设置案例研讨课、法律诊所课等，但教师仍然实际占据课堂的中心，案例讨论的结论往往最终以教师的观点为主，学生的观点最终难以被采纳，学生处于课堂的边缘；另一方面，虽然当前的法学教育中，反复强调将"以学习者为中心"作为现代人才培养理念，③然而，一段时间以来，"以学习者为中心"似乎只是当今高等教育（包括法学教育）的口号或流行语。④ 学校在切实落实"以学习者为中心"的理念方面还任重道远。学校推行的以教师为中心的课堂宣教式教学剥夺了学生的主体地位，抑制了学生的积极性，忽略了对学生个性化能力的培养，也固化了知识体系，最终形成被动填鸭式教育，损及学生的独立性、发散性、批判性及创造性思维。⑤

随着人工智能时代的到来，Z 世代作为数字时代的原住民已步入大学舞台，⑥教师中心主义的窘境显露无遗。Z 世代一出生即沉浸在网络信息时代的氛围中，其对人工智能、数字技术、互联网天然地熟悉与亲近，而作为研究人工

---

① 参见周杨：《在科学和法治的轨道上推进中国特色世界一流法学学科建设——张文显教授访谈录》，载《中国大学教学》2017 年第 8 期。

② 参见胡建华、周川主编：《高等教育学》，南京师范大学出版社、南京大学出版社 2017 年版，第 182 页。

③ 参见史静寰等：《走向 2030：中国高等教育现代化建设之路》，载《中国高教研究》2017 年第 5 期。

④ See Zhiqiong June Wang, *Between Constancy and Change: Legal Practice and Legal Education in the Age of Technology*, Law in Context: A Socio-Legal Journal, Vol. 36:1, p. 64 – 79 (2019).

⑤ 参见冯果：《新理念与法学教育创新》，载《中国大学教学》2019 年第 10 期。

⑥ Z 世代狭义上通常是指 1995 ~ 2009 年出生的一代人，但广义上的 Z 世代并不是由年龄标签划定，而是指伴随着互联网发展和技术革命出生、成长的一代青年人。参见孙寿涛、张晓芳：《断裂与弥合：数智时代 Z 世代"轻社交"行为分析》，载《中国青年研究》2023 年第 11 期。

智能法学的高校教师群体，却大多数成长于数字时代前的工业时代，对人工智能技术、数字技术稍显疏离，已难以胜任向学生讲授技术底层逻辑、人工之智能知识的角色。一言以蔽之，随着信息在互联网上变得可自由获取，师生之间的关系变得"扁平化"，学生实际上可能比他们的一些教师更精通技术。[①] 此时，学习者理应步入课堂的中央，学习者的体验、观点也更应被重视并接受。

四、小数据实证思维

为了摆脱法教义学聚焦条文阐释、法社会学注重典型案例研究等所导致的局限，法律实证研究悄然兴起。法律实证研究是一种以数据分析为中心的经验性法学研究范式，其以搜集、整理、解构、分析数据为手段。[②] 通过批量数据的分析，法律实证研究在一定程度上改变了过去法律研究倚重演绎推理、抽象化等弊病。

尽管法学界早已开始不断重视法律实证研究之应用，也不断涌现出大数据或全样本的实证研究之作，如郭栋老师的《法理概念的义项、构造与功能：基于120108份裁判文书的分析》等作品，[③]但总体而言，当前的法律实证研究仍主要是以描述性统计为主的初步量化研究，[④]法律实证研究中所使用的数据主要来自抽样或锁定特定领域而获得，属于数据研究中的"小数据"或抽样的实证。这一思维特征的主要表现即依靠人力进行数据检索、数据剔除、数据确定，忽视数字时代之于大数据的要求。在数字时代，"进行抽样分析就像在汽车时代骑马一样……我们需要的不是随机样本，而是所有数据"。[⑤] 种种论断都意味着，一贯秉持的小数据实证思维有改变的必要。

即便有些研究冠以全数据之名义，也可能属于"伪全数据"的分析。部分研究看似是全数据样本分析，实质上仍然可能只是通过分析个别案例便径直

---

① See Alfredo Contreras & Joe McGrath, *Law, Technology, and Pedagogy: Teaching Coding to Build a "Future-Proof" Lawyer*, Minnesota Journal of Law, Science and Technology, Vol. 21:2, p. 297 – 332 (2020).

② 参见左卫民：《一场新的范式革命？——解读中国法律实证研究》，载《清华法学》2017年第3期。

③ 参见郭栋：《法理概念的义项、构造与功能：基于120108份裁判文书的分析》，载《中国法学》2021年第5期。

④ 参见左卫民：《一场新的范式革命？——解读中国法律实证研究》，载《清华法学》2017年第3期。

⑤ [英]维克托·迈尔-舍恩伯格、肯尼思·库克耶：《大数据时代：生活、工作与思维的大变革》，盛杨燕、周涛译，浙江人民出版社2013年版，第27页。

得出结论，本质上仍是一种归纳推理的研究范式。因此，当下的法学研究仍欠缺基于“数目字”的研究能力。[①] 因而，小数据实证思维虽不乏其积极意义，其形成或延续也归究于法学教育与统计学、经济学等学科的交融合作，但小数据实证思维与数字时代的要求还有明显的差距。

第二节　法学教育人才塑造理念遭遇的挑战

人工智能技术的开发与应用日新月异，而对于法学教育特别是法学教育理念应如何适应，甚至引领大数据时代，还未见高屋建瓴且掷地有声的论断，以至于可以用“走得太快了，灵魂跟不上”来描绘人工智能实践与法学教育、法学教育理念的脱节。数字时代，法学教育人才塑造理念遭遇数字技术的迅捷迭代、强人工智能的问世、歧视与不公的隐蔽性、法律问题呈现综合化、技术异化等现实挑战。

一、数字技术的迅捷迭代

维克托·迈尔－舍恩伯格、肯尼思·库克耶在其影响深远的著作《大数据时代：生活、工作与思维的大变革》一书中就已对大数据时代带给思维、管理、商业的沧海桑田般的变革作出高屋建瓴且例证翔实的阐释，并断言“当世界开始迈向大数据时代时……我们没有几个世纪的时间去适应，我们也许只有几年时间”。[②] 果不其然，短短几年，数字技术的迅捷迭代便给世界格局、国家体制机制、个体生存带来根本性、颠覆性重塑。法律法规体系及其适用都未能幸免，法学教育亦引发变革。

首先，数字技术的迅捷迭代挑战了既有立法理念，影响人工智能法治创新型人才塑造。数字时代，新技术、新问题层出不穷。对不断涌现的、与以往存有区隔的新技术、新问题，究竟应依照既有法规予以调整，还是另立新法加以规范，法学界争论不休，并由此形成了关于人工智能立法的“马法”之问。立法

---

① 参见左卫民：《大数据时代法学研究的谱系面向：自科法学?》，载《政法论坛》2022 年第 6 期。

② ［英］维克托·迈尔－舍恩伯格、肯尼思·库克耶：《大数据时代：生活、工作与思维的大变革》，盛杨燕、周涛译，浙江人民出版社 2013 年版，第 217 页。

活动所要求的法律的稳定性、长期性与数字技术的迅捷迭代、一日千里形成激烈冲突。

其次，数字技术的迅捷迭代挑战了既有司法实践，推动人工智能法治创新型人才塑造理念的转向。数字检察、智能预判、自动化审判在司法部门开展得如火如荼，而相应的司法理论亟待更新，诸如数字检察正义理论、数字司法正义理论存在其适用空间。算法推荐、平台垄断、数据风险等皆对司法人员的智能技术、思维提出要求，司法部门对司法技术人员的依赖亦愈加严重，以解决法官难以识别技术底层逻辑这一难题，而司法技术人员同样有经过严格法律思维训练的必要。另外，作为法律适用所倚重的法律解释技艺的传授遭遇困境。① 时至今日，传统的演绎推理、法律解释的教育理念已经使法学教育呈现"内容陈旧、知识老化、教条空洞等问题"，②法学教育迫切需要新理念予以回应和解决。

最后，数字技术的迅捷迭代挑战了既有法律监管理念，促使人工智能法治创新型人才塑造贯彻先进理念。数字时代，为推动本国数字技术的高速发展，各国逐渐摒弃严格监管、过度监管，转而采取包容审慎、"监管沙盒"等监管策略，③贯彻发展与安全并重的原则，允许被监管者"违法""试错"，监管者与被监管者在商讨、博弈中，实现种互动试错、柔性包容、开拓创新。④ 如欧盟的《人工智能统一规则》根据人工智能技术对公民基本权利侵犯的可能及程度，将风险划分为不可接受、高风险、有限风险、最小风险 4 类并分别予以不同强度的规制。⑤ 在我国，传统监管的"一管就死，一放就乱"的治乱循环，也在被监管创新、监管转型后所确立的积极包容审慎监管原则所取代。⑥

数字技术是塑造人工智能的底层架构与基础逻辑，数字技术的迅捷迭代也推动法学研究方法从规范分析向数据分析拓展。⑦ 吉登斯鞭辟入里地指出："现代性以前所未有的方式把我们抛离了所有类型的社会秩序的轨道，从而形

① 参见刘艳红：《人工智能法学的"时代三问"》，载《东方法学》2021 年第 5 期。

② 冯果：《新理念与法学教育创新》，载《中国大学教学》2019 年第 10 期。

③ 参见马长山：《数字法学教育的迭代变革》，载《中国人民大学学报》2022 年第 6 期。

④ 参见史际春、冯辉：《"规制"辨析》，载史际春主编：《经济法学评论》第 17 卷，中国法制出版社 2017 年版。

⑤ 参见崔亚东主编：《世界人工智能法治蓝皮书(2021)》，上海人民出版社 2021 年版，第 84 页。

⑥ 参见孙晋：《数字平台的反垄断监管》，载《中国社会科学》2021 年第 5 期。

⑦ 参见申卫星、刘云：《法学研究新范式：计算法学的内涵、范畴与方法》，载《法学研究》2020 年第 5 期。

成了其生活形态。在外延和内涵方面，现代性卷入的变革比过往时代的绝大多数变迁特性都更加意义深远。”[①]因此，如何更好地使法学教育与数字技术的迅捷迭代、不断变化的法律实践相适应，成为数字时代法学研究的首要问题。[②]

二、生成式人工智能的问世

当前数字技术迅捷迭代最突出的表现即是以ChatGPT为代表的生成式人工智能的横空出世。生成式人工智能的出现预示着人类社会由弱人工智能跃进至强人工智能时代，甚至有人秉持ChatGPT将会带来“新一轮工业革命”之观点。[③] 这也决定了生成式人工智能的问题与数字技术迅捷迭代给予法学人才教育理念的冲击显著不同，法学教育再次面临无尽挑战。

一项由麦肯锡咨询公司所作的统计与评估显示，22%的律师工作和35%的法律文员工作可以被自动化或由人工智能替代执行，[④]且在简单、机械、重复性的工作中，人工智能工具似乎比人类律师表现得更好。尽管法律职业不会被人工智能完全取代，但法律职业的主要业务和职业的颠覆性调整已近在眼前。生成式人工智能获得了强大的自然语言处理能力、搭载了人类反馈强化学习技术，[⑤]AI换脸、AI图像、AI论文等也成为持续火热的社会议题。在此背景下，法学教育不但要适应数字技术，更要回应生成式人工智能的严峻挑战。为此，法学教育理念应如何改造值得深思。

生成式人工智能的问世，给法律适用、法律规制继续带来新的挑战。以法律适用为例，生成式人工智能赖以运作的训练数据主要来自维基百科（Wikipedia）、书籍（Books）、期刊（Journals）、Reddit社交新闻站点、Common Crawl和其他数据集。[⑥] 然而，生成式人工智能规模化、海量化的数据使用却面临难以界定为《著作权法》中有关作品合理使用行为的难题。即便如此，基于

---

① ［英］安东尼·吉登斯：《现代性的后果》，田禾译，译林出版社2000年版，第4页。

② 参见杨学科：《液态教育：未来法学教育和法学教育未来》，载范九利主编：《法学教育研究》第39卷，法律出版社2022年版。

③ See Fei-Yue Wang et al., *Chat with ChatGPT on Industry 5.0: Learning and Decision-making for Intelligent Industries*, Journal of Automatica Sinica, Vol. 10:4, p. 831 – 834(2023).

④ See Erin Winick, *Lawyer-Bots are Shaking up Jobs*, MIT Technology Review, https://www.technologyreview.com/2017/12/12/105002/lawyer-bots-are-shaking-up-jobs/.

⑤ 参见陈锐、江奕辉：《生成式AI的治理研究：以ChatGPT为例》，载《科学学研究》2024年第1期。

⑥ 参见姚前：《ChatGPT类大模型训练数据的托管与治理》，载《中国金融》2023年第6期。

生成式人工智能的颠覆性,尚无国家或地区出台明确的禁止令,禁止生成式人工智能的适用。在面对科技发展与著作权保护、侵权责任等议题时,如何权衡法律的适用与技术革新仍悬而未定。

以生成式人工智能为代表的技术冲击,对全民的数字素养提出了要求,法学教育在法治人才培养上有了新的目标。一方面,在生成式人工智能时代,法学教育采用和适应技术已是不争的事实。[①] 例如,生成式人工智能对教师的数字素养提出了要求。正如有研究所观察到的,法学教师今后可能会问"有没有这样的应用程序"而不是问"有没有这样的原因"。[②] 另一方面,生成式人工智能的后续普及也将对全民数字素养有所期待。2022 年 3 月,中央网信办等四部门印发《2022 年提升全民数字素养与技能工作要点》,就"打造高品质数字生活""促进全民终身数字学习""筑牢数字安全保护屏障"作出具体部署。实际上,落实提升全民数字素养,归根结底是要提高全民数字化生存的能力,即具备数字化生存意识,掌握数字化生存的基本知识和技能、数字化行为活动能力,遵守数字化伦理道德,保持数字环境中的身心健康。[③] 对此,法学教育理应在该领域有所作为。

在生成式人工智能时代,罗杰 · 布朗斯沃德教授断定人类已进入"法律 3.0"时代,即技术措施被用作规制问题解决方案的时代,并认为技术措施发挥着支持、补充甚至是替代法律规制的作用。[④] 强调运用技术规制或技术方案解决法律难题的典型思维,是对法律规制至上主义最大的颠覆,也是法律 3.0 时代的核心理念。法律 3.0 本身也在于,不聚焦法律规制、法律规则能否实现规制目的,而是试图寻求可能的技术性解决方案,以补充甚至替代法律规制,使技术本身成为解决问题的方案。[⑤] 此外,在生成式人工智能时代,技术性标准层出不穷,并成为认定违约或侵权的主要依据,立法在特定场合被标准所取

---

① See Zhiqiong June Wang, *Between Constancy and Change: Legal Practice and Legal Education in the Age of Technology*, Law in Context: A Socio-Legal Journal, Vol. 36:1, p. 64 – 79(2019).

② See Alfredo Contreras & Joe McGrath, *Law, Technology, and Pedagogy: Teaching Coding to Build a "Future-Proof" Lawyer*, Minnesota Journal of Law, Science and Technology, Vol. 21:2, p. 297 – 332(2020).

③ 参见张丽霞:《"数字化生存"的教育吁求与应对》,载《教育发展研究》2011 年第 23 期。

④ 参见[英]罗杰 · 布朗斯沃德:《法律 3.0:规则、规制和技术》,毛海栋译,北京大学出版社 2023 年版,第 1 页。

⑤ 参见[英]罗杰 · 布朗斯沃德:《法律 3.0:规则、规制和技术》,毛海栋译,北京大学出版社 2023 年版,第 2 页。

代，人工智能标准成为人工智能治理体系的重要基础，并形塑人工智能的底层逻辑与技术架构。[①] 这些都给以法律适用、法律解释为主的法学教育带来挑战。

三、歧视与不公的隐蔽性

法是善良与公正的艺术。公平正义理念是法学的核心价值，也是法律的永恒追求。在传统工商业时代，作为生产要素的土地、资本、劳动力、技术等生产要素具有较易识别、判断的特性，公平与正义的实现依赖物理方式的资源分配。然而，进入数字时代以来，数据一跃成为重要的新型生产要素，被形象地称为数字经济的血液。[②] 网络平台、算法、数据成为主宰数字时代的重要工具，以至于形塑了“政府—社会—个体”的三角模式。网络平台及其算法对用户或平台内经营者具有强大的支配力和影响力，构成典型的私权力。[③] 大数据杀熟、算法黑箱等导致的歧视与不公呈现出隐蔽性、难以识别性。实际上，在数字社会中，自由、平等、民主以及正义等法律价值将被重新界定，除传统正义外，人民需要更高水平的数字正义。[④]

所谓数字正义，即如何以正义原则引导新兴数字技术对社会、法律与伦理进行重塑，以及如何为算法自动化决策划定正当边界，尤指算法应用满足人权、正义、法治价值的一种理想状态。[⑤] 数字正义根本性地革新了传统正义的内涵：人的主体性地位因人工智能推广而被削弱，其让位于技术理性，正义的适用对象扩大到机器行为；正义的发生范围扩展至虚拟空间，产生场景正义和可视正义的新类别，带来了数字非正义问题。[⑥] 数字技术应用产生的数字弱势群体、技术向恶等问题则需要通过机制和规则的完善予以弥补，以促进数字技

---

① 参见蔡星月：《人工智能的“标准之治”》，载《中国法律评论》2021 年第 5 期。

② 参见杨东、白银：《数据“利益束”：数据权益制度新论》，载《武汉大学学报（哲学社会科学版）》2024 年第 1 期。

③ 参见刘权：《网络平台的公共性及其实现——以电商平台的法律规制为视角》，载《法学研究》2020 年第 2 期。

④ 参见周强：《深入学习贯彻党的十九届四中全会精神，不断推进审判体系和审判能力现代化》，载《人民司法》2020 年第 1 期。

⑤ 参见周尚君、罗有成：《数字正义论：理论内涵与实践机制》，载《社会科学》2022 年第 6 期。

⑥ 参见谷佳慧：《数字时代正义的内涵变迁及法治保障》，载《北方法学》2023 年第 5 期。

术创新活力不断释放。[①] 这样，数字正义对传统正义观点的革新、对法学教育的人才塑造理念构成了挑战。

例如，在前网络时代，言论自由建立在“街头发言者”模式之上，[②]公众参与也多以线下、面对面形式进行。进展至网络时代，特别是数字时代之后，网络平台成为公众行使表达权的重要基础，公民需借助网络平台自由合法地表达自身观点。[③] 然而，数字时代所产生的数字鸿沟正使部分群体遭遇不易察觉的数字正义问题。在一则广为流传且颇为典型的事例中，推特用户@ echo_chamberz 发推文称，人工智能工具 ChatGPT 拒绝了给美国前总统唐纳德·特朗普写赞美诗的请求，但却毫不犹豫地给现任总统乔·拜登创作了一首赞美诗。[④] 可见，算法歧视与不公正在悄然发生。因此，如何在人工智能时代，实现法律对数字公平与正义的追求，发现隐藏的不公与歧视，需在法学教育中特意强调和预先解决。

四、法律问题呈现综合化

法律问题综合化的典型表现即某一问题并非局限于特定部门法，问题往往关乎法学、信息科学、社会学、传播学等诸多学科与不同命题。以典型的网络暴力为例，如何界定网络暴力？如何权衡言论自由与网络暴力之关系？何种后果只需《民法典》“侵权责任编”所规定的内容予以规范？网络平台对网络暴力行为承担何种责任？何种后果需要最严厉的刑事法律介入？这些问题涉及法学、传播学、网络工程学等不同知识。2023 年 9 月最高人民法院、最高人民检察院、公安部联合印发《关于依法惩治网络暴力违法犯罪的指导意见》的通知，着重回应网络暴力违法犯罪的问题。又如，对于当前备受指责的算法歧视、算法黑箱问题，倘若要判断网络平台构成算法歧视、算法黑箱，则需要司法裁判者对算法的运行机理、智能技术有基础了解，对数字正义明了于心，方能依据“内心确信”作出合法合理的判断。这些都呈现了法律问题综合化的倾

---

① 参见张凌寒:《数字正义的时代挑战与司法保障》,载《湖北大学学报(哲学社会科学版)》2023 年第 3 期。

② 参见左亦鲁:《告别“街头发言者”:美国网络言论自由二十年》,载《中外法学》2015 年第 2 期。

③ 参见郭春镇:《作为中国政法话语的表达权》,载《法学家》2021 年第 5 期。

④ 参见涂颀:《ChatGPT 拒绝赞美特朗普,人工智能也搞双标?》,载凤凰网 2023 年 2 月 2 日,https://i.ifeng.com/c/8N5E1jsuoex。

向，也给既有的传统人才塑造理念带来挑战。

然而，我国法学教育长期秉持司法中心主义、部门法学思维等教育理念，即着眼于培养学生掌握我国特定实体法、程序法的基础知识，并力图使学生获得驾驭法律解释与法律适用的能力。① 这样的结果是，基于学科划分所构建的法学教育模式过分强调专业特性，不同学科之间相互割裂、学科知识出现断裂，使得培养出来的法治人才的思维方式相对狭隘、知识结构单一，难以适应法律问题跨界化、知识应用综合化的时代需要。② 正如有研究者所言，部分法科生除法律外，缺乏对社会、经济、政治的深入理解，也缺乏将跨学科思考的结论通过适当的切入点运用到解决法律问题过程中的能力。③ 因而，法学教育理念应在如何培养学生解决综合问题的能力上有所作为。

法律问题呈现综合化后，仅熟知法律而不掌握具体的行业或专业知识，难免会出现脱离实践、忽略行业特性的困境。为此，苏力教授指出，社会法律问题最重要、最核心的从来不是纯法条、法律、法理甚或法治的问题，真正对社会有重大贡献的法律人固然必须坚持法律，同时也要超越法律。④ 可见，法律问题呈现综合化后，在法学教育理念上，同样有超越法律、跳出法律看问题的现实需求。

五、技术异化的日益凸显

智能技术与法律的深度融合不可逆转且愈演愈烈。一段时间以来，部分地方政府或企事业单位以稳定、安全、便捷的理由，将智能监控、人脸识别技术、指纹解锁等悄然应用于民众日常生活的诸多领域，使得技术过度侵蚀了公众的私密空间，为人脸、指纹、医疗数据等敏感个人信息的安全带来严峻挑战，诱发了敏感个人信息的泄露，同时构成技术异化问题。

技术无限制地介入民众生活，过度依赖技术，技术最终脱离人的控制是技术异化的典型表现，也有落入"技术主义陷阱"的风险。⑤ 如乔治·扎卡达基

---

① 参见葛云松：《法学教育的理想》，载《中外法学》2014 年第 2 期。

② 参见刘艳红：《从学科交叉到交叉学科：法学教育的新文科发展之路》，载《中国高教研究》2022 年第 10 期。

③ 参见葛云松：《法学教育的理想》，载《中外法学》2014 年第 2 期。

④ 参见朱苏力：《追问法学教育承担的历史使命》，载《法制资讯》2011 年第 5 期。

⑤ 参见左卫民：《大数据时代法学研究的谱系面向：自科法学？》，载《政法论坛》2022 年第 6 期。

斯所言,“如果我们创造的像我们的智能机器最终让我们变得像他们一样,这是历史性的讽刺”。[①] 广为媒体报道的“美军模拟测试中,一架 AI 技术无人机选择杀死人类操作员”事件震惊全球。[②] 这样,技术异化可能导致极端负面事件的担忧再次弥漫。

因此,我们必须清醒地认识到,技术并非万能,人类研制开发先进技术、人工智能的终极目的是提升人类福祉,技术是手段而非目的。因此,人类应致力于避免技术利维坦的诞生,消解技术的弊端,避免掉进“技术主义的陷阱”。技术异化迫切要求法学教育关注数字人文精神或数字伦理主义,时刻牢记“对于真实法律世界的人文关怀永远是法学研究的第一追求”,[③]并在法学教育理念上有所更新,以直面技术异化的日益凸显,担负起抵御技术异化的时代重任。

在人工智能时代,法学教育人才塑造理念除遭遇上述挑战外,人工智能法学学科体系不健全、师资匮乏、课程设置不完善、教材撰写滞后等问题,都深刻影响着当前的法学人才塑造理念,也构成对人才塑造理念的挑战。对此,本书将对人工智能法学学科体系、师资建设、课程设置等问题另以专章分析,此处不再赘述。

第三节　人工智能法治创新型人才塑造应采用的先进理念

本书认为,为解决传统法学教育理念的非适应性问题,有效解决人工智能时代法治人才培养的挑战,应树立智慧法治理念、数智发展理念、迭代创新理念、教育塑造理念、协同教育理念、边界平衡理念、液态教育理念、能力导向理念、德法智兼修理念等先进理念。

一、智慧法治理念

本书认为,人工智能法治创新型人才塑造应采用的理念之一是智慧法治

① [英]乔治·扎卡达基斯:《人类的终极命运——从旧石器时代到人工智能的未来》,陈朝译,中信出版集团 2017 年版,第 299 页。

② 《美军模拟测试中,一架 AI 技术无人机选择杀死人类操作员》,载新华网,http://www.xinhuanet.com/mil/2023-06/02/c_1212194911.htm。

③ 左卫民:《大数据时代法学研究的谱系面向:自科法学?》,载《政法论坛》2022 年第 6 期。

理念。这是指人工智能法治创新型人才塑造应以智慧法治文明为导向，以建设智慧法治国家、智慧法治政府、智慧法治社会为指引，积极面向智慧立法、智慧守法、智慧执法、智慧司法，为人类法治文明不断迈入更高阶段提供保障。

之所以这样认为，理由在于，人类社会正向智能社会迈进，经济、社会、文化、政治等各领域各方面都向智能时代前进，而法治作为人工智能时代的组成部分理应转型，应由传统法治向智慧法治迈进。为此，智慧法治之各部分各环节皆需要创新型人才。除智慧立法需要高水平法治人才外，智慧守法、智慧执法、智慧司法等方面也需要高水平的法治人才。当前，人工智能还处于快速发展阶段，相关人才培养还主要采取传统法治人才的培养方式，智慧法治人才培养未受到高度重视，不仅使得一般智慧法治人才供给不足，而且使得高水平智慧法治人才更是缺乏。为此，人工智能法治创新型人才塑造应以智慧法治文明建设为目标，积极培养高水平法治人才。

人工智能法治创新型人才塑造不仅要培养高水平的立法人才，培养高水平的法律实施人才，更要培养高水平的研究人才。换言之，人工智能法治创新型人才塑造不仅要培养创新型的智慧法治基础理论人才，也要培养创新型的智慧法治部门法人才；不仅要培养精通本国法的创新型智慧法治人才，也要培养通晓涉外法的创新型智慧法治人才。只有这样，才能更好地推进人类社会向智慧法治社会不断迈进。

二、数智发展理念

在人工智能时代，创新型法治人才塑造应树立数智发展理念，促进传统人才培养向数智人才培养转变，使人才具有人工智能时代应具有的数智知识能力，为人才开展人工智能法治创新提供保障。

众所周知，教育应促进人的充分发展、全面发展、有效发展。在当前时代，掌握一定的人工智能知识能力已成为人类工作生活的基本条件。因此，教育应促进培养人的人工智能知识、人工智能能力、人工智能方法等。故此，人工智能法治创新型人才培养的基础之一是让学生掌握一定的人工智能知识能力，也即数智知识能力。这不仅是人工智能法治创新型人才适应新时代生活的基本条件，更是其开展创新的必要条件。很明显，对人工智能知识缺乏认知的人显然无法开展人工智能法治研究，无法开展人工智能法治实践，更无法开展人工智能法治创新。

为此,2018 年教育部、中央政法委发布的《关于坚持德法兼修实施卓越法治人才教育培养计划 2.0 的意见》明确要“推动法学专业教育与现代信息技术的深度融合”,其中就包括人工智能技术。人工智能技术涉及机器学习、计算机视觉、图像识别、自然语言处理、语音识别、人机交互等一般人工智能技术,也涉及专门应用于某一领域的人工智能技术,如自动驾驶技术、无人机技术、医疗机器人技术、法律机器人技术等。因此,人工智能法治创新型人才塑造应使得人才掌握一般人工智能技术的基本知识,此外还应促进人才根据自己的兴趣和特长掌握特殊领域的人工智能技术。当然,人工智能法治创新型人才所需要的相关知识能力并不需要达到人工智能技术人才的专业要求。也就是说,人工智能法治创新型人才应是掌握一定人工智能知识能力的复合型人才。

三、迭代创新理念

在人工智能法治创新型人才塑造中,应树立迭代创新理念,即应积极促进人工智能法治人才开展迭代创新,促进具有迭代意义的法学研究、人工智能立法、人工智能执法、人工智能司法、人工智能守法。我们知道,创新可以分为一般创新和颠覆式创新,而迭代创新是颠覆式创新的高级形式。人工智能法治创新型人才塑造既要促进人才的一般法治创新,也要促进人才的迭代法治创新,其中应以后者为先导。理由在于,只有坚持迭代创新理念,人工智能法治人才才能在产生一般创新的基础上作出更大的创新;反之,若以一般创新为理念,则人工智能法治人才的创新结果可能最多是普通创新。

人工智能法治创新型人才的迭代创新可能一方面体现在法学研究中,另一方面体现在法治实践中。在前者,人工智能法治创新型人才需要研究最新领域的人工智能法治问题,创造出具有实质性突破价值的研究成果。在后者,人工智能法治创新型人才要勇于立法实践、守法实践、司法实践,在法律的限度内开展合法的高水平法治创新。

人工智能法治创新型人才塑造的迭代创新理念要求在人才培养中应坚持批判性思维、开放性思维、未来性思维、永续性思维。理由在于,批判性思维是开展创新的前提和基石,只有有效开展对已有理论和实践的批判,才能开展有效创新。开放性思维是指应以广阔的视域审视不同国家地区、不同学科、不同实践领域的现象,以发散性、兼容性、耦合性等方法孕育创新。只有这样,人工智能法治创新型人才才不会受到封闭思维的限制而避免故步自封,进而可以开展积极创新。未来性思维是指人工智能法治创新型人才应面向未来时代、未来社会开展创新。只有这样,创新才不会受到传统与当下的牵制。永续性思维是指创新不是一次性的,而是持续的,应在一个又一个创新的基础上接续、持续,不断创新。只有这样,人工智能法治人才的创新才会立于坚实的实践之上,才能促进创新不断永续,不断推进人类法治向前。

四、智能塑造理念

人工智能法治创新型人才塑造应坚持智能塑造理念,即其应全方位融入人工智能技术,促进人才培养与人工智能技术的深度融合,促进教育教学设施、条件、过程等各要素的智能化。具体而言,主要包括建设智能型教室、智能型教学软件、智能型教材、智能型考核系统、智能型模拟法庭、智能型法律援助中心、智能型校外实践教学基地等。

当前,我国的法学教育教学仍然主要采取传统方式,教室、教材、教学硬件、教学软件一般是固化、独立、分割的,教学过程尚未智能化,自动语音识别与输出尚未能在课堂教学过程中有效运用,课堂教学无法有效实现与教学资源的智联,无法充分发挥大数据的作用。这使法学课堂教学与互联网、人工智能、大数据等要素呈现割裂的状态,未有效实现教育智能化。因此,我们应树立智能塑造理念,在教育教学中全方位采用人工智能技术,建设智能型教室,配套运行智能型教学软件,编写智能型教材,建设智能型考核系统,使得课堂教学能全方位采用人工智能技术,使得课堂教学过程与各类教学资源充分地智能链接,积极推动人工智能法治创新型人才塑造。

特别强调的是,在智能塑造理念下,我们应建设智能型模拟法庭、智能型法律援助中心、智能型校外实践教学基地等,使得实验实践教学不再局限于物理空间内进行,而是还可以通过虚实结合实验的方式进行,可以实现校内外实验实践教学的泛在智联,各类实验实践主体可以不受空间限制地进行交互,实现人工智能法治创新型人才塑造的智能化。

五、协同教育理念

人工智能法治创新型人才塑造应树立协同教育理念，即应积极促进多元教育力量的协调、合作、联动，同频共振地促进人工智能法治创新型人才培养。此处的多元教育力量包括学校、社会、行业、政府等多个层面。

就学校而言，人工智能法治创新型人才塑造需要高校内部多种教育力量的协同。当前，法治人才培养主要还是法学学科专业的“事业”。随着人工智能技术的发展，法学学科专业教师对法治人才教育教学呈现知识能力赤字。对此，解决问题的路径除法学学科专业教师补强人工智能知识能力外，更重要的路径是让人工智能学科专业的教师加入教育教学队伍。值得指出的是，由于法学学科专业知识和人工智能学科专业知识的复杂性，两大门类内的各分支学科教师都应融入人工智能法治创新型人才塑造。当然，还应推动法学与经济学、管理学、政治学、自然科学等学科师资的全面融合。因此，人工智能哲学、人工智能伦理学、人工智能社会学、人工智能政治学、人工智能经济学、人工智能管理学等学科专业的相关教师也应成为人工智能法治人才塑造师资队伍的组成部分。特别指出的是，为了更好地促进人工智能法治创新型人才塑造，不同高校应加强师资力量的广泛联合。

此外，人工智能法治创新型人才塑造还需融入法治机关的力量，让智慧司法人员、智慧检务人员、智慧立法人员成为协同教育教学师资队伍的组成部分。不仅如此，还应让人工智能技术相关行业人员加入人工智能法治创新型人才塑造，让人才培养紧跟行业发展步伐。此外，人工智能法治创新型人才塑造师资队伍还需融入社会力量以促进人才塑造。

需要补充的是，当前的法学教育课堂，往往将法律技术作为独立的课程或内容在法学院讲授，而非将法律技术融入每门法学核心课程，使得各部门法与法律技术间存在割裂。贯彻协同教育理念，也包括将法律技术方法或内容纳入每门具体的部门法课程中，将大数据、人工智能等技术应用于法学教育的全过程。[①]

---

① 参见冯果：《新理念与法学教育创新》，载《中国大学教学》2019 年第 10 期。

六、边界平衡理念

面对人工智能时代的强烈冲击,法学教育已经展开了艰难的转型和尝试性探索,法学人才的培养模式被概括为学者模式、学科模式、学院模式、学历模式,[①]此外,法律技术教学在法学教育中越走越远,越发获得重视。然而,法律技术教学最终将走向何方?法律技术教学在法学教育中的比例如何配置?如何处理法学教育与法律技术的关系?本书认为,试图将法律人才全部转变为法律技术专家是不现实的,故法律技术教学也不应走得太远。

法学教育要寻找法律技术教学与法律本体教育的平衡。我们必须清醒地认识到,人工智能时代的法治人才不是,也无须成为技术专家,他们只需要能领会人工智能的底层逻辑、基础知识,在面对技术方案、算法歧视时,表现出了解相关问题即可,而更专业的内容则交由技术专家处理。[②]

总而言之,我们应坚持边界平衡理念,即在数字时代、新文科新法科等背景下,应正确处理数字、技术、学科交叉过程中法治人才培养的边界问题。人工智能法治创新型人才的培养,核心是法治人才的培养。数字、技术、学科交叉皆是为法治人才之培养服务的,法学人才培养应“在保持法学学科自身禀赋和思维优势的基础上,用其他学科的知识和理论反哺强化法学学科的核心优势”,[③]避免培养出既未领会法治之精神、法律的精髓,又不具备其他学科核心属性的“四不像”人才。

七、液态教育理念

数字时代所引发的社会变革、法学转向已日趋加速,社会陷入一种不断演变、永无止境的流动状态,[④]法学、法学研究、法学教育也随之不可避免地陷入一种流动性、易变性、暂时性。[⑤] 从个人信息到数据,从区块链到生成式人工智

---

① 参见罗维鹏、部占川:《人工智能法治人才培养模式选择》,载《山东社会科学》2020 年第 11 期。

② See Zhiqiong June Wang, *Between Constancy and Change: Legal Practice and Legal Education in the Age of Technology*, Law in Context: A Socio-Legal Journal, Vol. 36:1, p. 64 – 79(2019).

③ 冯果:《新理念与法学教育创新》,载《中国大学教学》2019 年第 10 期。

④ 参见[英]齐格蒙特·鲍曼:《流动的现代性》,欧阳景根译,中国人民大学出版社 2018 年版,第 298 页。

⑤ 参见杨学科:《液态教育:未来法学教育和法学教育未来》,载范九利主编:《法学教育研究》第 39 卷,法律出版社 2022 年版。

能，人工智能法学研究在经历着快速的迭代转变。

与数字时代、人工智能技术迅速更迭相匹配的正是液态教育理念或流动性教育理念，即“教育应该足够快地适应当前、瞬时和不断变化的液态社会”。[①] 此种液态教育理念或流动性教育理念，有助于我们透视社会的无穷变化，并时刻保持清醒的头脑，应对瞬时变化所导致的法律规则的失灵、内容的落伍，推动反思的不断开展。在人工智能法治创新型人才的培养上，我们时刻保持灵活性、开放性，并顺势而为、保持应变。正如有学者所认为的“询问法律实践以及法律教育是否注定要失败并非不合理”，同时指出，“这个问题的答案取决于从业者和学者对法律技术带来的挑战的回应程度”。[②] 数字时代的变动超前，法学教育理念应及时调整以作出有力、有效的回应，否则法学教育将使人工智能法治创新型人才的培养远远落后于实践的运行。

与此同时，也应注意的是，液态教育理念强调回应性教育或事后性教育。人工智能法治创新型人才的培养，也应自觉使用超前理念，以有效开展人才塑造工作。

八、能力导向理念

在人工智能时代，比较能力培养而言，知识的获得相对容易，学习者可能在较短时间内通过智能方式获得相关知识。因此，人工智能法治创新型人才塑造应更加重视能力的塑造。只有这样，人工智能法治创新型人才才能提高知识获取的效率，在最短的时间内获取知识，才能具有更高的创造力，才能为智能法治社会作出更大的贡献。

总体而言，人工智能法治创新型人才塑造应重视以下能力培养：一是智能法治研究能力，二是智能法治实践能力，三是智能技术学习能力，四是智能法治场景适应能力等。在这些能力中，智能法治问题发现能力、智能法治问题分析能力、智能法治问题判断能力、智能法治问题批判能力、智能法治建构能力、智能法治阐述能力等都是人工智能法治创新型人才塑造的重要组

---

① 杨学科：《液态教育：未来法学教育和法学教育未来》，载范九利主编：《法学教育研究》第 39 卷，法律出版社 2022 年版。

② See Zhiqiong June Wang, *Between Constancy and Change: Legal Practice and Legal Education in the Age of Technology*, Law in Context: A Socio-Legal Journal, Vol. 36:1, p. 64 – 79 (2019).

成部分。

人工智能法治创新型人才能力培养的核心方法是采取实践的方法。因此,应建立人工智能法治创新型人才能力培养的目标、内容体系、培养方法、考核系统等,其中的核心是人工智能法治创新型人才的创新能力的体系设计、训练和评价。

九、德法智兼修理念

在人工智能时代,要为人工智能法学教育注入德法智兼修理念,以使新时代的法律人格外关注人工智能所引发的伦理问题,在建设"有道德"的 AI,将道德性、伦理理念注入人工智能的同时,[①]也将法律伦理、道德注入新时代人工智能法治创新型人才的头脑。

之所以强调德法智兼修理念,理由在于:其一,在人工智能技术发展的背景下,德育的紧迫性更加明显。当前,算法黑箱、大数据杀熟、信息茧房、技术封锁等信息技术作恶已在一定程度上存在并损害人类社会发展。因此,促进智能向善是当前人才培养的重要内容,也是人工智能法治创新型人才培养的关键。其二,人工智能法治创新型人才的核心是培养高水平法治人才,因此强调法治培养是应有之义。其三,在当前时代,促进人的数智发展是人才智力发展的重要方面。因此,人工智能法治创新型人才塑造应重视德法智兼修理念。

为此,中共中央办公厅、国务院办公厅 2023 年 2 月印发的《关于加强新时代法学教育和法学理论研究的意见》明确指出,要"坚持立德树人、德法兼修,努力培养造就更多具有坚定理想信念、强烈家国情怀、扎实法学根底的法治人才""持续培养大批德才兼备的高素质法治人才"。教育部、中央政法委 2018 年 9 月发布的《关于坚持德法兼修实施卓越法治人才教育培养计划 2.0 的意见》中也明确提出要"加大学生法律职业伦理培养力度,面向全体法学专业学生开设'法律职业伦理'必修课,实现法律职业伦理教育贯穿法治人才培养全过程"。

① 参见郭春镇:《生成式 AI 的融贯性法律治理——以生成式预训练模型(GPT)为例》,载《现代法学》2023 年第 3 期。

因此,人工智能法治创新型人才塑造应重视德法智兼修理念,将品德塑造、专业素养、数智发展充分结合、有效融合。此外,人工智能法治创新型人才塑造也应同时重视人才其他方面的培养,如体育、美育、劳育等,以塑造高水平的人工智能时代的创新型法治人才。

第二章　人工智能法治创新型人才塑造的体系构成

人工智能与法律的融合包含着双重含义,其既包括人工智能的法律化,也包括法律的人工智能化。[①] 人工智能与法律之间的交叉与融合深刻地改变着既定的社会秩序,而二者共同影响与共同发展的未来趋势也对法治人才应对变革的能力提出更高要求。在此背景下,各行业对人工智能法治创新型人才的需求已不断增加。故而,应该注重人工智能法治人才队伍建设,联合产学研各方力量,探索协同育人创新模式,建立全方位、多层次的人工智能法律人才培养体系,为人工智能产业发展提供"法律+科技"的高素质专门人才保障。[②]

与应对法律计算机化变革时代的趋势相近,对法律工作计算机化的前瞻性建构同样适用于今天的法律工作人工智能化。[③] 尤其在生成式人工智能井喷式应用的背景下,人工智能技术的迅猛变革冲击了人文社会科学领域对科技进程的原有判断,法治人才的塑造衍生出了对人工智能法治创新型人才的分支需求。具言之,以人才为基点推动人工智能技术在法治框架内健康有序发展,以人才为抓手促进未来法治体系建构和数字治理全球新秩序的形成,以人才为纽带保证人类法律始终有效涵盖物理世界和数字世界,是全球法治建设的新课题。

---

① 参见吴沈括、石嘉黎:《数据安全视域下的人工智能风险应对研究》,载《西北工业大学学报(社会科学版)》2019年第2期。

② 参见乔宇飞:《ChatGPT横空出世,人工智能法治化建设亟待"提档加速"》,载《人民法院报》2023年2月24日,第2版。

③ 参见姜素红、张可:《人工智能辅助地方立法的应用与规制》,载《湖南大学学报(社会科学版)》2019年第4期。

目前,新时代已经迎来了人工智能的奇点时刻,各国在经济、法律等多个维度开展前瞻性部署,以坚定捍卫人类福祉的数字治理新秩序。中国先后出台了《新一代人工智能发展规划》《国家新一代人工智能创新发展试验区建设工作指引》,美国先后颁布了《为人工智能的未来做好准备》《美国国家人工智能研究与发展策略规划》,德国和新加坡则通过搭建项目群体迎接新的技术变革,其中德国建立了"MINT创造未来"联盟,新加坡则启动了"智慧国"项目。因此,在各国制度环境已经逐步探索并构建的时代,人工智能法治人才体系也应与之形成呼应,对于人工智能法治创新型人才的培养体系也应备受瞩目。

第一节　人工智能法治创新型人才塑造体系面临的挑战

人工智能法治创新型人才塑造体系是一个不断探索与调适的范畴。面对技术的快速迭代,人才塑造体系也将面临新的挑战,在这一过程中,人工智能也深刻地改变了原有法律的既定构成,法律人工智能化呈现出一种不可逆的趋势,人工智能与法律的结合、人工智能参与法律已成大势所趋,故而人工智能法治创新型人才塑造体系需要依托复合背景,形成宽视角的体系构建思路。除此之外,法律大数据化也逐步脱离法律的人工化,部分法律工作不再过度依赖于人工参与,而是以大数据分析推理取代人的决策。但是,在现有人工智能法的研究过程中,人工智能法治体系的泛人工智能化明显,总体上并未对理论与实践形成真实有效的指导。与此同时,人工智能法治人才培养体系面临伦理拷问,如何平衡"技术—法治—伦理"三者之间的关系是人工智能法治人才塑造体系相较于传统法治人才体系的新挑战。

一、法律人工智能化的不可逆转

法律的人工智能化也可以表述为法律科技的人工智能化,其规制领域理应集中在其提供的服务中,无论是法律推理系统、法律建模,还是人工智能法律援助、智慧司法,即法律的人工智能化服务必须置于伦理规范和政策法律的规制之中。[①] 法律大数据分析的发展和法律机器人的出现，使得立法、司法、执法及法律服务在一定程度上实现了自动化、智能化。随着信息技术的进一步发展，通过代码规制，利用AI算法筛查等技术，制定和阐明法律规则、实施法律活动等将更加智能，法律人工智能化将不可逆转。

法律人工智能化的不可逆转对传统法治人才塑造体系的固化性形成冲击，也对传统法治人才培养的场景进行革新，一方面挑战着现有法治人才培养的硬件设施，另一方面挑战着传统法治人才培养的软件内容，传统师资力量也亟须接触、适应、学习和掌握这一技术引领下的法学趋向。与此同时，出现了一种"师生技术性储备倒置"的客观情形，即新时代下成长的学生，自身具有很强的技术融合能力，面对新鲜技术内容，能够较快地适应和掌握，其思维与行为模式超越部分传统法治教师的教学模式，形成一种知识与技能在师生间倒置的窘境。

在法律人工智能化的不可逆转问题上，"按照法律形式主义的观点，司法裁判必然可以人工智能化；而按照法律现实主义的观点，司法裁判必然不可以人工智能化"。[②] 将法律形式主义观点映射于现实司法实践，"法律推理的人工智能研究将法律推理逻辑赋予智能机器，使智能机器模拟人类处理法律事务，但人工智能有更为复杂的推理技术，这将为法律方法提供新的工具"。[③] 与之相对，在法律现实主义之下，人工智能化的法律将冲击人类对公平公正标准的衡量。因此，人工智能法治人才的培养与塑造应更致力于发挥人较之于机器的优势，在肯定法律人工智能化不可逆的基础上，应对该趋势下可能造成的冲击与影响进行冷静权衡。

二、法律数据化与去人工化并存

法律数据化不仅会带来去人工化的挑战，更进一步拷问着如何塑造优秀人工智能法治人才以形成优秀的法律人工智能化。法律的数据化是指法学研究更社会科学化、更人工智能化、更习惯从大数据中探索法律世界的规律，以

---

① 参见张清、张蓉：《"人工智能＋法律"发展的两个面向》，载《求是学刊》2018年第4期。

② 江秋伟：《论司法裁判人工智能化的空间及限度》，载《学术交流》2019年第2期。

③ 周尚君、伍茜：《人工智能司法决策的可能与限度》，载《华东政法大学学报》2019年第1期。

期实现由人工基础上的统计学到机器技术上的大数据这一方法接力。[①] 法律的数据化一方面提高了法律检索、适用、分析的效率,另一方面解放了重复性的人力活动。法律数据化是法律人工智能化的一个表现形式。虽然法律人工智能化在目前的法律工作中已得到较为广泛的应用,并且在法学领域取得了一定的成效,但是不可否认法律人工智能化尚处于较为低级的、尚未系统化的、需要人工干预的阶段,其显著特点是"有多少人工方有多少人工智能",今后应向"有多少优秀人工方有多少优秀人工智能"转化。[②]

与此同时,随着技术的不断革新,运用大数据进程的核心就在于人工智能化程度的提高。这使得人工智能能够在更多的领域中恢复权利和义务的一体化,即能够以独立的身份完整承担义务和享受权利,从而成为此领域下法律视角中完整的人,并最终很好地融入人类社会。[③] 在这一情形下,去人工化则更为明显。在此背景下,人工智能法治创新人才的塑造体系则面临技术替代自然人的风险,以及技术代替人进行法律裁决判断的问题。因此,对于新时代人工智能法治人才塑造体系,更应聚焦于人相对于人工智能的优势扩大化,以及人较之于人工智能的无法替代的领域和行为,在此基础之上进一步精进培养体系,以期实现人工智能发展时代"人才无法被取代"的人工智能法治人才培养模式。

三、人工智能法治体系的泛人工智能化

人工智能法治创新型人才的培养体系应以现有的人工智能法治体系为基础,并以现有的人工智能法治体系为原点不断沿"线与面"进行扩展。其中,首先应着眼于对基础元概念(人工智能法学)的掌握。但是,当前人工智能法学概念的"附会现象"较为严重,不少成果只是基于"人工智能与法律"的任意性组合或者"人工智能+"而开展"泛人工智能化"研究,其结果是产生了大量学术泡沫。[④] 该种泛人工智能化是学术研究领域过度技术化的一种学术泡沫,这

---

① 参见朱笑延:《舆论与刑法的偏差式互动:刑事责任年龄个别下调的中国叙事》,载《法学家》2022 年第 1 期。

② 参见刘国华、沈杨:《人工智能辅助司法裁判的实践困境及其应对策略》,载《学术交流》2021 年第 9 期。

③ 参见彭中礼、刘世杰:《从"特殊性"到"去特殊性"——人工智能法律规制路径审视》,载《济南大学学报(社会科学版)》2019 年第 4 期。

④ 刘艳红:《人工智能法学研究的反智化批判》,载《东方法学》2019 年第 5 期。

种表层的学术泡沫揭示出深层的人工智能法学研究基础的薄弱以及现有法学研究与人工智能相结合的浅显化。

在人工智能技术泛化的背景下,人们更多关注如何将人工智能尽可能应用于教育治理,这种“泛智”(泛人工智能应用)缺乏对人机协同教育治理潜在风险的清醒认识。① 不仅如此,人工智能的超级泛化将在某种意义上实现“人与知识共生”,人类自身的数据安全正面临巨大威胁。② 因此,人工智能法学的泛人工智能化对于人工智能法治创新型人才塑造体系的挑战就体现在深度和安全两个重要的基点之上。对于深度而言,人工智能法治创新型人才塑造体系需要依托更为深入的理论研究,以理论指导实践,最终实现对于法治与法治人才培养的需要,并进一步延伸至法治创新人才培养模式的探索之中;对于安全而言,法治人才更应以规则意识为中心,以维护法治环境和社会秩序安全为准绳。在这之中,一方面包括对于人才本身安全意识的培养,另一方面体现在对于制度环境安全的构建。理由是,只有人与制度均处于一种保障的屏障下,人工智能法治创新人才培养的体系才能平稳运行。

四、人工智能法治人才培养体系面临伦理拷问

若让法律更加“智能”地应对人工智能化,应构建以技术和法律为主导的风险控制机制,制定和完善相关的法律与道德准则,促使人工智能推动人类社会文明进步。③ “作为一项颠覆性技术,人工智能引发了许多新的伦理难题,如算法歧视、决策过程的不可解释性、算法进化的不可控性等,人工智能技术应用的广泛性和渗透性则进一步放大了个人信息泄露、社会偏见等方面的风险,因此需要在技术进步性与伦理可接受性之间寻找平衡,将伦理纳入技术演化图景中。”④人工智能法治一直在找寻技术与伦理之间的平衡点,并用法治手段将技术进行进一步规范。人工智能法治人才培养体系也面临着伦理拷问,其中重要的内容就是人如何把握技术的运用,并使其在法律的限度内为人所用,

---

① 参见陈星、吴叶林:《人机协同教育治理的障碍与突破》,载《现代远程教育研究》2022 年第 1 期。

② 参见徐小洲、郑淑娴、韩冠爽:《大变革时代的高等教育国际化理念创新与组织重塑》,载《中国高教研究》2022 年第 6 期。

③ 参见任希全:《人工智能之于法律的可能影响》,载《人民论坛》2018 年第 18 期。

④ 王彦雨、高芳:《主要国家人工智能技术发展路线图规划模式及启示》,载《中国科技论坛》2022 年第 1 期。

不违反社会公序良俗，不违背伦理道德，实现人工智能在法治轨道上的合法合理运行。

人工智能的便利性体现在诸多生活场景中，如人脸识别、自动驾驶、医疗卫生、生殖健康等，但在应用过程中因为法律的滞后性，面临着在伦理道德方面的诸多空白和盲点，形成了技术的监管盲区。除此之外，人工智能的发展在权利视角下产生了全新的问题，如人格权、知识产权、数据财产保护、侵权责任认定等困境。这些问题均考验着法律人的现有法学素养和技能，更对人工智能法治创新型人才培养的模式与方案提出了新的挑战。有研究已经关注到了人工智能司法应用中的伦理问题，并提出应尽可能客观地通过算法模型还原法官解释思维过程，并将智能推理、法律建模、法律服务等法律科技的人工智能化服务置于伦理规范和政策法律规制中。[①] 这也要求在人工智能法治创新型人才培养过程中，要使人才具有一种法治与伦理秩序相协调的思维模式，将技术的应用置于法治与伦理的轨道规范之中，并能够对未来的技术问题进行前瞻性思考和预测。

第二节　人工智能法治创新型人才体系构建的法治本位性

一、人工智能法治与德治人才培养体系相结合

2023 年 2 月，中共中央办公厅、国务院办公厅发布了《关于加强新时代法学教育和法学理论研究的意见》。在该意见的指导思想中，有两个要点对人工智能法治创新型人才体系的塑造具有深刻的指导意义。一是强调构建“中国特色”的法学学科体系，指出“加快构建中国特色法学学科体系、学术体系、话语体系，为建设中国特色社会主义法治体系、建设社会主义法治国家、推动在法治轨道上全面建设社会主义现代化国家提供有力人才保障和理论支撑”。二是坚持“法与德”相结合，提出“坚定不移走中国特色社会主义法治道路，坚持依法治国和以德治国相结合，坚持社会主义办学方向，提高

① 参见宋保振：《智能裁判的价值填补——以法律解释的认知研究为突破口》，载《求是学刊》2021 年第 2 期。

法治人才培养质量”。

在这两个重心指导之下，我国应致力于塑造立足于中国社会背景、具有中国特色的人工智能法治路径，并在此基础上探索形成人工智能法治创新型人才培养体系；与此同时，应注重对人工智能法治与德治问题的平衡与结合，应将法治与德治两条主线贯穿于人工智能法治创新型人才的培养体系中，法治不得与公序良俗相违背，而人工智能法治背后所面临的伦理道德问题，应得以在人才培养过程中进行代入思考。具体而言，“未来法律科技的人工智能化，对其规制应充分关注法律推理、大数据建模及智慧法院等人工智能服务，完善相关的政策法规和伦理规范”。[①]

二、“新文科”体系建设的法科回应

人工智能法学建设事实上就是对“新文科”建设的法科回应，通过人工智能法学的发展促进“新法科”建设，进而为国家人工智能的发展贡献法治理念、法治思维以及法治人才。[②] “新文科”作为一种利用现代信息技术与传统文科课程融合的培养模式，主张文理交叉，并为学生塑造出一种综合性的、跨学科的学习模式，以最终形成对学生思维广度与创新思维的拓展与培养。“新法科”建设是新文科体系建设的法学学科分支，也是新文科建设的重要一环。在新文科建设的大背景下，许多高校的法学院及法学教育工作者投身于“新法科”的建设浪潮之中。“新法科”作为新文科教育体系中的专业领域，其强调的不仅仅是不同学科与法学学科的交叉与叠加，更不是一般法学教学课程中对其他学科知识的简单运用，而是一种深层次的、全方位的新时代法科知识体系、话语体系的建构。“新法科”的最终的目的不仅仅是打破学科壁垒而做的简单教育工作，而是一种致力于更新人才培养理念、革新法学教育方法、提升我国法治水平的深度架构与丰富内涵，并通过学科之间的融合运用，相互知识共享，以回应目前科学技术迅猛变革对文科、法科所造成的冲击。

人工智能法治创新型人才的培养体系构建，最终落脚于对人工智能法学建设的促进。人工智能法治创新型人才塑造体系并非凌驾于学科和理论的空

① 陈奕青、张富利：《大数据环境下的国家治理与风险应对》，载《广西社会科学》2021 年第 3 期。

② 参见刘艳红：《人工智能法学的“时代三问”》，载《东方法学》2021 年第 5 期。

中楼阁,而是立足于时代背景和我国本土问题的人才培养回应。无论是对广义人工智能法治人才,还是对狭义人工智能法治人才,都应以“法律精英教育理念”培养专业型人才,包括传授专业的知识和采用专业的教学方式传授知识。[①] 目前,人工智能逐步深入法学教育之中,这种教育不仅指专业学科的教育内容,还包含了高等教育中的思想政治教育。面对人工智能嵌入高校思想政治教育带来的挑战,我们必须坚持思想政治教育的主导地位,通过价值引领、人机协同、法治规范等多维举措,协同应对,力争让人工智能在深度融入中实现工具理性和价值理性的平衡。[②] 因此,作为对“新文科”建设的法科回应,人工智能法治创新人才的培养蕴含着法学学科发展的新需求,同时也包含了对人工智能对传统法学教育、高等教育中思政教育冲击的回应。

三、“法学 + X”人才培养体系的数字时代投射

“法学 + X”人才培养体系,是指以法学学科为基础学科,融合多领域学科内容,以进一步推动法学学科发展的教育教学思路。在人工智能法治人才培养体系的塑造过程中,“法学 + X”模式则体现为“法学 + 人工智能”或“法学 + 技术”等融合了法学与人工智能知识体系的多重人才创新培养体系。在这一体系中,每一环节都蕴含着数字时代对法治和技术发展的期待,更被赋予了推动数字时代人工智能在法治范围内发展的要求。故有研究指出,包括人工智能法学在内的“数字法学不是现代法学的理论增补,也不是现代法学的新兴分支,而是现代法学适应数字时代变革发展的转型升级”。[③]

“面向人工智能时代,法学院校应在理念层面确立法律价值权衡的核心地位、绘就数字人文的范式愿景、强化融合型法律人才的关键角色。”[④]在当今这个信息技术不断革新的时代,人工智能与法学的融合已经势不可当,但是对于该种趋势并不能抱以过多的理想主义情怀,而是要深刻认识和思考人工智能发展应用所需何种法治人才,以及其可能对我国法治环境造成怎样不可忽视

---

① 参见罗维鹏、郜占川:《人工智能法治人才培养模式选择》,载《山东社会科学》2020 年第 11 期。

② 参见陈启迪:《人工智能嵌入高校思想政治教育的技术风险及应对策略》,载《学校党建与思想教育》2022 年第 9 期。

③ 马长山:《数字法学的理论表达》,载《中国法学》2022 年第 3 期。

④ 张建文、潘林青:《人工智能时代法律人才培养的新起点、新理念与新方案》,载杨宗科主编:《法学教育研究》第 32 卷,法律出版社 2021 年版。

的伦理、异化、规制、责任风险。因此,"需要塑造风险社会的法律理念,建立多元互动的风险规制体系,确立'过程—结果'的双重规制策略,从而促进人工智能的健康发展,构建智慧社会的法治秩序"。[①] 与之对应,"法学＋X"的人才培养体系,应将"X"作广义范畴之解释,其不仅代表一种多学科的融合,同时也代表着对法治人才在道德、伦理等范围的培养。这也是推进法治中国建设的重要一环。要推进"法治中国"建设,就需要以培育法治的社会根基为立足点,重建价值观体系、重塑体制机制、重组社会结构和塑造公民性品格,以此推动"法治中国"的早日实现。[②]

第三节　科学定位人工智能法治创新型人才培养体系

一、我国立法计划中的人工智能法治建设工作

人工智能法治创新型人才培养体系的构建,应直接服务于我国人工智能法治目标战略要求,同时也应为我国促进人工智能创新性发展、推动人工智能与立法司法执法守法相结合提供法治人才保障和法律专业支撑。近年来,人工智能法治建设贯穿于我国的立法工作计划中。2021 年 4 月 16 日,全国人大常委会颁布《全国人大常委会 2021 年度立法工作计划》,强调要"加强数字经济、互联网金融、人工智能、大数据、云计算等新技术新应用涉及的相关立法工作,营造健康发展的法治环境"。[③] 2022 年 4 月 11 日,全国人大常委会颁布《全国人大常委会 2022 年度立法工作计划》,其中指出要"强化对国家重大发展战略的法治保障,积极推进国家安全、科技创新、公共卫生、生物安全、生态文明、防范风险等重要领域立法,加快数字经济、互联网金融、人工智能、大数据、云计算等领域立法步伐,加强民生领域立法"。[④] 为此,人工智能法治创新型人才培养体系应结合我国立法发展而谋划、设计、构建、实施。

---

① 马长山:《人工智能的社会风险及其法律规制》,载《法律科学(西北政法大学学报)》2018 年第 6 期。

② 参见马长山:《"法治中国"建设的问题与出路》,载《法制与社会发展》2014 年第 3 期。

③ 全国人大常委会:《全国人大常委会 2021 年度立法工作计划》,2021 年 4 月 16 日发布。

④ 全国人大常委会:《全国人大常委会 2022 年度立法工作计划》,2022 年 4 月 11 日发布。

二、生成式人工智能领域中的人才培养内容

在生成式人工智能治理领域，为了促进生成式人工智能的健康发展和规范应用，2023 年 7 月 13 日，国家互联网信息办公室等多部门根据《网络安全法》《数据安全法》《个人信息保护法》《科学技术进步法》等法律、行政法规联合制定并发布《生成式人工智能服务管理暂行办法》，提出采取有效措施鼓励生成式人工智能创新发展，对生成式人工智能服务实行包容审慎和分类分级监管。[①] 这为生成式人工智能的治理领域和人才培养内容提供了重要的思路和方向。

三、司法领域中的人工智能法治人才培养重点

在司法领域，人工智能法治进程的推进以及相应的人才培养同样备受关注。2021 年 9 月 24 日，最高人民法院发布《关于加强新时代知识产权审判工作为知识产权强国建设提供有力司法服务和保障的意见》，强调“加强新兴领域知识产权保护，服务新领域新业态规范健康发展，准确适用个人信息保护法、数据安全法，加强互联网领域和大数据、人工智能、基因技术等新领域新业态知识产权司法保护，完善算法、商业方法和人工智能产出物知识产权司法保护规则”。[②] 2022 年 12 月 8 日，最高人民法院颁布《关于规范和加强人工智能司法应用的意见》，提出“加快推进人工智能技术与审判执行、诉讼服务、司法管理和服务社会治理等工作的深度融合，规范司法人工智能技术应用，提升人工智能司法应用实效，促进审判体系和审判能力现代化”。[③] 这为司法领域中的人工智能法治人才明确了培养重点。

四、教育领域中的人工智能法治人才培养方案

在人才教育领域，2022 年 7 月 27 日，教育部学位管理与研究生教育司印

---

① 参见国家互联网信息办公室等：《生成式人工智能服务管理暂行办法》（国家互联网信息办公室、中华人民共和国国家发展和改革委员会、中华人民共和国教育部、中华人民共和国科学技术部、中华人民共和国工业和信息化部、中华人民共和国公安部、国家广播电视总局令第 15 号），2023 年 7 月 13 日发布。

② 最高人民法院：《关于加强新时代知识产权审判工作为知识产权强国建设提供有力司法服务和保障的意见》（法发〔2021〕29 号），2021 年 9 月 24 日发布。

③ 最高人民法院：《关于规范和加强人工智能司法应用的意见》（法发〔2022〕33 号），2022 年 12 月 8 日发布。

发《人工智能领域研究生指导性培养方案(试行)》,就进一步深化人工智能领域研究生培养改革作出工作部署,并从培养目标、培养方向、培养方式、质量保障与支持机制方面给予指导。在"人工智能领域研究生培养课程体系参考建议"中,专业知识类课程注重"人工智能安全与治理导论"的讲授,对人工智能系统的安全问题、常见的攻防方法以及人工智能技术引起的伦理道德问题进行介绍,同时探讨相应的治理技术,使学生能够了解人工智能技术的安全和伦理问题,并了解相关的治理规范和防御方法。[①] 除此之外,教育部等五部门通过实践基地的建设,将人工智能法治人才培养工作从青少年时期抓起。2016年9月1日,教育部等七部门发布《关于加强青少年法治教育实践基地建设的意见》,将人工智能作为创新法治教育的重要方式,指出要重视运用人工智能等技术,积极探索学用结合的法治教育方式,不断丰富教育载体、拓展教学内容,提升青少年法治实践教育的效果和水平。[②]

总体而言,人工智能法治创新型人才的培养体系构建是我国法治提升、技术发展的必然要求,需要从有创新意识、国际视野、跨界思维以及综合解决问题的能力等多重维度构建人才培养体系,为完善我国人工智能人才队伍培养和学科支撑贡献力量,以切实满足国家人工智能法治环境发展目标需求。在具体实施中,应对现有的人工智能法治人才培养体系进行系统评估,基于调查数据分析而进行规划,对已有的学科和课程体系进行优化升级,避免盲目地修改现有的培养方案,避免泛化设立新学科,并在整体上适度平衡人工智能法治创新型人才的规模和结构。除注重现有学科体系需求外,应同时注重社会对于人工智能法治创新型人才培养需求的调节作用,以现实需求为重要的导向,立足于国家战略、社会需求配备教育资源和人员投入,而非空泛地停留在人工智能法治创新型人才培养体系构建这一宏观叙事之上,要以能够解决"人工智能法治环境建设"目标实现过程中的现实问题为根本依据,让人才接触真问题,用知识指导真问题,用实践化解真问题。

---

① 参见教育部学位管理与研究生教育司:《人工智能领域研究生指导性培养方案(试行)》(教研司〔2022〕6号),2022年7月27日发布。

② 参见教育部等七部门《关于加强青少年法治教育实践基地建设的意见》(教政法〔2016〕16号),2016年9月1日发布。

第四节 人工智能法治创新型人才塑造的体系结构

一、人工智能法治创新型人才塑造的场景体系

人工智能法治创新型人才塑造可以按场景进行分类塑造，根据不同场景的特点，对法治人才的能力进行有针对性的培养。同时，不同场景的塑造有助于学生对未来工作走向的体验与选择，根据培养模式的角色设定与扮演，最终选择自身最合适的职业方向，减少因对法学职业内容不了解而带来的困惑。在具体场景构造方面，可分为校园场景搭建和校外场所体验两个大类。在校园场景搭建中，可以通过多媒体技术在模拟法庭、法学实验室中的应用，让学生在校园中体验到技术与法律相结合带来的便利，以及模拟场景中可能存在的专业问题。而在校外场所体验部分，则表现为在法学相关职业场所进行的实习与实践，如法院、检察院、律所、公司等。学生可通过在不同场景的观摩和实习，收获人工智能在不同场景下的不同反馈，对良性反馈进行一种记录和感受，对非良性反馈则需进行反思和交流，将问题进行法学与非法学的分类，并可结合自身法学知识进行进一步衡量。

在具体场景构造方面，除了将其分为校园场景搭建和校外场所体验两个大类之外，还可以结合法律应用场景将其分为立法场景、司法场景、执法场景、守法场景。例如，在立法场景下，人工智能数据安全治理应从“立法衔接”“法律规定的周延性”“法律规范的可操作性”“立法体系化”4 个方面加强人工智能数据安全领域的法治建设，为数据安全治理工作提供法律依据和行动指南。[①] 在法律规制方面，可“加强多元支持联盟的治理认知，运用法治思维推进人工智能教育治理的有序耦合，出台多元化、层次化的治理方针、愿景规划和政策文件等”。[②] 在司法场景下，“司法的人工智能化大体上属于法律信息学的范畴，是伴随着计算机的出现而产生的一个新兴学科领域”。[③] 在智能司法

---

① 参见林伟：《人工智能数据安全风险及应对》，载《情报杂志》2022 年第 10 期。

② 李世瑾、王成龙、顾小清：《人工智能教育治理：逻辑机理与实践进路》，载《华东师范大学学报（教育科学版）》2022 年第 9 期。

③ 孙海波：《反思智能化裁判的可能及限度》，载《国家检察官学院学报》2020 年第 5 期。

背景下,“卓越法治人才培养需要格外重视法律思维训练的强化、类案技术的习得、人工智能理论与技术知识的获取、职业伦理和技术伦理的养成”。[①] 人工智能法治创新型人才塑造正是使人才在不同场景和职业中进行观摩、体验,从中发现不同场景下的真问题,而非仅是凭空设想的理论假设。这样,将使得人工智能法治创新型人才塑造更加具有操作性,形成从“校园—社会”的稳定的人才传导线路,为人工智能法治的现实问题提供专业的复合的人才队伍。

二、人工智能法治创新型人才塑造的群体分工

人工智能法治创新型人才塑造体系并非固化,而是基于多种分类模式实施的细分体系,其类别划分取决于多个考量要素,最终形成一种立体式的、多元的人才培养体系,以便对不同人才的需求进行回应。与此同时,这种人才培养体系需要多种角色人员参与,其中包括教师、实务人员、律师等多类型法律职业共同体。对于教师而言,其不仅包含学科基础教学教师,也包含思想政治教师,后者从法治创新人才的思想层面进行指导,保障人工智能法治创新型人才塑造体系是一个专业和思政双线把握的体系,而非仅专注于专业培养,从而打造出一种全方位复合型的人才模式,致力于培养出有道德、讲法治、有担当的人工智能法治创新型人才。除教师团队的参与外,实务领域的专家也是该人才培养模式的重要角色。人工智能法治是一个理论、实践与技术紧密结合的领域,对该领域的知识开拓不仅需要理论供给,更需要技术和实操方面的培养和训练。在这一层面,实务领域的专家则需要通过分享、讲授、实践等多种形式让学生接触到实务领域的现实问题,并且在体验和观摩中引发学生的思考,用实践启发理论,用理论指导实践,最终形成一种人才培养的良性循环。

除了法律职业人员参与到该体系之外,还需要人工智能领域的学者和专家参与其中。技术问题并非传统法学学者能够在专业领域进行识别和解决,而人工智能法学作为突破传统法学学科的新技术融合,应立足于技术的专业内容进行延伸和探讨,此时技术领域专家的参与将使法学问题更加技术化、精准化和专业化,更有助于从多视角解释现有人工智能技术的优势和缺憾,这也

---

① 周江洪:《智能司法的发展与法学教育的未来》,载《中国大学教学》2019 年第 6 期。

是人工智能法治发展的重要基础。从学生这一群体视角来说，作为人工智能法治创新型人才的对象所指，此处的学生主体不仅限于法学专业的学生。部分高等院校法学院已经开始更多吸纳有工科背景的学生攻读法学硕士和法学博士学位，并致力于开展人工智能法治的研究。因此，对于人工智能法治创新型人才塑造体系的群体而言，无论是教师抑或学生，均包含了法学与技术双视角，其目的在于形成复合的人工智能法治创新型人才培养体系，而非仅就法学研究开展的单一系统。

三、人工智能法治创新型人才塑造的课程构建

当前，“我国人工智能法治人才培养正在起步，培养模式可以概括为学者模式、学科模式和学院模式三种，其对人才培养的启蒙作用值得肯定”。[①] 无论何种培养模式，均需要考虑的就是以怎样的课程体系与之相互配合。人工智能法治创新型人才塑造的课程构建，不仅仅是聚焦于人工智能法治的法学类课程，其应该是一种多元的、复合了法学、人工智能等技术领域的多学科的综合体系。为了使课程构建形成一个完整的闭环，并以完善的形式实现真正的可操作性，可以从学分分配、思政教育、实践教学、理论教学 4 个方面展开。

首先是优化学分体系。学分的设置可起到分配学科教学比例、明确学生教育重点的作用，不同配比的学分也代表了对各部分教学内容的重视程度。以美国波士顿大学和东北大学开设的“人工智能与创新”专业课程为例，其课程体系包括 4 个大类，具体指核心课程（5 门 86 学分，其中含 1 门 36 学分顶点项目课）、拓展课程（6 门 72 学分）、选修课程（3 门 36 学分）、实习与实践 4 个模块。[②] 从中可以看出，该学分体系对课程进行了层级分类，明确了核心、包含了拓展、具备了实践，并设置了学生可根据兴趣选择的选修课程。优化人工智能法治人才培养课程的学分设置，有助于给予学生更多的学习自主性，并且激发学生学习的积极性，使其转被动学习为一种主动的根据兴趣进行的学习。除此之外，优化学分设置有助于提升课程体系的科学性，合理配置课程内容和

---

① 罗维鹏、部占川：《人工智能法治人才培养模式选择》，载《山东社会科学》2020 年第 11 期。

② 参见林健、郑丽娜：《美国人工智能专业发展分析及对新兴工科专业建设的启示》，载《高等工程教育研究》2020 年第 4 期。

模块，打通校内课程中必修课、选修课、专业课、通识课、实践课之间的壁垒，拓展学生的知识面和学习视野。

其次是开展思政教育，将思政与人工智能法课程体系融为一体，贯彻“立德树人、德法兼修”的人才培养理念。人工智能法治创新型人才的培养是一个不断探索的过程，为保证人工智能领域人才具有优良的思想道德水平，人工智能课程思政教学的重要性和必要性越发突出，并亟须从人工智能的技术、应用和伦理角度引导学生建立良好的责任意识。[①] 部分学者结合人工智能发展的背景，提出了“数字思政”的理念和教学手段，认为数字思政是将以人工智能为代表的数字技术融入思想政治教育领域，以机器学习和相关算法为核心，对在线思政教学过程中形成的大数据进行分析和自动化决策。[②] 数字思政的教学模式解决了思政教育与传统教育之间的技术壁垒，并综合运用技术，将其与思政教育相结合，使得技术成为助力思政教育融入课堂的重要手段和方式，也有利于提高思政教育的效率。

再次是深化实践教学体系改革，以实践促进传统理论教学的发展，并依托理论研究指导实践的进一步跨越式发展。人工智能法学教育需跳脱出纯理论教学的课程路径，原因是仅仅依靠理论研究不足以应对现实中的人工智能法治问题，也无法指引人工智能在法治轨道中发展，因此实践教学体系的改革和构建对于人工智能法治创新型人才培养十分重要。因此，“针对人工智能可能带来的风险与挑战，推进人工智能法治研究的跨学科融合，加强人工智能法治的研究与实践，致力推动、引领人工智能法学研究，是法律人新的重要职责之一”。[③] 深化实践教学体系改革，可以尝试将案例研习课和实务实训课等法学特色实践类课程纳入实践选修课程模块。在该类特色实践课程逐步成熟之后，可以选取教学效果更好的课程转变为必修课，进一步推动课程体系的多元化与复合化。在实践教学体系过程中，实务部门和专家的参与必不可少，法院、检察院、律所、企业、金融机构等实践领域的专家可以从更精准的领域视角为学生开展更为专业的实践教学，最大化地拓展课堂外延和学生的思维半径。

---

① 参见高岳、杨小康：《前沿导向的人工智能课程内容重构——以上海交通大学“人工智能理论及应用”课程为例》，载《高等工程教育研究》2022 年第 6 期。

② 参见陈诚：《数字思政的生成机理、价值意蕴与实践路向》，载《学校党建与思想教育》2023 年第 16 期。

③ 崔亚东：《人工智能应用与治理》，载《行政管理改革》2020 年第 6 期。

最后是增强人工智能法治理论的研习课程。在具体的操作过程中，可以主动适应数字时代法治建设的发展趋势，探索将大数据、人工智能技术融入法治人才培养过程，深化“互联网+”、线上线下混合式教学、虚拟仿真实验、社会实践等课堂模式创新，强化“新文科”建设在课程体系中的显示度，打造人技融合的新型教学环境，满足数字时代对高素质法治人才的新需求。[①] 这种技术与理论相结合的授课模式，可以进一步激发学生的学习兴趣，将抽象单一的理论学习与可观可感的技术内容相融合，学生在理论学习的同时深切地感受到技术变革所带来的机遇、挑战与问题。这有助于培养学生的问题意识，启发学生在学习理论的过程中主动发掘问题，以团队合作的形式解决问题，并将课堂的外延逐步扩展到日常生活之中，最大化地延展理论课堂的视角。这有助于形成一套更为宽域的课程体系和培养模式，进一步适应迅猛变革的信息技术时代，让学生敢于接受新鲜事物，勇于思考和解决新问题、新挑战。

四、人工智能法治创新型人才塑造的目标及维度

从《新一代人工智能发展规划》《关于坚持德法兼修实施卓越法治人才教育培养计划2.0的意见》《高等学校人工智能创新行动计划》等政策文件中可知，“跨学科”“复合型”“创新型”是人工智能法治人才的必备素质。但是，“人工智能法治人才”究竟是一类什么样的人才，上述政策文件并没有给出规范定义。

本书认为，培养目标和培养维度是相互统一的两个方面，培养目标确立了人工智能法治创新型人才的培育落脚点，培养维度则紧密围绕培养目标开展各角度模块的设置。对于人工智能法治创新型人才塑造体系而言，培育目标将体系中的各方面内容以提取公因式的方式凝聚于目标之中，并以此为基点指导体系内各部分的协调和运用。本书认为，人工智能法治创新型人才塑造体系的培养目标主要有三个方面。

第一点为复合型高素质目标。为此，紧扣司法实践对深谙“法律规则”和精通“人工智能技术”的复合型高素质法治人才的迫切需求，政法院校在法学

---

① 参见苗连营、郎志恒：《习近平法治思想关于法治人才培养的原创性理论贡献及其实践展开》，载《中国大学教学》2022年第8期。

教育中应积极探索复合型专业培养新模式，为人工智能法学的发展储备人才。[①] 其中，高素质是对复合型人才的共同要求，高素质体现在人工智能法治创新型人才具有坚定的理想信念，过硬的思想政治素质，并且具有高尚的道德情操，良好的职业素养等方面。法治不仅仅是学生时期的一种研究方向，更是学生所追求的一份事业，在学习和工作的过程中，素质素养决定了学生成长的高度和未来的空间。

第二点为理论与业务双重目标。法学是研究法律制度、法律现象及其规律的社会科学，是否具有扎实的法学知识、缜密的法学思维和良好的法学素养是法学专业学生区别于其他专业学生的显著标志，也是法治人才从事法律职业的安身立命之本。[②] 但是，空泛的理论研究终为一种纸上谈兵，欠缺与实践结合的理论研究是十分空洞的，尤其是以时代背景为重要依托、以技术内容为基础依据的人工智能法治创新型人才培育工作，不能培养学生仅就理论内容进行研究。因此，在强调学生研习法学理论基础之上，应同时强化法学实务教学，改进综合的教学方式，培育学生深入实践，了解法治实践与经验，从中汲取法学知识，以提升业务能力。

第三点为思维模式的综合培养。思维能力的提升不仅将有助于学生对人工智能法治问题的思考与破解，也将更有益于其对其他新问题新挑战的应对能力。思维模式是一种刻在学术能力中的重要基础，也是研究与实践的重要根基。因此，要培养学生关注人工智能理论及其应用带来的法学命题的革新，更新信息时代的法学思维，思考人工智能的发展给法学及法律赖以存在的社会关系、社会基础带来的巨大变化，研究和解决人工智能应用带来的法律问题以及思考如何规范人工智能的发展。[③] 定位于培养人工智能所不能替代的法治人才的“法学教育一定是注重人的特质的教育，是注重人在思维模式方面的教育，培养出具有人类思维特色的法律人才，也就是人工智能不能替代的法治人才”。[④]

---

① 参见刘艳红：《从学科交叉到交叉学科：法学教育的新文科发展之路》，载《中国高教研究》2022 年第 10 期。

② 参见马怀德：《完善法治人才培养体系》，载《民主与法制周刊》2022 年第 14 期。

③ 参见周江洪：《智能司法的发展与法学教育的未来》，载《中国大学教学》2019 年第 6 期。

④ 何志鹏：《卓越法治人才培养的实践解读》，载《中国大学教学》2019 年第 6 期。

在人工智能法治创新型人才培育体系的维度设置方面,可以从创新教学形态、协同育人、适应国家法治人才需求三个方面展开。在教学形态方面,需要主动适应"互联网+""智能+"时代的教学需求,更新教学形态,为学生打造人机融合的新型教学模式和教育环境。目前,各高校法学院已经较为全面地开展了线上线下课程,后期则需要更为深化,增强教学效果,探索将"互联网+"、智慧教室、云平台、网络课程融入人才培养过程。此外,还应强化师生互动,深入推进探究式、启发式教学,为学生提供个性化学习方案和教学内容。

第五节　人工智能法治创新型人才塑造体系的延展

一、我国人工智能法治创新型人才塑造体系的构建步骤

我国人工智能法治创新型人才体系的构建步骤跟随法治进程不断深化。2017年7月8日,国务院印发《新一代人工智能发展规划》,为构筑我国人工智能发展的先发优势制定我国人工智能的发展规划。该规划分析了目前人工智能的战略态势,指出人工智能已经成为国际竞争的新焦点,并且成为经济发展的新引擎,尽管我国人工智能发展具有良好基础,但是我国"人工智能尖端人才远远不能满足需求;适应人工智能发展的基础设施、政策法规、标准体系亟待完善"。[①] 在《新一代人工智能发展规划》中,国务院提出了我国新一代人工智能发展的三步走战略目标,与之对应,我国人工智能法治创新型人才塑造体系构建可与之进行匹配。在三步走的战略中,法治环境完善与法治人才培养的内容涉及多个方面。

在《新一代人工智能发展规划》中,第一步以2020年为时间节点,注重"人工智能发展环境进一步优化,在重点领域全面展开创新应用,聚集起一批高水平的人才队伍和创新团队,部分领域的人工智能伦理规范和政策法规初步建立"。[②] 在这一时期我国制定并颁布了多项人工智能治理相关的法律、行政法规,如《网络安全法》《数据安全法》《个人信息保护法》《科学技术进步法》等。

---

① 国务院:《国务院关于印发新一代人工智能发展规划的通知》(国发〔2017〕35号),2017年7月8日公布。
② 国务院:《国务院关于印发新一代人工智能发展规划的通知》(国发〔2017〕35号),2017年7月8日公布。

故而,该阶段我国人工智能法治创新型人才塑造体系构建以制度为中心,逐步开设相关内容的通识课程,相关学术研究开始不断关注人工智能发展所带来的权益、治理等问题。

第二步以 2025 年为时间节点,注重“初步建立人工智能法律法规、伦理规范和政策体系,形成人工智能安全评估和管控能力”。[①] 在该阶段,我国人工智能法治创新型人才塑造体系将实现“制度”与“人才队伍”的双向供给。基于第一阶段的人工智能伦理规范和政策法规的初步建立,第二阶段具有较为良好的人工智能法治理论和实践基础,并且具备了一定的人才培养的技术储备,且能够更为精准地发掘人工智能法治人才培养的创新性需求,此阶段的培养体系将注重回应实践中面临的共性问题与社会对法治人才的需求。

第三步以 2030 年为时间节点,注重“形成一批全球领先的人工智能科技创新和人才培养基地,建成更加完善的人工智能法律法规、伦理规范和政策体系”。[②] 在该阶段,与我国新一代人工智能发展规划相匹配,我国人工智能法治人才培养体系将越发成熟,将形成与人才体系相匹配的人工智能多元法律法规体系,且其能够基本回应现阶段的人工智能法治问题。该阶段的人工智能法治人才塑造体系将不仅聚焦于如何培养人才,更将关注实现人才培养的可持续发展。在这种可持续发展中,培养的核心内容是人才对人工智能法治的理念,以为人工智能法治人才提供应对问题、迎接挑战的思路和准则。这也有利于最终实现我国对于人工智能创新型人才培养体系的可持续的发展,以及人才教育理念的代际传承。

二、我国人工智能法治创新型人才塑造体系的拓展创新

基于我国人工智能技术的高速发展,我国人工智能法治创新型人才培养体系在各大院校法学院系逐步建立,并形成了具有中国特色的人工智能法治创新型人才培育模式。总体而言,我国各高校主要通过“学科—教材—研究院—学位点—实践合作”5 种模式构建人工智能法治创新型人才塑造体系,并在此基础上进行不断拓展与延伸,以促进新文科建设和交叉学科建设的并进。

---

① 国务院:《国务院关于印发新一代人工智能发展规划的通知》(国发〔2017〕35 号),2017 年 7 月 8 日公布。

② 国务院:《国务院关于印发新一代人工智能发展规划的通知》(国发〔2017〕35 号),2017 年 7 月 8 日公布。

在学科构建层面,清华大学法学院近年来在我国率先提出了“计算法学”的发展方向,广泛开展了网络空间治理和新一代信息技术应用于法律行业的科学研究;在学科构建过程中也通过与实务机关进行合作充实学科深度和广度,分别与最高人民法院、最高人民检察院、科学技术部、中央网信办等中央国家机关建立了密切的合作。[①]

在教材方面,我国高校先后多次探索出版致力于指导我国人工智能法学研究及人才培养的教程,并形成了以教材为主线,相关理论著作为辅线的全方位的人才培养教学用书体系。西南政法大学人工智能法学院教师编写的《人工智能与法律》是专门用于“人工智能 + 法律”人才培养的综合性教学用书。南京航空航天大学“网络与人工智能法”课程组编写出版的《网络与人工智能法学》,是首批国家一流本科课程“网络与人工智能法”的配套教材。该书注重基础理论与新兴内容的衔接、成果共识性与学术个体性的结合,对全国高等院校人工智能法学人才培养和相关课程建设具有重要的意义。

在研究院建设方面,2017 年 9 月,中国人民大学法学院成立了未来法治研究院,其定位是科技与法律相融合的研究平台和人才孵化平台。同年 12 月 29 日,北京大学法学院成立了法律人工智能实验室和法律人工智能研究中心。[②] 2018 年 12 月 6 日,西南政法大学宣布成立人工智能法学院、人工智能法律研究院,以培养适应人工智能迅猛发展需要的高层次法律人才。[③] 2020 年 7 月 10 日,上海交通大学人工智能研究院与中国法与社会研究院联合成立了“人工智能治理与法律研究中心”。[④]

在学位点创设方面,2020 年 8 月,根据国务院学位委员会办公室下发的《关于做好授予博士、硕士学位和培养研究生的二级学科自主设置工作的通知》(学位办〔2011〕12 号)的要求,华东政法大学拟设置目录外二级学科“智能

---

① 参见《法学类:中国情怀与国际视野并重,培养适应全球化竞争所需的高端法律人才》,载微信公众号“清华招生”2019 年 5 月 29 日,https://mp.weixin.qq.com/s/zICwmNCJ1b_PGJX8TnzjkQ。

② 参见《北京大学智慧法治论坛暨北大法宝 20 周年庆典隆重举行》,载微信公众号“北大法律信息网”2019 年 12 月 25 日,https://mp.weixin.qq.com/s/iohjtBiTzJ6QJROU6vqs7g。

③ 参见《人工智能法学院》,载微信公众号“西南政法大学本科招生”2023 年 3 月 7 日,https://mp.weixin.qq.com/s/rWWRRMMfqi4rCsZbQ9_MPw。

④ 参见《上海交通大学“人工智能治理与法律研究中心”揭牌仪式举行》,载上海交通大学新闻学术网,https://news.sjtu.edu.cn/jdyw/20200710/127643.html。

法学”。又如，为了响应教育部 2020 年《关于“双一流”建设高校促进学科融合　加快人工智能领域研究生培养的若干意见》的文件精神，构建“法律＋人工智能”复合型人才培养体系，探索深度融合的新文科建设实践和人才培养模式，着力提升人工智能领域人才培养能力，吉林大学法学院决定面向全国招收非全日制法律硕士专业学位研究生（法律人工智能方向）。①

在实践合作方面，人工智能与法治活动的结合，实现了法律信息和流程的数字化、在线化，出现了智慧法院、互联网法院、移动微法院等新的司法活动形态。2020 年，杭州市司法局分别与海康威视集团和华为技术有限公司签署了战略合作协议，双方约定共同深入开展以人工智能、人脸识别、物联网、大数据为核心技术的应用研究，共同推动杭州市司法体系信息化建设。②

上述 5 种模式共同拓展，并在不断尝试与革新中支撑起我国人工智能法治创新型人才体系的拓展与创新。

① 参见《吉林大学 2021 级非全日制法律硕士（法律人工智能方向）招生简章》，载微信公众号“吉林大学法学院”2020 年 10 月 10 日，https://mp.weixin.qq.com/s/tQMR_5us-3SJrwB3oV0rtg。

② 参见《全国首个智慧司法联合实验室暨区块链公证研究院落户杭州市西郊监狱》，载浙江省监狱管理局网，https://jyglj.zj.gov.cn/art/2020/1/7/art_1518765_41502342.html。

第三章　人工智能法治创新型人才塑造的学科建设

2023 年 2 月，中共中央办公厅、国务院办公厅联合印发了《关于加强新时代法学教育和法学理论研究的意见》。该意见明确将“优化法学学科体系”作为“加快完善法学教育体系”的重要环节，并旗帜鲜明地提出要“加快发展社会治理法学、科技法学、数字法学、气候法学、海洋法学等新兴学科”。然而，“我国哲学社会科学学科体系已基本确立，但还存在一些亟待解决的问题……学科体系不够健全，新兴学科、交叉学科建设比较薄弱”。[①] 人工智能法学作为新兴学科，“学科建设比较薄弱”的窘境依旧存在。

人工智能法学学科建设的窘境必然延伸至人工智能法治创新型人才塑造等问题。实际上，人工智能法学不单属于新兴学科，也是典型的交叉学科，[②]同样有《关于加强新时代法学教育和法学理论研究的意见》所要求的推进“学科交叉融合发展，培养高质量复合型法治人才”的必要。因此，人工智能法治创新型人才塑造的学科建设，在学科交叉融合上，也有巨大的进步空间。

然而，作为新兴学科的人工智能法学应如何破解“学科建设比较薄弱”的瓶颈，作为交叉学科的人工智能法学应怎样持续深度地推进“学科交叉融合发展”，学界尚未给出合理、详尽的实施方案。故而，本书聚焦人工智能法治创新型人才塑造的学科建设，力图给出在数字时代培养人工智能法治创新型人才学科建设的全景图谱。

---

① 习近平：《在哲学社会科学工作座谈会上的讲话》，载《人民日报》2016 年 5 月 19 日，第 2 版。

② 参见张文显：《加强新时代法学教育和法学理论研究的纲领性文献》，载微信公众号“民主与法制周刊”2023 年 10 月 9 日，https://mp.weixin.qq.com/s/oKeA9ArDMGN6Fee9nnonrA。

第一节　人工智能法学学科建设与创新型人才塑造

如上所述，人工智能法治创新型人才塑造的学科建设皆受限于人工智能法学学科建设。为了全面透视国内人工智能法学学科建设的进展及人工智能法学创新型人才塑造的学科建设方向，本节首先对国内人工智能法学学科定位的实践样态展开观察，并围绕人工智能法治创新型人才塑造的既有学科建设境况展开考察。

一、人工智能法学学科定位的实践样态

人工智能法学旨在研究与人工智能相关的法律问题，涵盖如何运用人工智能技术推动法治建设，以及人工智能技术在社会大规模推广应用所衍生的新兴法律问题的治理。[①] 根据教育部2023年9月公布的“学位授予单位(不含军队单位)自主设置二级学科和交叉学科的名单”，[②]当前，西南政法大学、华东政法大学、辽宁大学、河北经贸大学4所高校已向教育部完成自主设置人工智能法学二级学科备案。数字法学、数据法学、网络法学、网络与信息法学等与人工智能法学相关的学科表述，也已被中国人民大学、中国政法大学、中国社会科学院大学等10所高校备案为法学二级学科。具体信息如表3－1所示。

表3－1　自设人工智能法学(含数字法学、数据法学等)二级学科的高校及学科名称(截至2023年6月30日)

序号	学校	自设二级学科名称	一级学科名称
1	西南政法大学	人工智能法学	法学
2	河北经贸大学	人工智能法学	法学
3	华东政法大学	智能法学	法学
4	辽宁大学	知识产权与人工智能法学	法学

① 参见王利军、李大庆主编：《人工智能法学导论》，法律出版社2022年版，第25页。

② 参见《学位授予单位(不含军队单位)自主设置二级学科和交叉学科名单》，载教育部网，http://www.moe.gov.cn/jyb_xxgk/s5743/s5744/A22/202310/t20231009_1084652.html。

续表

序号	学校	自设二级学科名称	一级学科名称
5	中国人民大学	数字法学	法学
6	上海交通大学	数字法学	法学
7	浙江大学	数字法学	法学
8	南京航空航天大学	网络法学	法学
9	中国社会科学院大学	网络与信息法学	法学
10	对外经济贸易大学	数据法学	法学
11	中国政法大学	数据法学	法学
12	浙江理工大学	数据法学	法学
13	江西财经大学	数据法学	法学
14	华中科技大学	科技法与知识产权法	法学

此外，中南财经政法大学、武汉大学、西北政法大学三所高校则将数字法学、网络法学、数字治理设置为交叉学科。“交叉学科均按照二级学科管理”系教育部学科管理之规定；换言之，中南财经政法大学、武汉大学、西北政法大学三所高校同样已将数字法学、网络法学、数字治理定位为二级学科开展学科管理。具体信息如表 3 – 2 所示。

表 3 – 2　自设人工智能法学(含数字法学、数据法学等)交叉学科的高校及学科名称(截至 2023 年 6 月 30 日)

序号	学校	自设交叉学科名称	所涉及一级学科
1	中南财经政法大学	数字法学	法学、统计学、应用经济学
2	武汉大学	网络法学	法学、网络空间安全、计算机科学与技术
3	西北政法大学	数字治理	理论经济学、法学、公共管理学

值得关注的是，尽管近年来清华大学的有关学者极力提倡“计算法学”的概念，并围绕“计算法学”发表了一些高质量的学术论文、组织过诸多高级别的学术会议，但查阅教育部 2023 年公布的“学位授予单位(不含军队单位)自主设置二级学科和交叉学科的名单”可知，清华大学既未将“计算法学”备案为法学二级学科，也未将其设置为交叉学科。清华大学法学院仅将“计算法学”

作为法律硕士(非法学)的研究方向,在全国研究生统一招生考试目录中,法律硕士(计算法学)作为独立专业方向进行招生。[①]

北京大学法学院在人工智能法学(含数字法学、数据法学)等二级学科的设置上同样显得冷静与克制。教育部2023年公布的"学位授予单位(不含军队单位)自主设置二级学科和交叉学科的名单"中同样并未显示北京大学在人工智能法学(含数字法学、数据法学等)学科设置上有所突破。在北京大学法学院"2023级全日制法律硕士(法学)划分专业培养方向的说明"中,[②]除了有传统的"电子商务法"作为研究方向外,数据法学、人工智能法学或网络法学等皆未作为独立的研究方向予以设置。在北京大学法学院2022年5月发布的"2021级法律硕士(非法学)研究生划分专业培养方向的通知"中,[③]学院确定的专业研究方向仍是民法、经济法(公司法与证券法)、电子商务法等14个传统学科专业方向,数据法学、人工智能法学等专业方向未能得见。在北京大学法学院硕士研究生招生专业目录中,[④]硕士研究生"不区分研究方向",数据法学、数字法学、人工智能法学等研究方向也未见踪影。本书在梳理中发现,仅在北京大学法学院博士研究生招生目录中,查询到法学(知识产权)项下有"互联网法"这一与人工智能法学相近的研究方向。[⑤]

二、人工智能法治创新型人才塑造与学科建设

费孝通先生曾在《从实际出发规划社会学学科建设》一文中,坚称特定学科的建设至少应注重如下内容:学会组织、专业研究机构、学系、图书资料中

① 参见《清华大学法律硕士(计算法学)研究生学位项目介绍》,载清华大学法学院网2021年9月27日,https://www.law.tsinghua.edu.cn/info/1080/12949.htm。

② 参见《2023级全日制法律硕士(法学)划分专业培养方向的说明》,载北京大学法学院网2023年5月10日,https://www.law.pku.edu.cn/xwzx/ggtz/zsjx/149641.htm。

③ 参见《2021级法律硕士(非法学)研究生划分专业培养方向的通知》,载北京大学法学院网2022年5月9日,https://www.law.pku.edu.cn/xwzx/ggtz/zsjx/138727.htm。

④ 参见《北京大学法学院2024年硕士研究生招生专业目录》,载北京大学研究生招生网,https://admission.pku.edu.cn/zsxx/sszs/zyml/2024/yx/zsml_ss_yx.html?CSRFT=6HKH-NVRU-W7QA-JTX9-CEFE-47WO-Z3W6-Z81Z,最后访问日期:2023年11月9日。

⑤ 参见《北京大学法学院2024年博士研究生招生专业目录》,载北京大学研究生招生网,https://admission.pku.edu.cn/zsxx/bszs/bszyml/2024/yx/zsml_bs_yx.html?CSRFT=6HKH-NVRU-W7QA-JTX9-CEFE-47WO-Z3W6-Z81Z,最后访问日期:2023年11月9日。

心、出版物、基本课程、师资等内容,[①]并坦言,上述内容得以建设发展后,相应学科也就初具规模。本书参照费孝通先生为学科建设擘画的蓝图,考察了人工智能法学学科在学会组织、书刊出版、课程安排、师资配置 4 个维度的建设状况。

(一)学会组织

学会组织的成立及存续可以有效推进学术交流、加强特定学科的体系建设与人才培养。在人工智能法学学科领域,同样存在颇具引领性与专业性的学会组织。

中国法学会网络与信息法学研究会,即是中国法学会下设的致力于繁荣我国网络与信息法学相关研究的学术团体。中国法学会网络与信息法学研究会成立于 2002 年 9 月,原名为中国法学会信息法学研究会。为了适应网络时代的迅捷发展与拓展研究领域,2016 年中国法学会信息法学研究会正式更名为中国法学会网络与信息法学研究会。该研究会成立以来,围绕"数字中国建设与网络信息法治新机遇"[②]"网络治理的现代化与法治化"[③]"数字中国的法治模式"[④]等年会主题,聚焦"人工智能的法律规制""人工智能发展的法治保障""个人信息保护"等具体议题展开了深度研讨,有力地推动了人工智能法学学科发展。

中国科学技术法学会专注于科技法学研究、科技法治建设和科技创新发展,其下设"中国科学技术法学会人工智能法专委会",[⑤]围绕"人工智能与法律、网络空间活动与法律、数据治理与法律"等议题,[⑥]从事与人工智能法相关的研究与教学工作。

除全国性学术团体组织外,地方性的与人工智能法学研究相关的学术团

---

① 参见费孝通:《费孝通文集》(第 8 卷),群言出版社 1999 年版,第 337 ~ 338 页。

② 参见《中国法学会网络与信息法学研究会 2021 年年会第 1 号公告》,载中国法学会网络与信息法学研究会网 2021 年 7 月 11 日,http://cyberlaw. chinalaw. org. cn/portal/article/index/id/1156. html。

③ 参见《中国法学会网络与信息法学研究会 2020 年年会第 1 号公告》,载中国法学会网络与信息法学研究会网 2020 年 8 月 20 日,http://cyberlaw. chinalaw. org. cn/portal/article/index/id/9. html。。

④ 参见《中国法学会网络与信息法学研究会 2023 年年会暨第一届数字法治大会成功举行》,载中国法学会网络与信息法学研究会网 2023 年 8 月 22 日,http://law. jlu. edu. cn/info/1082/23042. htm。

⑤ 参见《中国科学技术法学会人工智能法专委会简介》,载中国科学技术法学会网,http://www. clast. com. cn/page/index/id/44,最后访问日期:2023 年 11 月 9 日。

⑥ 参见《中国科学技术法学会 2022 年年会暨何梁何利基金高峰论坛通知》,载中国科学技术法学会网 2023 年 2 月 28 日,http://www. clast. org. cn/index. php? g = &m = article&a = index&id = 910&cid = 4。

体也俯拾皆是。上海市法学会人工智能法治研究会、北京市网络法学研究会、山东省法学会网络法学研究会、江西省法学会数据法学研究会、江苏省法学会互联网与信息法学研究会、江苏省法学会数字法学研究会等,皆是地方人工智能法学学术研究机构的代表。人工智能法学相关的学术团体林立、学术活动丰富,有力地推动了人工智能法学学科建设阔步向前。

(二)书刊出版

近年来,以人工智能法学、数据法学、网络法学为主题的图书难计其数,聚焦人工智能法、数据法学等议题的学术文章更是不胜枚举。仅以书名中包含有“人工智能”四字的法学书目便有《网络与人工智能法学》(王建文主编)、《人工智能法律分析》(王润华、张武军著)、《人工智能法学导论》(王利军、李大庆主编)、《人工智能法学简论》(孙建伟、袁曾、袁苇鸣著)、《人工智能法学》(郑飞、马国洋主编)、《人工智能法律概论》(王崇主编)等。[①]

就与人工智能法学相关的专业性连续出版刊物而言,除综合性法学期刊外,比较有影响力的专业性期刊属《科技与法律》《网络法律评论》。其中,《科技与法律》由中国科学技术法学会主办,《网络法律评论》由北京大学知识产权学院和北京大学互联网法律中心联合主办,两个刊物皆连续入选 CSSCI 刊物。此外,以人工智能法、数字法、数据法、网络法等冠名的连续出版物还有《人工智能法学研究》(西南政法大学人工智能法律研究院主办)、《数字法学》(广州大学法学院主办)、《数字法治》(人民法院出版社主办)、《数字法治评论》(上海政法学院主办)、《数据法学》(中国人民公安大学法学院主办)、《网络信息法学研究》(中国法学会网络与信息法学研究会主办)。

实际上,近年来,以“信息技术+法学”为研究议题的论文始终是《中国法学》《法学研究》《中国社会科学》《东方法学》等法学类顶级刊物的常客。

(三)课程安排

课程设置直接影响人工智能法治创新型人才的知识结构与成长成才,是人工智能法学学科建设的重要一环。因本书专设“人工智能法治创新型人才

① 参见王建文主编:《网络与人工智能法学》,法律出版社 2023 年版;王润华、张武军:《人工智能法律分析》,知识产权出版社 2023 年版;王利军、李大庆主编:《人工智能法学导论》,法律出版社 2022 年版;孙建伟、袁曾、袁苇鸣:《人工智能法学简论》,知识产权出版社 2019 年版;郑飞、马国洋主编:《人工智能法学》,中国政法大学出版社 2023 年版;王崇主编:《人工智能法律概论》,中山大学出版社 2023 年版。

塑造的课程建设”一章,故而,本部分仅对华东政法大学与西南政法大学两家法学院校之课程设置,作概要式阐述。

华东政法大学官网公布的《智能法学专业攻读硕士学位研究生培养方案》①详细列举了智能法学专业的课程设置。根据该培养方案,除政治、英语等专业课程外,智能法学专业的具体课程包括:核心课程——数据智能技术与应用、数据法学,专业课程——网络法专题研究、人工智能法专题研究,必修课程——数字经济法(含数据竞争法)、数字知识产权法,限制性选修课程——个人信息保护法、网络与数据安全法、数字政府法律专题、电子商务与数字贸易法、智能法实务与前沿问题。限制性选修课只需选两门即可。可见,华东政法大学的智能法学的课程设置已经呈现出体系化与规范化。

西南政法大学及西南政法大学人工智能法学院并未详尽披露人工智能法学课程的设置与时间安排。在西南政法大学公布的“2022 年西南政法大学法学硕士项目(人工智能法方向)招生简章”中,粗略地提及与人工智能法紧密相关的课程设置为:“必修课程:……网络与信息安全法、人工智能法学、大数据与法律实证研究;选修课程:智能法律服务专题、人工智能政策与伦理、人工智能与法律推理、人工智能典型应用场景的法律规制、数据保护专题、科技法专题、人工智能与全球治理、法律大数据挖掘分析与应用、电子商务法、区块链法律应用专题、案例推演与法律写作。”②西南政法大学对法律硕士(人工智能法实务方向)的介绍则提及“除开设法律硕士专业基础课程外,还开设有人工智能法学、网络与信息安全法、人工智能的政策与伦理、人工智能与法律推理、人工智能典型应用场景的法律规制、企业合规理论与实务、法律大数据挖掘分析与应用、电子商务法、区块链法律应用专题、智能法律服务专题等课程,旨在培养契合行业迫切需求的人工智能规则类法律人才和人工智能技术类法律人才”。③

---

① 参见《中国法治战略研究院智能法学专业攻读硕士学位研究生培养方案》,载华东政法大学培养方案查询应用网,https://gsms.ecupl.edu.cn/gsapp/sys/pyfacxapp/*default/index.do#/pyfacxlb/2023/%E4%B8%AD%E5%9B%BD%E6%B3%95%E6%B2%BB%E6%88%98%E7%95%A5%E7%A0%94%E7%A9%B6%E9%99%A2/all/022700,最后访问日期:2023 年 11 月 9 日。

② 参见《2022 年西南政法大学法学硕士项目(人工智能法方向)招生简章》,载西南政法大学国际教育学院网,https://studyin.swupl.edu.cn/docs/2022-03/20220301164342300840.pdf。

③ 参见《2023 年法律硕士(人工智能法实务方向)简介》,载西南政法大学人工智能法学院网 2023 年 5 月 9 日,https://alc.swupl.edu.cn/jyjx/yjsjx/d01e56e8aa8e4533b919982783b1ead6.htm。

(四)师资配置

人工智能法治创新型人才塑造的工作首先由教师承担,故此,有学者也称"信息技术+法学"展开教学活动的最大难题实际上是师资问题,①人工智能法学学科建设同样如此。当前,人工智能法学师资配置情况如下。

在西南政法大学公布的"2022年西南政法大学法学博士项目(人工智能法方向)招生简章"中,其师资为5位教师。该5位教师尽管在法学领域、人工智能法领域颇有造诣,但从西南政法大学官网公布的简历信息看,5位教师皆无信息技术或理工科背景。

华东政法大学官网并未披露智能法学学科的师资配置,但在公布的《智能法学专业攻读硕士学位研究生培养方案》中②提及,"数据智能技术与应用"课程将"主要介绍数据智能技术和应用领域的前沿实践问题,拟邀请全国各地的校外行业专家授课,故采用网络直播形式,方便校外尤其是外地专家授课"。可见,华东政法大学将充分调动全国各地的校外行业专家,作为人工智能法学的授课师资。

相比之下,清华大学虽然未申报自主设置计算法学二级学科,但其为清华大学法律硕士(计算法学)研究生学位学生配置了"双导师制",即"第一导师由清华大学法学院具有指导硕士研究生资格的教师担任;第二导师由清华大学计算机系、社科学院、电子系、网研院等相关院系的教师或实务部门的资深专家担任"。③ "双导师"式的导师集体组成为清华大学计算法学方向学生的师资配置范式。

---

① 参见苏宇:《"信息技术+法学"的教学、研究与平台建设:一个整体性的观察与反思》,载《中国法律评论》2021年第6期。

② 参见《中国法治战略研究院智能法学专业攻读硕士学位研究生培养方案》,载华东政法大学培养方案查询应用网,https://gsms.ecupl.edu.cn/gsapp/sys/pyfacxapp/*default/index.do#/pyfacxlb/2023/%E4%B8%AD%E5%9B%BD%E6%B3%95%E6%B2%BB%E6%88%98%E7%95%A5%E7%A0%94%E7%A9%B6%E9%99%A2/all/022700,最后访问日期:2023年11月9日。

③ 参见《清华大学法律硕士(计算法学)研究生学位项目介绍》,载清华大学法学院网2021年9月27日,https://www.law.tsinghua.edu.cn/info/1080/12949.htm。

第二节 人工智能法治创新型人才塑造学科建设的问题

透视人工智能法学学科定位的实践样态、人工智能法治创新型人才塑造的学科建设情况，可以看出，我国人工智能法治创新型人才塑造的学科建设已经取得显著进展。然而，人工智能法治创新型人才塑造学科建设还存在学科定位未完全确立、学科建设碎片化明显、跨学科建设明显不足、细分领域法律法规缺失、教材建设整体滞后等诸多问题。

一、学科定位未完全确立

人工智能法学学科建设是人工智能法治创新型人才塑造的基石。时至今日，纵然已有理论界人士认可人工智能法学作为法学二级学科之定位，[①]但反对声音亦不绝于耳。“信息技术+法学”学科生态群的底层逻辑究竟是数字、数据抑或计算，或者完全可以依人工智能统而言之，尚属难解难分的议题，更有陷入自说自话的嫌疑。就人工智能法学是否要设立成二级学科，实务与理论上仍缺乏共识。关涉人工智能法学的学科定位——这一基础问题或元问题——依然未有定论。

人工智能法学学科定位未完全确立的最大表现即学科名称尚未实现统一。如表3-1和表3-2所示，在“信息技术+法学”的学科建设当中，人工智能法学、数字法学、数据法学、网络法学等皆被选用作为高校自主设置的二级学科或交叉学科名称。即便在学术界，关于人工智能法学的相关学科名称，较有影响力的理论表述也有“网络法学、信息法学、网络与信息法学、计算法学、数据法学、(人工)智能法学”等。[②] 但是，网络法学、信息法学、网络与信息法学、计算法学、数据法学、(人工)智能法学的研究范畴、概念究竟如何，即使至今，在既有的文献中，仍难以找到共识且明确的内涵界定。学科名称间的争议既直观预表了人工智能法作为二级学科的定位尚未完全确立，亦从根本上影

---

① 参见王建文主编：《网络与人工智能法学》，法律出版社2023年版，第19页。

② 参见苏宇：《“信息技术+法学”的教学、研究与平台建设：一个整体性的观察与反思》，载《中国法律评论》2021年第6期。

响了人工智能法治创新型人才的塑造。实际上,不同名称或术语的选择,暗藏着学科核心范畴之划定,进而引发侧重领域的区别,影响人工智能法学学科内涵的建设和发展。换言之,概念的未有定论无法使学科的特定内涵或研究领域固定,人工智能法学作为新学科的核心议题难以聚焦,人工智能法治创新型人才的培养亦丧失了核心依归。

人工智能法学学科定位未完全确立的另一表现即设置人工智能法学二级学科的高校仍在少数。如表3－1和表3－2所示,截至2023年6月30日,向教育部完成自主设置人工智能法学、数字法学、数据法学等二级学科或交叉学科的高校数总计17所。这与我国设置法学专业的院校已达600多所形成鲜明对比。[①] 可见,人工智能法学成长为被普遍认可的法学二级学科建设之路,仍任重道远。这直接影响了人工智能法学的学科内涵、教材建设、师资结构、子学科推进等事项的开展,进而导致人工智能法治创新型人才塑造缺乏足够的支撑力量。

研究对象不清同样是人工智能法学学科定位未完全确立的表现。以西南政法大学"人工智能法学"二级学科为例,其视"数据法学、网络法学、算法规制和计算法学"为人工智能法学的研究方向。[②] 换言之,西南政法大学将数据法学、网络法学、算法规制和计算法学作为人工智能法学学科的核心内涵和建设中心。而在华东政法大学智能法学院的智能法学培养方案中,智能法学的研究方向则为"(一)网络法;(二)数据法;(三)人工智能法"。[③] 人工智能法学研究方向的设置有助于廓清人工智能法学的研究边界,确定人工智能法学的调整对象。而研究对象的不清,使得人工智能法学作为法学学科所必备的特定调整对象尚未确定,人工智能法治创新型人才塑造颇受影响。

---

① 参见张文显:《加强新时代法学教育和法学理论研究的纲领性文献》,载微信公众号"民主与法制周刊"2023年10月9日,https://mp. weixin. qq. com/s/oKeA9ArDMGN6Fee9nnonrA。

② 参见《西南政法大学人工智能法学院简介》,载西南政法大学人工智能法学院网2020年6月29日,https://alc. swupl. edu. cn/xygl/xygk/index. htm。

③ 参见《中国法治战略研究院智能法学专业攻读硕士学位研究生培养方案》,载华东政法大学培养方案查询应用网,https://gsms. ecupl. edu. cn/gsapp/sys/pyfacxapp/ * default/index. do#/pyfacxlb/2023/% E4% B8% AD% E5% 9B% BD% E6% B3% 95% E6% B2% BB% E6% 88% 98% E7% 95% A5% E7% A0% 94% E7% A9% B6% E9% 99% A2/all/022700,最后访问日期:2023年11月9日。

二、学科建设碎片化明显

人工智能法学学科的设置、学科内部体系的建设不应是毫无关联或毫无逻辑的简单并置，相反，它们之间应存在实质上的关联或内在的、有次序的联结，并形成一个有逻辑结构的、相互协调的逻辑体系。这一逻辑体系也应有确定的、居于核心地位的构建要旨，以指导人工智能法学学科体系的构建。然而，以逻辑自洽、相互协调标准衡量当前的人工智能法学学科建设，可以明确地得出结论：人工智能法学作为新兴学科，学界对人工智能法学的学科体系尚未展开系统而深度的探讨，或者仅仅对人工智能法学的局部内容予以透视，缺乏全面且高度的理论凝练，诸多研究现况致使人工智能法学及其学科建设呈现“知识碎片化”窘境。

“一个新的研究范式应当在体系上形成共识以解决基本问题，同时又为具体问题保留开放的讨论空间。”①然而，人工智能法学的诸多领域尚未形成共识，人工智能法学的理论建设不彰，人工智能法学在研究对象的选取、研究范围的划定、研究方法的选择等领域众说纷纭，人工智能法学学科建设难免落入碎片化的境地。学科建设碎片化严重影响了人工智能法治创新型人才的培养。

人工智能法学学科建设碎片化的典型表现即课程学习的碎片化。因人工智能法学涉及对人工智能基础原理与应用的跨学科学习，进而课程学习的碎片化主要呈现在该领域。如前所述，有的高校因缺乏信息技术等师资支持，开启了邀请全国各地行业专家以讲座的形式授课的尝试。由各地专家以讲座形式开展网络授课，固然有灵活、开放、便利等诸多优点，但也使得相应课程很难以体系化的方式展开，人工智能法科生难以获得系统化的专业知识，人工智能法学课程大有演变为“散装课程”的风险。②

实际上，因人工智能法学仅在部分高校成为法学二级学科，并开始制定培养方案，设计专业必修课与专业选修课，相应的教师本身并未接受过人工智能

---

① 申卫星、刘云：《法学研究新范式：计算法学的内涵、范畴与方法》，载《法学研究》2020 年第 5 期。

② 参见苏宇：《“信息技术 + 法学”的教学、研究与平台建设：一个整体性的观察与反思》，载《中国法律评论》2021 年第 6 期。

法学的系统化学习，很难讲授体系化的基础知识。这导致在基本的教学中，人工智能法学逐渐演变为人工智能法学的刑法维度、人工智能法学的民法维度、人工智能法学的行政法维度等碎片化的法律知识。

三、跨学科建设明显不足

跨学科的知识结构系创新型人才的核心要素和显著特征。[①] 就人工智能法治创新型人才的塑造而言，跨学科的知识基础同样至关重要。2017 年 7 月，国务院印发的《新一代人工智能发展规划》强调要“开展跨学科探索性研究。推动人工智能与神经科学、认知科学、量子科学、心理学、数学、经济学、社会学等相关基础学科的交叉融合……”。由此可知，当前关涉人工智能的跨学科研究本身处于探索性阶段，人工智能跨学科研究的基础命题、理论体系尚未确立，跨学科建设明显不足。人工智能跨学科的探索性、初阶性同样反映在人工智能法治创新型人才塑造的跨学科建设中。有学者直言：当前，法学学科存在“学科体系不够健全，……交叉学科发展严重不足，法学和其他学科的融合度不够”等问题。[②] 具体而言，人工智能法治创新型人才塑造的跨学科建设明显不足呈现在如下方面。

其一，课程设置未充分展现跨学科性。例如，某大学公布的“2022 年法学硕士项目（人工智能法方向）招生简章”中，其关涉人工智能法的必修课程仅为：“网络与信息安全法、人工智能法学、大数据与法律实证研究”，选修课程定为“智能法律服务专题、人工智能政策与伦理、人工智能与法律推理、人工智能典型应用场景的法律规制、数据保护专题、科技法专题、人工智能与全球治理、法律大数据挖掘分析与应用、电子商务法、区块链法律应用专题、案例推演与法律写作”。该核心课程的设置全部围绕领域法学开展，未涉及人工智能技术本身；选修课程亦基本属于人工智能应用场景法律规制研究类课程，难以对人工智能技术原理的理解提供足够的支撑。当然，该大学可能在具体的课程开设过程中，引入或涵盖人工智能技术基本原理，但是一门课程在容纳人工智能

① 参见韩大元等：《跨学科教育与研究：新时代法学学科建设的实现路径》，载《中国大学教学》2018 年第 4 期。

② 参见周杨：《在科学和法治的轨道上推进中国特色世界一流法学学科建设——张文显教授访谈录》，载《中国大学教学》2017 年第 8 期。

法学基本原理、法学知识的同时也很难再兼顾晦涩难懂的智能技术。

其二,科研平台在贯彻跨学科上功效未彰。虽然诸多院校为人工智能法学的研究搭建了科研平台,但多数平台皆属虚体平台,即便是实体平台,不同学科单位的合作关系也较为松散,缺乏有效的约束与激励机制,[①]难以产生实质的跨学科效果。实际上,关于人工智能法学的核心议题,单纯法学学科背景的研究者完全符合"多学科业余爱好"(multidisciplinary dilettantism)这一称谓,往往对人工智能的底层逻辑知之甚少,最多仅能称为人工智能学科的业余爱好者。这提示我们,既有研究对人工智能、人工智能法学、数字时代法学的底层逻辑之揭示,以及对未来新技术的预测,极有可能是错误的。[②] 这些应该足以提醒我们,在为网络空间制定法律或将网络空间相关的法律问题予以高度抽象概括并形成一个科学合理的学科名时,应秉持科学之态度,在跨学科之基础上,完成对网络空间法律制定或网络空间相关法律问题的回应。

四、学科发展缺乏特定法规引领

人工智能与数字技术的广泛应用催生了名目繁多的新兴法律问题。如何应对层出不穷的新兴法律议题,成为摆在理论界与实务界面前的棘手难题。为数字经济或人工智能等新兴议题特立新法之声,不绝于耳,"数字经济促进法"[③]、"个人金融信息保护法"[④]、"人工智能示范法"[⑤]及"数字税立法"[⑥]等提议众多。与此同时,学界已开始进行数字经济或人工智能等新兴议题另立新法的反思,以有力回应数字时代的新"马法之问"。[⑦]

实际上,越来越多的学者已经注意到,人工智能法学有其独特的调整对象,形成了以个人信息与数据、算法、平台为核心的研究议题,与传统的民商事

---

① 参见韩大元等:《跨学科教育与研究:新时代法学学科建设的实现路径》,载《中国大学教学》2018 年第 4 期。

② See Frank H. Easterbrook, *Cyberspace and the Law of the Horse*, University of Chicago Legal Forum, Vol. 1996, p. 207 – 216(1996).

③ 参见席月民:《我国需要制定统一的〈数字经济促进法〉》,载《法学杂志》2022 年第 5 期。

④ 参见李东方、李耕坤:《数字经济时代个人金融信息的经济法分析与对策——从"立法碎片化"到〈个人金融信息保护法〉》,载《中国政法大学学报》2023 年第 1 期。

⑤ 参见《人工智能示范法(专家建议稿)中英文版全球首发》,载中国法学网,http://iolaw.cssn.cn/zxzp/202309/t20230907_5683898.shtml。

⑥ 参见张守文:《数字税立法:原理依循与价值引领》,载《税务研究》2021 年第 1 期。

⑦ 傅爱竹:《数字新兴议题专门立法热之反思》,载《法商研究》2023 年第 5 期。

法律、经济法律、行政法律等存有显著区别，[①]人工智能法构成独立的法律部门类型，摆脱了“马法”特征。面对这一具有独特调整对象，既有法规无法提供切实有力的规制，于是，《个人信息保护法》《数据安全法》《网络安全法》等几部人工智能法领域的单行法连续出台。

需要特别注意的是，人工智能法虽具有独特的调整对象，但其调整的具体领域存在较大的差异性、特殊性，进而决定了人工智能法领域的立法难以仿照民法或刑法领域走法典化道路，只能先采取探索性分领域的分散立法路径。这样，时刻关注人工智能技术的发展，待相应问题或技术适宜法律介入时，及时出台细分领域的新法予以适当限度的规制，可能是当前推动人工智能技术可持续发展的不二法门。例如，我国《个人信息保护法》之出台，便经历了《关于加强网络信息保护的决定》(2012 年)、《电信和互联网用户个人信息保护规定》(2013 年)对个人信息、网络信息的探索保护阶段，至《网络安全法》(2016 年)、《民法典》(2020 年)对网络信息、个人信息的规制形成诸多共识，并最终在 2021 年 8 月颁布《个人信息保护法》形成统一而独特的单行法，构筑了人工智能法的核心议题之一。

当前数字经济、人工智能技术蓬勃发展、日新月异，尽管并非所有的新兴议题皆需另立新法予以规制，但法律适时予以介入并开展规制仍属必要。在 2022 年 12 月 9 日第十三届全国人大常委会通过的《全国人大常委会 2023 年度工作要点》中便提出要“加强重点领域、新兴领域、涉外领域立法”。人工智能领域，因涉及数据安全、国家数据安全、网络空间安全等议题，无疑成为当之无愧的重点领域、新兴领域。国家互联网信息办公室颁布的《生成式人工智能服务管理暂行办法》《规范和促进数据跨境流动规定(征求意见稿)》皆是在细分领域另立新法的有益探索。在人工智能法的细分领域或共识领域确立新法规制，引领人工智能法学的学科建设确有必要。

五、学科教材建设整体滞后

虽然不乏一些人工智能法学著作对人工智能学科提供了令人印象深刻的

---

① 参见丁晓东：《从“马法”到马克思主义之法：网络法的法理学与部门法意义》，载《地方立法研究》2021 年第 6 期。

论证，但总体而言，作为人工智能法学学科建设重中之重的教材，仍未摆脱将人工智能法学视为部门法在人工智能场景中的具体应用思维，人工智能法学教材演化成部门法的“拼图”。

既有人工智能法学教材目录可为“拼图”思维提供力证。如《人工智能法律分析》一书在介绍完人工智能的特征、发展历程、人工智能对人的赋能后，即侧重从知识产权法、民事法中的法律主体资格、人工智能在著作权法与专利法下的侵权判例等展开。[①]《人工智能法律概论》则以人工智能的刑法学、民法学、诉讼法学、经济法、国际法问题推进。[②]《人工智能法学导论》除导言、人工智能法学基础理论外，用两章探讨“人工智能与民事纠纷解决机制研究”“人工智能犯罪的刑事基础理论”。[③] 上述教材实质上，并未摆脱传统法学的藩篱。人工智能法学学科教材建设整体滞后，无法给予人工智能法治创新型人才培养提供足够的基础知识支撑。

除上述提及的人工智能法学学科建设问题外，师资知识结构单一化、法学与跨学科的边界平衡不清等问题，皆影响着人工智能法治创新型人才的培养塑造。特别是，拥有人工智能与法学双学科背景的研究人员及相应团队是开展人工智能法治创新型人才塑造学科建设的基础。然而，现实中，师资知识结构单一化问题仍未明显改善。本书将在后文“人工智能法治创新型人才塑造的教师体系”中详细展开，此处不再赘述。

第三节　人工智能法治创新型人才塑造学科建设的推进路径

学科发展本身遵循合理的演进规律。作为新兴学科，人工智能法学、人工智能法治创新型人才塑造的学科建设存有些许问题，并不离奇。关键是，应在找准人工智能法学、人工智能法治创新型人才塑造的学科建设所存问题之基础上，开展有针对性的改进。具体而言，人工智能法治创新型人才塑造学科建设的推进路径，应从如下维度着手。

---

① 参见王润华、张武军：《人工智能法律分析》，知识产权出版社 2023 年版。

② 参见王崇主编：《人工智能法律概论》，中山大学出版社 2023 年版。

③ 王利军、李大庆主编：《人工智能法学导论》，法律出版社 2022 年版，第 25 页。

一、当务之急：明确确立人工智能法学的二级学科定位

人工智能法治创新型人才塑造固然需要从学会组织、师资、课程、教材等多维度整合安排，而持续推动此类整合改进则需从本源上着手，即明确确立人工智能法学的二级学科定位，进而为人工智能法学师资、课程、教材事项的提升提供不竭动力源泉。明确确立人工智能法学的二级学科定位应从如下方面考虑。

首先，应尽快统一人工智能法学作为法学二级学科的名称。确定的、统一的学科名称能给人工智能法治创新型人才塑造提供稳定的、合理的、科学的知识支撑，使人工智能法治创新型人才对人工智能进行体系化的认知，也才能真正切实推动人工智能法学学科的发展。故而，应尽快摆脱无谓的学科名称之争，避免在学科名称之争上陷入自说自话、互不相让的尴尬境地，杜绝因无谓相争产生概念附会或学术次品。虽然数字法学、数据法学、计算法学在极力强调自己的代表性、研究范围的全覆盖性，但皆有扩大解释"数字""数据""计算"内涵之嫌。将"信息技术＋法学"的法学研究关涉数据、算法和算力，以及在此基础上形成的人工智能系统，称为"人工智能法"也仍然大致可取。[①] 故而，应尽快敲定"人工智能法学"作为以人工智能、数据、算法、算力为核心研究对象的法学二级学科名称。

其次，应着力廓清人工智能法学的学科内涵。一门学科之所以能够成立，首先应该具有与其他学科不同的特定的研究对象。[②] 学科内涵不清、研究对象不明，不但使人工智能法治创新型人才无法接受统一的基础知识教育，难以形成对人工智能法治确切的、切中要害的认识，同样阻碍了人工智能法学二级学科定位的明确确立。人工智能应用场景的法律规制固然可以成为人工智能法的研究对象，但人工智能法如何涉足人工智能技术、数字原理远未获得一致的答案。此外，若将人工智能法学作为"信息技术＋法学"的二级学科总名称，计算法学、数字法学视为"人工智能法学"下属的子学科群，则子学科的概念及核心范畴也有待重新厘定，也应继续追问该子学科所应具有的独特内涵。

---

① 参见陈吉栋：《人工智能法的理论体系与核心议题》，载《东方法学》2023年第1期。

② 参见胡建华、周川主编：《高等教育学》，南京师范大学出版社、南京大学出版社2017年版，第7页。

最后，鉴于社会对人工智能法治创新型人才需求的紧迫性、多量性，应持续扩大人工智能法学二级学科的高校数量。如表3－1与表3－2所示，截至2023年6月30日，国内共有17所高校向教育部完成自主设置人工智能法学相关学科（含数字法学、数据法学、网络法学等）二级学科或交叉学科的备案。这显然与我国数字经济规模已达50.2万亿元、人工智能法治创新型人才稀缺的现状不符。[①] 因此，各观望高校应在将人工智能法学设置为法学二级学科上迈出更大步伐，不应只因名称的差异而止步不前，从而加快人工智能法学学科的发展，推动人工智能法治创新型人才的培养。实际上，时至今日，持续扩大人工智能法学二级学科高校数量并不只是主观设想，更有客观层面的支持。例如，北京航空航天大学法学院与计算机学院开展的联合培养项目已有博士生毕业并进入高校教师队伍。

二、基本逻辑：推动人工智能法治细分领域法规出台

既然人工智能法治细分领域仍有立法之必要，以进一步覆盖、涵摄人工智能法治的全部议题，推动培养全面而富有学养的人工智能法治创新型人才，随之而来的议题便是：究竟哪些细分领域仍有立法之必要，如何评估或确定特定细分领域仍有立法之必要。有学者重申应依据释法、修法、立法这一顺位作为数字新兴议题法律化的路径，并主张通过确立“舍弃释法的规则”“舍弃修法的规则”“舍弃专门立法的规则”具体展开。[②] 综合新兴技术的实际挑战、既有法规图谱，本书认为，当前在人工智能伦理法律化领域亟待另立新法。一直以来，人工智能皆以瞬息万变的姿态示人，各国也抢抓人工智能的发展机遇，避免在数字时代落伍。但与之相应的人工智能法律伦理并未获得足够的重视，人工智能伦理法律化还有很长的路要走。当前，人工智能伦理主要靠国家新一代人工智能治理专业委员会于2021年9月发布的《新一代人工智能伦理规范》、全国信息安全标准化技术委员会秘书处于2021年1月发布的《人工智能伦理安全风险防范指引》调整，但二者皆系普通的部门规范性文件，不具备法

---

① 参见《2022年我国数字经济规模达50.2万亿元》，载中国政府网，https://www.gov.cn/yaowen/2023-04/28/content_5753561.htm。

② 参见傅爱竹：《数字新兴议题专门立法热之反思》，载《法商研究》2023年第5期。

律强制性约束力。以“舍弃释法的规则”“舍弃修法的规则”“舍弃专门立法的规则”进行衡量,既有法律规范和法律原则确实难以对人工智能伦理进行有效的调整。人工智能伦理领域仍有必要展开立法工作。

当然,单行法的出台本身即是为统合性或法典化立法路径做充足准备。在条件成熟后,人工智能法领域可以考虑制定出台人工智能法治纲领性法规。人工智能法治纲领性法规的出台,不仅能使人工智能的学科名称、学科内涵之争尽快消解,也能有效缓解人工智能立法地方化、碎片化等趋势,迅速形成人工智能法学的核心原则、基本范畴及核心议题。2023 年 9 月 7 日,中国社会科学院国情调研重大项目《我国人工智能伦理审查和监管制度建设状况调研》课题组公布了《人工智能示范法 1.1(专家建议稿)》,①即是我国在人工智能法领域统合式或法典式立法的探索,有力推进了我国人工智能法的立法工作。人工智能法的基本理念与原则在该专家建议稿中得到了生动的体现。人工智能法治纲领性法规立法应时刻牢记的是:第一,在更适合通过其他部门法予以调整或规范时,不盲目通过出台新的人工智能法规予以规范,不盲目扩张边界、逾越界限;第二,人工智能领域立法务必保持开放性、回应性,留足不断推陈出新的空间。

人工智能法学学科本身确实具有不断扩充、明确自己研究疆域,有效填充立法空白,形成学科内涵完整丰富、逻辑自洽的体系化学科的自身需求。“整体的法秩序或者至少法秩序的大部分都受特定的主导性法律思想、原则或普世性的价值标准的支配。”②就人工智能法治纲领性法规而言,上述论证同样成立。人工智能法学学科,一定存在特定的主导性的原则或核心要旨,以统领人工智能法治创新型人才的学科建设。这一主导性或核心要旨,有学者将其归纳为可信、安全、公平;③《欧盟人工智能规制框架——国际法的解释和适用问题》中确认了人类控制权、人类归责性、可解释、可追溯、可审计等重要的人工智能治理原则;④《人工智能示范法 1.1(专家建议稿)》则确立了以人为本原则

---

① 参见《人工智能示范法(专家建议稿)中英文版全球首发》,载中国法学网,http://iolaw.cssn.cn/zxzp/202309/t20230907_5683898.shtml。

② [德]卡尔·拉伦茨:《法学方法论》(全本·第 6 版),黄家镇译,商务印书馆 2020 年版,第 548 页。

③ 参见陈吉栋:《人工智能法的理论体系与核心议题》,载《东方法学》2023 年第 1 期。

④ 参见崔亚东主编:《世界人工智能法治蓝皮书(2021)》,上海人民出版社 2021 年版,第 76 ~ 82 页。

(第四条)、安全原则(第五条)、公开透明可解释原则(第六条)、可问责原则(第七条)、公平平等原则(第八条)、绿色原则(第九条)、促进发展创新原则(第十条),并提出了针对人工智能应坚持的统筹发展和安全、促进创新和依法治理相结合、包容审慎监管的治理原则。这些原则在人工智能法治纲领性法规出台时,皆可作为参考范畴,并为人工智能法治创新型人才的培养提供基本的价值依归。

三、核心要旨:切实推进人工智能法治跨学科建设

在2020年11月3日由教育部新文科建设工作组主办的新文科建设工作会议上,《新文科建设宣言》得以发布并就我国的新文科建设作出全面战略部署,"积极推动人工智能、大数据等现代信息技术与文科专业深入融合""进一步打破学科专业壁垒,推动文科专业之间深度融通、文科与理工农医交叉融合,融入现代信息技术赋能文科教育"是《新文科建设宣言》的重要内容。[①] 2023年2月,中共中央办公厅、国务院办公厅印发的《关于加强新时代法学教育和法学理论研究的意见》同样统筹谋划"推进法学和经济学、社会学、政治学、心理学、统计学、管理学、人类学、网络工程以及自然科学等学科交叉融合发展,培养高质量复合型法治人才"。由此,我们务必深刻认识到:人工智能法治在学科建设上,绝不是简单的人工智能与法学的融合,它同时涉及统计学、编程技术等多个学科知识,人工智能法治跨学科的建设涉及多个学科、多重领域。人工智能法治创新型人才所要求的跨学科设置,绝不是简单、机械地将分属的不同学科毫无逻辑地杂糅在一起,而是在科学理念的指导下,搭建实际运行的学科平台、设置科学合理的跨学科课程、配备有效指导的跨学科双导师,从而推动形成有机统一、深度融合的跨学科人才培养体系。

就搭建实际运行的跨学科研究平台而言,如上所述,诸多跨学科平台因缺乏有效的激励与约束机制而浮于表面,实际运行且切实交流的跨学科研究平台并不多见。在跨学科研究平台的搭建上,美国的经验值得借鉴,如美国促进跨学科研究委员会、美国科学院等在《促进跨学科研究》报告中所强调的,"把

---

① 参见《新文科建设工作会在山东大学召开》,载中华人民共和国教育部网,http://www.moe.gov.cn/jyb_xwfb/gzdt_gzdt/s5987/202011/t20201103_498067.html。

跨学科研究项目置于大学一级的水平上进行管理，而不是仅仅置于大学中某一个学院水平上进行管理”，[①]以此增进跨学科平台间的实际联结。北京大学在跨学科平台设置上的经验同样值得参考。如北京大学于2019年4月27日宣布成立“北京大学人工智能研究院（Institute for Artificial Intelligence, Peking University）”，作为学校直属的独立实体机构，统筹全校相关资源，汇集“信息科学技术学院、工学院、数学科学学院、心理与认知科学学院、前沿计算研究中心、医学部等理工医科院系，以及哲学、法学、政治学等人文社科院系”开展人工智能相关问题的综合研究。[②] 北京大学人工智能研究院还下设“人工智能治理研究中心”负责人工智能的法律问题研究，有效推进了人工智能法治创新型人才的培养。

就科学合理的跨学科课程而言，跨学科课程能为跨学科研究提供基础的跨学科知识支撑，是切实推进人工智能法治跨学科建设的有效步骤。如麻省理工学院长期致力于人工智能与法律规则的深度融合，在其相应的课程设置中，规则驱动的法律人工智能系统研发、数据驱动的复杂法律关系可视化、数据资产的法律问题、智能合约及数字化身份的法律问题等皆被涵盖，[③]跨学科的课程得以实质性确立。澳大利亚邦德大学凯特·加洛韦（Kate Galloway）主张将“将数字技术嵌入教学和学习中——也就是说，将它们整合到所有法律科目”，[④]这似乎同样是合理的课程设置思路。实际上，华东政法大学所设置的核心课程——数据智能技术与应用（主要介绍数据智能技术和应用领域的前沿实践问题），也具有深度融合的影子。不过，关涉人工智能法治的跨学科课程设置在国内偏少，还需大力推动类似的跨学科课程设置。

就配备有效指导的跨学科双导师而言，人工智能法学旨在培养深谙“规则”和精通“技术”的复合型双料人才，[⑤]故此，在相应的导师配置上，可以尝试

---

① See National Academy of Sciences, National Academy of Engineering, and Institute of Medicine, *Facilitating Interdisciplinary Research*, The National Academies Press, 2005, p. 185.

② 参见《北京大学人工智能研究院简介》，载北京大学人工智能研究院网，https://www.ai.pku.edu.cn/yjygk/yjyjj.htm，最后访问日期：2023年11月9日。

③ 参见申卫星、刘云：《法学研究新范式：计算法学的内涵、范畴与方法》，载《法学研究》2020年第5期。

④ See Zhiqiong June Wang, *Between Constancy and Change: Legal Practice and Legal Education in the Age of Technology*, Law in Context: A Socio-Legal Journal, Vol. 36:1, p. 64 – 79(2019).

⑤ 参见《西南政法大学人工智能法学院简介》，载西南政法大学人工智能法学院网2020年6月29日，https://alc.swupl.edu.cn/xygl/xygk/index.htm。

在“规则”与“技术”两端着力。清华大学计算法学项目的导师设置颇值借鉴。虽然清华大学尚未设立计算法学二级学科，但在实践培养中，学院推行“双导师制”，并成立导师指导组集体指导计算法学方向研究生。具体而言，“第一导师由清华大学法学院具有指导硕士研究生资格的教师担任；第二导师由清华大学计算机系、社科学院、电子系、网研院等相关院系的教师或实务部门的资深专家担任”。[①] 多学科的知识结构系创新型人才素质的核心要素和显著特征，[②]由跨学科的导师共同指导学生，毫无疑问，特定学生将具备不同学科的知识储备和专业素养，使得相应学生开展跨学科的研究也就成为水到渠成之事。鉴于跨学科双导师的极佳效果，该模式值得推广。

四、长久之计：加速开展人工智能法学学科建设体系化

人工智能法学在部分法学院校已开始独立设置为法学二级学科，并全面开启了崭新的学科化进程，学者们亦逐渐认可人工智能法学是一门新兴的、独立的二级学科。[③] 作为一门独立的二级学科，学科的体系化建设对于该学科法治人才培养至关重要。《关于加强新时代法学教育和法学理论研究的意见》也明确提出“优化法学学科体系”的要求。此种“优化”，既有基础学科、新兴学科、交叉学科间的外部学科体系优化，同样涵摄特定二级学科内部的学科体系优化、内涵更新。就人工智能法学而言，应推进人工智能法学学科建设的体系化，进而，人工智能法治创新型人才塑造学科建设亦应体系化。

人工智能法学学科体系化的重要任务之一就是发现各个教学科目相互之间，以及它们与人工智能法学核心原则之间的联结，并将该联结以可被概观的方式，即体系化的形式表现出来。结合西南政法大学人工智能法学科的人才培养、华东政法大学智能法学的学科设置、人工智能法学的核心议题等内容，本书认为人工智能法治创新型人才塑造学科建设的体系化，应格外注重处理好人工智能法学与数据法学、网络法学、数据智能技术与应用学三个学科的关

---

① 参见《清华大学法律硕士（计算法学）研究生学位项目介绍》，载清华大学法学院网 2021 年 9 月 27 日，https://www.law.tsinghua.edu.cn/info/1080/12949.htm。

② 参见韩大元等：《跨学科教育与研究：新时代法学学科建设的实现路径》，载《中国大学教学》2018 年第 4 期。

③ 参见王建文主编：《网络与人工智能法学》，法律出版社 2023 年版，第 19 页。

系，明确各自的内容及其体系，具体分析如下。

其一，人工智能法学。人工智能法学科目聚焦人工智能法律问题，是典型的领域法，应具备领域法学的一般性特征。在人工智能法学科目的构建中，应着重面向人工智能法学的基础性、法理性问题，致力于人工智能法学本体论、价值论、规范论、范畴论四大维度的探讨与确定。上述议题应是人工智能法学的核心议题，在上述核心议题之外，因人工智能法学属于领域法，[①]人工智能法律问题往往涉及民法、刑法、经济法、行政法等部门法议题，故而，人工智能法学也可兼及部门法的研究。

其二，数据法学。数据是数字经济的血液，[②]数字时代的法学研究呈现出从规范分析向数据分析的拓展趋势，[③]数据的法律属性及其法律定位愈加重要。[④] 自"数据二十条"（中共中央、国务院《关于构建数据基础制度更好发挥数据要素作用的意见》）发布以来，作为新型生产要素的数据在法律属性、数据产权制度、数据要素流通和交易、数据要素收益分配等领域取得了愈加广泛的共识，逐渐向一个具有共识基础的科目转化。在数据法学科目中，《个人信息保护法》《数据安全法》等法律可作为其核心议题，并可关注域外最新的数据立法进展，如美国《加州消费者隐私权利法案》《一般数据保护条例》。无论是西南政法大学的人工智能法学专业，还是华东政法大学的智能法学专业，数据法学皆是其研究方向。可见，数据法学作为人工智能法学的相关科目已获得一定的"共识"。但是，数据法学与狭义的人工智能法学还是存在差异的。因此，在人工智能法学学科建设中，应协调处理好其与数据法学的关系。

其三，网络法学。网络法学科目以我国已制定的《网络安全法》《电子商务法》等重要法律为依归，开展立法或法律适用层面的研究。区别于人工智能法学、数据法学，网络法学以网络空间治理、网络主权与安全、电商交易法律规制、国际网络立法、网络平台责任为核心议题。在具体构建中，网络法学要在

---

① 参见丁晓东：《从"马法"到马克思主义之法：网络法的法理学与部门法意义》，载《地方立法研究》2021 年第 6 期。

② 参见曾铮、王磊等：《数据市场治理——构建基础性制度的理论与政策》，社会科学文献出版社 2021 年版，第 166 页。

③ 参见申卫星、刘云：《法学研究新范式：计算法学的内涵、范畴与方法》，载《法学研究》2020 年第 5 期。

④ 参见梅夏英：《数据的法律属性及其民法定位》，载《中国社会科学》2016 年第 9 期；龙卫球：《数据新型财产权构建及其体系研究》，载《政法论坛》2017 年第 4 期。

如何控制平台、治理平台，合理设置平台责任等维度作更多着墨。同样的，西南政法大学与华东政法大学作为“五院四系”的代表，网络法学已成为二者“人工智能法学”研究方向的共同选择。不过，这是从较宽泛的角度理解人工智能法学学科外延的。故此，在人工智能法学学科建设中，应协调处理好其与网络法学的关系。

其四，数据智能技术与应用学。人工智能法学的研究无法脱离人工智能技术的支持，否则人工智能法学研究将成为无根之木。数据智能技术与应用学科目旨在披露数据智能技术与应用的基本操作、底层逻辑与理念，领会数据智能技术及其应用的思维，研究相应的数据智能技术标准文本等。尽管数据智能技术与应用学科目宜设置为一个独立的科目，但从长远来看，人工智能底层逻辑的传授应贯穿至法学各部门法的教学中。“法律 3.0”理念提出后，在未来的社会治理中，科技与法律皆会扮演重要的角色，社会问题或纠纷的预防、解决也需要更多的“技术方案”，数据智能技术与应用学即致力于此。

需要说明的是，虽然本书极力为人工智能法学的主要科目廓清界限，且皆系在狭义上界定人工智能法学、数据法学、网络法学、数据智能技术与应用学等，但应该明确的是，在实际的科研或教学中，4 门科目之间的边界或差异并非明显，以至于不同学科的研究内容有交叉甚至切换的迹象。这种变动不居，对日新月异的数字技术而言，本身即是题中之义。

第四章　人工智能法治创新型人才塑造的课程建设

1997年,美国IBM公司研发的深蓝超级电脑战胜了人类象棋冠军加里·卡斯帕罗夫。2016年,美国Google公司研发的AlphaGo战胜了人类围棋冠军李世石。2022年,美国OpenAI公司研发的聊天机器人ChatGPT能够像人类一样进行交流,并且能够自动生成多种形式的文本、图像、视频等。自1956年"人工智能"概念首次被提出之后,人工智能科学和技术近年来取得了革命性进展。人工智能研究的目标是希望机器能够像人类一样思考和解决问题,其本质是实现诸多人类行为的自动化。库兹维尔在《奇点临近》一书中预计人类社会奇点到来的时间是2045年,届时机器智能将全面超越人类。[①] 人工智能的革命性进展已经并将继续对人类社会产生深刻影响,包括政治、经济、文化、法律制度等各个方面。人工智能一方面将会推动人类社会生产生活效率大幅提升,推动人类走向物质资料极大丰富的社会;但另一方面,人工智能的发展对人类社会秩序产生了严峻挑战,全面超越人类智能的人工智能甚至可能彻底否定人类的主体性,导致人类存在的危机。作为规范人类行为主要方式的法律亟须应对人工智能带来的挑战:一方面,法律制度需要容纳人工智能的合理发展空间;另一方面,法律制度需要有效应对人工智能带来的危机。当前人工智能与法律制度处于交互影响中,对此法学院需要培养同时掌握法学和人工智能科学的法治创新型人才,以应对人工智能给人类社会带来的机遇与挑战。人工智能法治创新型人才培养的一个重要内容即是设置科学的课程体

① 参见李彦宏等:《智能革命:迎接人工智能时代的社会、经济与文化变革》,中信出版社2017年版,序二第XII页。

系,这是本章主要讨论的内容。

第一节　新文科对人工智能法治创新型人才塑造的要求

新文科"是指回应新问题,运用交叉方法进行学术研究的人文科学和社会科学"。[①] 2020 年教育部《新文科建设宣言》指出:"鼓励支持高校开设跨学科跨专业新兴交叉课程、实践教学课程,培养学生的跨领域知识融通能力和实践能力。"在当前人工智能取得革命性进展的背景下,作为传统文科的法学需要与人工智能科学进行交叉研究,培养应对人工智能时代的法治创新型人才。

一、一般要求:法学与人工智能科学交叉人才的培养

传统法学以人类法律为研究对象,研究人类法律实践的一般规律,以培养有效适用法律规范、解决法律问题的人才为目标,推动人类法治社会的建设。在我国大陆法语境下,法学的一般方法是法教义学。法教义学方法是"法律人与实在法打交道时的作业方式",具体方法包括对实在法的意义阐释、法学建构和体系化。[②] 作为培养目标的法治人才,需要训练的一种核心能力是法学思维方法,也就是对现行实在法规范进行准确适用的方法,以寻求正当的个案裁判。[③]

当前主流人工智能的基本原理是通过数学建模方式对海量数据进行分析,模拟出人类行为的智能,[④]因而人工智能取得革命性进展的两个基本要素就是大数据和数学模型。随着人类进入万物网联时代,一切人类获取的信息都可以转化为计算机存储和处理的数据,数据呈现指数级的增长。数学模型则是海量数据呈现的内部结构,当前通过机器学习方式可以自主发现数学模型,数学模型反映了数据所描述事物的内在规律。在人类行为中,大部分行为

---

① 高利红:《新文科自主知识体系的构建》,载《华中师范大学学报(人文社会科学版)》2023 年第 4 期。

② 意义阐释是指"对特定实在法之意义的科学阐释";法学建构包括"概念构造",即"将法律规范回溯到更为抽象的概念与制度",以及包括"事实归人",即"将特定事实归入到既有的法学范畴";体系化即"以概念、原理和原则来体系化把握某一法律领域的各个实在现行法"。参见雷磊:《法教义学的方法》,载《中国法律评论》2022 年第 5 期。

③ 参见[德]卡尔·拉伦茨:《法学方法论》,陈爱娥译,商务印书馆 2003 年版,第 18 页。

④ 参见吴军:《智能时代:大数据与智能革命重新定义未来》,中信出版集团 2016 年版,第 30 页。

都属于重复性行为，这些重复性行为存在一般的内部结构。人工智能通过对描述这些行为的数据进行分析建模，从而能够预测和替代人类的这些行为。

“新文科的基本特征是问题导向，为了解决问题而进行多学科、跨学科的密切合作以及对未来进行创造性构想。”[①]近代以来，作为传统文科的法学在强调社会系统功能分化的前提下，通过构建自身的问题域与研究方法，强化了法律系统与其他社会系统的分离。自人类进入大数据时代以来，人类的主要社会行为都在进行信息化和数据化。这带来计算社会科学的兴起，“不断涌现的大数据就可以直观地解释人类社会行为”，这与强调理论指导的传统社会科学研究方式存在根本区别。[②] 在法学领域，法律大数据也导致计算法学的兴起。“计算法学的核心方法应是统计学与机器学习方法，其关键是获得较高的数据拟合度，通过分析历史数据，‘预测’法律的运行现象。”[③]人工智能的运用对人类社会实践的影响是全领域、全方位的，传统强调社会系统分化运作的法学及其一般方法难以有效应对这种剧烈的社会变革。在当前我国新文科建设的背景下，法学应当通过多学科交叉研究的方式有效解释和解决当前出现的社会问题，培养同时掌握法学和人工智能科学的理论交叉型法治人才。

二、具体要求：人工智能治理法律人才培养

2018 年教育部《高等学校人工智能创新行动计划》指出，要“围绕人工智能发展对教育、经济、就业、法律、国家安全等重大、热点、前瞻性问题开展战略研究与政策研究”。当前，人工智能的社会应用仍然处于初步阶段，但人工智能的进一步发展将会对社会产生持续、深远的影响。当前人工智能运用主要包括以下方面：从技术角度区分，主要包括自然语言处理与交互、声纹识别、图像识别、生成式人工智能等；从应用行业区分，服务行业包括算法信息和内容推荐、智能客服机器人、服务机器人、智慧金融、医疗图像处理、自动驾驶等；工农业领域包括智慧工厂、智慧矿山、智慧港口、智慧农场等对重复性人类劳动的替代。从社会治理来说，人工智能应用已经带来了一系列社会问题：一是人

---

① 季卫东：《新文科的学术范式与集群化》，载《上海交通大学学报（哲学社会科学版）》2020 年第 1 期。

② 参见苏毓松、刘江锐：《计算社会科学与研究范式之争：理论的终结?》，载《复旦学报（社会科学版）》2021 年第 2 期。

③ 左卫民：《中国计算法学的未来：审思与前瞻》，载《清华法学》2022 年第 3 期。

工智能需要大量数据进行训练,数据成为人工智能时代的一种新生产要素,但由此带来隐私保护、个人信息保护、数据权利、数据交易制度等一系列问题;二是个人信息作为一种重要数据类型,其利用具有明显的外部性,不当利用容易导致监控社会的形成、国家权力滥用、网络平台权力滥用等一系列问题;三是人工智能数学模型的实际运用形态是算法,算法运用可能强化算法运用者的权力,造成算法歧视和偏见,从而对个人权益产生不当侵害;四是人工智能时代人类社会呈现出网络中心化的趋势,网络中心化会强化人工智能运用者的权力,加剧社会不平等;[①]五是人工智能应用本身可能造成明显的直接侵权问题,比如医疗领域人工智能应用造成人身损害,自动驾驶造成人身损害问题;六是人工智能运用对人类主体性的挑战,比如网络平台用工对劳动者权益保障的影响,人工智能运用将导致大量"无用"阶层的产生。

为了规范人工智能发展,当前国内外已经出台了一系列治理人工智能的强制性或倡导性规范。国内相关规范主要包括:2021 年国家新一代人工智能治理专业委员会发布的《新一代人工智能伦理规范》、2021 年国家互联网信息办公室等部门发布的《互联网信息服务算法推荐管理规定》、2022 年国家互联网信息办公室发布的《互联网信息服务深度合成管理规定》、2023 年国家互联网信息办公室等部门发布的《生成式人工智能服务管理暂行办法》、2023 年中央网络与信息化办公室发布的《全球人工智能治理倡议》。在欧盟,相关规范主要包括:2019 年欧盟理事会发布的《可信赖人工智能伦理准则》、2022 年欧盟委员会发布的《人工智能责任指令》提案、2023 年欧盟议会正式通过的《人工智能法案》。在美国,相关规范主要包括:2020 年美国联邦政府发布的《人工智能应用监管指南》、2022 年白宫科技政策办公室发布的《人工智能权利法案蓝图》等。当前全球主要国家和地区对人工智能的监管主要强调以风险为基础,防止在应用过程中出现明显的社会问题以及个人权益损害。

总体上,人工智能对社会的全面影响将会持续加深。这要求法学院能够培养有效治理人工智能应用所带来社会问题的法学和人工智能科学理论交叉型法治人才。

---

① 参见丁晓东:《从阿帕网到区块链:网络中心化与去中心化的法律规制》,载《东方法学》2023 年第 3 期。

三、具体要求:人工智能法律应用人才培养

人工智能发展深刻影响了人类的法律实践过程。首先,从法律实践的实质来说,人工智能对法律推理具有重要帮助,从而辅助人类对法律问题的预测和判断。人工智能在法律推理中的应用主要存在两种路径,即"'机器学习+法律大数据'的法律人工智能道路与'逻辑推理+法律专家知识'的法律逻辑道路",前者也就是联结主义的路径,后者则是符号主义的路径。[①] 联结主义路径是通过人工智能算法对法律大数据进行建模分析,在已有法律材料之上进行法律问题的判断和预测。联结主义路径的本质概率论,也就是根据人类已有的法律实践推导出一种可能性的、大概率的法律问题答案。联结主义路径的有效性依赖于高质量的法律大数据,只有这样才能够通过建模分析总结人类特定法律问题的内在规律,从而获得一种高度盖然性的法律判断。联结主义通过分析已有法律材料中的词语分布概率得出法律问题答案,在法律推理过程存在算法的不可解释性问题,因此最终作出的法律推理仍然需要融入人类对法律问题的逻辑和价值判断。符号主义路径认为"人工智能源于数理逻辑,它试图在计算机上实现逻辑推演系统"。[②] 符号逻辑的根本在于强调法律推理过程的逻辑性,属于演绎逻辑的范畴,不同于联结主义路径中统计词语概率分布的归纳逻辑。以法律推理中的三段论为例,作为逻辑推理大前提的法律规范由"构成要件+法律后果"组成,一种符号形式的表达就是:如果构成要件中的所有构成要素"p1+p2+p3+…+pn"同时得到满足,那么就可以作为充分条件推出法律规范所设定的法律后果。形式逻辑在法律推理中具有不可取代性,即使是在联结主义路径日益凸显出重要性的今天,因为"对于法律推理来说至关重要的推论规则只有在区分推理的形式与内容的前提下才能构造出来,并且只有在一个形式逻辑系统内才能得到检验"。[③] 符号主义路径的主要问题是其只能够提供推论规则和评论论证的形式,而对于推论前提和论证

---

① 参见魏斌:《论新一代法律智能系统的融合性道路》,载《法学论坛》2023年第3期。

② 雷磊:《人工智能时代法律推理的基本模式——基于可废止逻辑的刻画》,载《比较法研究》2022年第1期。

③ 陈坤:《法律推理领域中的形式逻辑及其不可取代性》,载《环球法律评论》2022年第6期。

内容存在明显的有限性。[①] 总体上,基于联结主义和符号主义各自的优势以及不可取代性,未来人工智能法律推理将是这两种路径的融合发展,最终服务于人类对法律问题的有效价值判断。

其次,从法律实践形式来说,人工智能将会融入法律实践的全过程。在法律实践中,保障和推进法律程序进行的一个重要要求是书状主义,比如在民事领域包括各种形式的合同、家庭领域的财产协议书、抚养子女协议书等,在民事诉讼中包括起诉状、反诉状、答辩状、代理词、上诉状、财产保全申请书、裁决书、判决书等,在刑事诉讼中包括控告状、自诉状、取保候审申请书、上诉书等。生成式人工智能的发展将会极大地提高法律从业者的工作效率,尽管法律书状都需要人类审核并最终作出决定,但是因为人工智能的发展,人类的法律实践会呈现出人机协作的共同工作状态。

法学教育在人工智能深度应用的今天和未来面临严峻的挑战,法律实践形态的变革必然要求法学教育的变革。"法学高等教育中本科四年、硕士三年乃至博士读完耗时十年积累的法学知识无法应对未来三十年的新问题,同时那些重复性、单纯逻辑性的工作亦将被智能机器人代替。"[②]在法律实践中,作为主要知识构成的法学和人工智能科学,法律实践者不仅要知其然,还要知其所以然,只有这样才能够真正适应未来的法律实践形态。

第二节　国内法学院人工智能法学课程建设现状

教育部《高等学校人工智能创新行动计划》指出:"加强人工智能与计算机、控制、量子、神经和认知科学以及……法学、社会学等相关学科的交叉融合。"在新文科建设背景下,为了培养应对当前和未来法治问题的法学与人工智能科学交叉型法治人才,国内法学院进行了积极的课程建设探索。

一、人工智能法学本科的课程建设

在人工智能影响日益深入的背景下,部分法学院校通过人工智能法学本

① 参见陈坤:《法律推理领域中的形式逻辑及其不可取代性》,载《环球法律评论》2022 年第 6 期。
② 余耀军、高利红:《人工智能时代的法学教育变革》,载《新文科教育研究》2021 年第 2 期。

科专业设置培养人工智能法治人才。上海政法学院人工智能法学院作为全国第一所招收人工智能法学本科生的法学院于2019年开始招生，专业培养目标要求学生同时掌握法学和人工智能的基础理论。根据培养目标，学院设置了传统基础性法学课程：法理学、宪法学、中国法制史、民法学、刑法学、行政法与行政诉讼法学、经济法学、商法学、知识产权法、民事诉讼法学、刑事诉讼法学、国际法学、环境资源法学。设置的人工智能基础理论课程包括：人工智能原理、Python语言程序设计、数据统计与分析、知识发现与数据发掘、网络与信息安全概论。设置的人工智能与法学交叉课程包括：数字证据与区块链、法律管理信息系统、法律大数据分析、人工智能法律应用、人工智能法学概论、人工智能伦理概论、人工智能法律规制等。[①] 同时，将以上课程区分为必修课与选修课，必修课包括法理学、宪法学、中国法制史、民法学、刑法学、行政法与行政诉讼法学等法学主干课程，以及人工智能原理、Python语言程序设计等人工智能基础原理主干课程。选修课包括合同法、物权法、侵权责任法、法律管理信息系统、法律大数据分析、知识发现与数据发掘、数据法学等。西南政法大学人工智能法学院2018年在全国率先增设人工智能法学二级学科，探索人工智能法学人才的本硕博贯通式培养。在课程设置上，除了开设法学基础课程外，还开设了人工智能法学、网络与信息安全法、人工智能的政策与伦理、人工智能与法律推理、人工智能典型应用场景的法律规制、数据保护专题、法律大数据挖掘分析与应用、电子商务法、区块链法律应用专题、智能法律服务专题等“人工智能+法律”特色课程。[②]

部分法学院校通过设置特色的法学+人工智能本科实验班培养人工智能法学复合型人才。中国政法大学法学院在“六年制法学人才培养模式改革实验班”的基础上，以法学和科技融合的方式创新培养体制机制。本科相关课程包括：在基础学习阶段，向本科生开设大数据时代的法律文献检索与论文写作、司法大数据背景下的行政法案例研究等课程；在实习阶段，引导学生前往人大系统、政法部门、政府监管机构和法律服务市场体验人工智能

---

① 参见上海政法学院人工智能法学院：《法学（人工智能法学方向）简介》，载上海政法学院人工智能法学院网，https://www.shupl.edu.cn/rgznfxy/2019/0922/c1695a55481/page.htm。

② 参见西南政法大学人工智能法学院：《学科简介》，载西南政法大学人工智能法学院网2020年7月9日，https://alc.swupl.edu.cn/xzky/xkjj/index.htm。

的实践运用。[①] 浙江大学法学院围绕“法学 + 人工智能 + 大数据”,2022 年开始设置本科数字法治卓越班。在课程设置上,“专业课程将实现法学专业课程与人工智能模块、实践课程模块、国际化模块等的多元培养”。[②]

北京理工大学法学院开设了在全国具有特色的“法学 - 人工智能”双学士学位复合型人才培养项目。在课程设置上,法学部分专业必修课包括:习近平法治思想概论、法理学、民法总论、中国法律史、刑法总论、物权法、债权法、商法、行政法与行政诉讼法、宪法、侵权责任法、国际公法、刑法分论、环境与资源保护法、刑事诉讼法、知识产权法、法律职业伦理、劳动与社会保障法、民事诉讼法、国际私法。人工智能部分专业必修课包括:C 语言程序设计、数据结构与算法设计、操作系统、程序设计方法与实践、数据库原理、人工智能、机器学习、自然语言处理、人工智能导论、机器学习实践、大数据处理技术、自然语言处理项目实践。在必修课之外,双学位项目开设了丰富的专业选修课,包括信息网络法概论、数据法学、人工智能法、个人信息保护法、电子商务法、智慧司法,以及 Java 语言程序设计、Python 语言程序设计、面向对象技术与方法、最优化方法、语音信息处理、数字图像处理、认知神经科学、强化学习、计算机网络、算法博弈论等。[③]

二、人工智能法学硕士、博士的课程建设

当前部分法学院校专门设置人工智能法学硕士培养方向以进行复合型法治人才培养。华东政法大学在法学一级学科下增设智能法学二级学科,在 2021 年下半年进入全日制法学硕士和法学博士招生目录。针对智能法学硕士,主要开设下列课程:民法学专题研究、宪法学专题研究、数据科学与算法基础、数据法学(含个人信息保护法)、网络法学专题研究、人工智能法专题研究、数字经济法、数字知识产权法、网络与数据安全法、数字政府法律专题研究、数

① 参见中国政法大学法学院:《法学院大数据与人工智能法律研究中心简介》,载微信公众号“中国政法大学法学院”2018 年 3 月 27 日,https://mp.weixin.qq.com/s/UNqx-IKTCY8HNuvWGOkHQg。

② 浙江大学本科招生:《“法学 + 人工智能 + 大数据”,浙大数字法治卓越班首次招生!》,载微信公众号“浙江大学本科招生”2022 年 6 月 25 日。

③ 参见北京理工大学教务部:《“法学 - 人工智能”双学士学位复合型人才培养方案》,载北京理工大学教务部网,https://jwc.bit.edu.cn/publish/jwc/docs/2021-12/4210cbca3c99423cac658ce922d989c6.pdf。

字贸易法与数字税法、智能法实务与前沿问题研究等。[①] 西南政法大学人工智能法学院招收人工智能法学方向的法学硕士，必修课程包括：民法专题研究、知识产权专题研究、刑法专题研究、行政法专题研究、诉讼法专题研究、网络与信息安全法、人工智能法学、大数据与法律实证研究；选修课程包括：智能法律服务专题、人工智能政策与伦理、人工智能与法律推理、人工智能典型应用场景的法律规制、数据保护专题、科技法专题、人工智能与全球治理、法律大数据挖掘分析与应用、电子商务法、区块链法律应用专题、案例推演与法律写作。[②] 中国政法大学法学院在“六年制法学人才培养模式改革实验班”的研究生阶段，开设课程包括大数据时代的法律变革和权利保护、大数据与人工智能法律问题研讨课等。

当前，部分法学院校也通过专门招收人工智能法学方向的法律硕士培养复合型法治人才。中国人民大学法学院 2017 年成立未来法治研究院，招收法律与科技方向的法律硕士，开设的课程包括：网络与信息法学、电子商务法、大数据、金融科技与法律监管、人工智能与法律规制、互联网金融、电子证据法、软件法、大数据智能司法。[③] 清华大学法学院在 2018 年设置了计算法学全日制法律硕士学位项目，项目开设了法律硕士通用必修课以及计算法学特色课，以培养学生计算法学职业思维、法律语言和编程语言、计算法学方法及知识。[④] 吉林大学法学院 2021 年招收非全日制法律硕士（法律人工智能方向）研究生，在开设的课程体系中，必修课包括传统法学主干课程，开设的选修课包括：人工智能原理、数据挖掘：理论与算法、法学实证研究方法、司法大数据应用与分析、法律检索的思维与方法、智慧司法原理与实践、法律与科学技术原理、电子数据证据规则、计算机犯罪法：原理与实践、网络规制法、网络与电子商务法、网络环境中的知识产权法、人工智能的法律规制研究、人工智能高科技公司的

---

① 参见华东政法大学互联网法治研究院：《华东政法大学智能法学科及硕士研究生招生简介》，载微信公众号“互联网法治研究”2021 年 9 月 1 日，https://mp. weixin. qq. com/s/_nCwevJS0h-V86yGlNYY-A。

② 参见西南政法大学国际教育学院：《2022 年西南政法大学法学硕士项目（人工智能法方向）招生简章》，载西南政法大学国际教育学院网，https://studyin. swupl. edu. cn/docs/2022 - 03/20220301164342300840. pdf。

③ 参见中国人民大学未来法治研究院：《法律与科技方向法律硕士培养》，载中国人民大学未来法治研究院网 2017 年 9 月 8 日，http://lti. ruc. edu. cn/sy/kskc/flykjfxflsspy/index. htm。

④ 参见清华大学法学院：《清华大学法律硕士（计算法学）研究生学位项目介绍》，载清华大学法学院网 2021 年 9 月 27 日，https://www. law. tsinghua. edu. cn/info/1080/12949. htm。

治理、人工智能时代的反垄断、人工智能的热点法律案例、人工智能时代的隐私。①

当前部分法学院校也正式培养人工智能法学专业方向的法学博士。西南政法大学招收人工智能法学博士,以培养深入了解和观察中国人工智能法学发展情况,具备较强科研创新能力的高素质专门人才。其中,必修课程包括:人工智能法学原理、网络与信息法、计算法学、法学学科前沿专题研究、人工智能政策与伦理。选修课程包括:数据保护专题、算法规制专题、人工智能司法应用专题、科技与法律专题、比较人工智能法、大数据和区块链的法律应用、网络法原理与案例。② 东南大学法学院在法学一级博士点之下设立了"大数据与互联网法学"方向。在课程设置上,该法学院新增了大数据与互联网法学、法律大数据与人工智能导论、法律知识图谱导论、法律大数据检索导论、法律大数据算法与逻辑、互联网的公法规制 6 门课程。③ 武汉大学在 2020 年设立了网络法交叉学科,学科由法学院、国家网络安全学院和计算机学院共建。针对博士研究生,网络法学科围绕网络空间国际治理、网络犯罪、数字经济、数字人权、数据治理等新兴领域推动科学研究和人才培养。④

三、基础课程外的人工智能法学课程探索

除以上本硕博人工智能法学方向的课程建设外,国内法学院在传统基础法学课程之外开设了相关的人工智能法学课程,以促进法科学生对人工智能法学的了解与掌握。

人工智能的法律治理是当前基础课程之外开设的一门主要人工智能法学课程。北京大学法学院人工智能法律治理课程包括两门,这两门课程可以体现人工智能法律治理课程的主要内容。一是人工智能的法律治理,课程目的

---

① 参见吉林大学法学院:《吉林大学 2021 年非全日制法律硕士(法律人工智能方向)招生预告》,载吉林大学法学院网 2020 年 7 月 16 日,http://law.jlu.edu.cn/info/1046/16905.htm。

② 参见西南政法大学:《2022 年西南政法大学法学博士项目(人工智能法方向)招生简章》,载西南政法大学网,https://www.swupl.edu.cn/pub/studyinswupl/docs/2022-03/20220301164609402832.pdf。

③ 参见王禄生、王爽:《大数据与人工智能法学方向研究生人才培养模式探索——基于东南大学的"三元融合"教育实践》,载杨宗科主编:《法学教育研究》第 33 卷,法律出版社 2021 年版。

④ 参见武汉大学法学院:《"网络法"交叉学科获批设立,学科建设再下一城》,载武汉大学法学院网 2020 年 8 月 29 日,https://law.whu.edu.cn/info/1051/9387.htm。

是引导学生分析、思考围绕人工智能技术产生的政治、经济、社会挑战及相应法律议题，课程内容包括新科技的法律影响、平台经济、隐私、消费者选择、媒体内容、伤害救济、算法决策、监管机制、法律拟制、劳动过程与机器生产、自动化与控制论、自动驾驶、人工智能武器与国际法。[①] 二是人工智能治理与伦理，除了与上述重合的课程内容外，还包括司法自动化、媒体内容、合同与可解释性、人脸识别、自动驾驶、人机对齐与伦理设计。[②]

一般性的人工智能法学也是诸多法学院校开设的主要课程。中国社会科学院大学开设了内容完备的人工智能法学100讲，这100讲涵盖了人工智能法学各个方面的内容。课程内容具体包括：总论篇包括人工智能法学的历史、现状与未来、研究现状、研究方法、理论与实务价值、体系构建；实体篇包括算法与新财产论、人工智能与知识产权、区块链及数字货币、自动驾驶规范及愿景、金融科技监管、数据及个人信息保护、人工智能与反垄断规制；程序篇包括人工智能与诉讼法律变革，算法、数据与新证据论，机器学习与司法裁判，法律神经网络及其应用；方法论篇包括人工智能与法学研究、人工智能与立法、人工智能与法律实务、人工智能法学人才培养。[③] 中国政法大学人工智能法学导论的主要课程内容包括：AI时代共同体的联合和进步、AI的独有特征对法治的挑战、AI的责任、AI的权利、AI的法律人格、建设AI规制者、控制AI创造者、控制AI创造物、基于自动人脸识别的治安。[④] 浙江大学法学院人工智能与法学课程内容包括：法律人工智能：科学内涵、演化逻辑与趋势，人工智能在泛司法方向应用的新实践及边界，区块链和NFT：法律视角解读及行业发展，人工智能技术发展与应用，人工智能时代的法律服务行业，自动驾驶发展及应用中的法律问题，隐私计算技术的法律实践与相关思考，人工智能在潮流电商的

① 参见戴昕、胡凌：《人工智能的法律治理（2023 春季课程）》，载微信公众号“法意观天下”2023 年 3 月 6 日，https://mp.weixin.qq.com/s/nw_UA4fSxqcv44cH1STGcA。

② 参见胡凌：《人工智能治理与伦理课程大纲（2023 年秋）》，载微信公众号“法意观天下”2023 年 9 月 18 日，https://mp.weixin.qq.com/s/Pl9RlOEN71NEzLL6ZIXZ5A。

③ 参见杨延超：《中国社科院法学所发布“人工智能法学”课程体系（100 讲）》，载中国法学网，http://iolaw.cssn.cn/fxjy/202106/t20210608_5339251.shtml。

④ 参见郭旨龙：《新课推介！人工智能法学导论》，载微信公众号“法大网络与智能法研究会”2023 年 6 月 1 日，https://mp.weixin.qq.com/s/YejYyiUio1mgg5AY2O5Rqg。

应用和法律问题。[1]

此外，国内法学院开设了其他形式的人工智能法学课程。比如中国人民大学法学院未来法治研究院开设了数据法学荣誉课程辅修学位项目，开设课程中的学科基础课包括：网络法与信息法、法律数据分析基础；实践应用课包括：大数据、金融科技与法律监管，法律数据分析实践；能力拓展课包括：计算机软件知识产权保护专题、人工智能与法律规制。[2] 浙江大学慕课互联网与法学课程内容包括：互联网法律的理念、互联网时代的民法新问题、互联网平台及其法律规制、网络不正当竞争行为法律规制、大数据开发与个人信息保护、社交电商的发展及其法律规制、网络安全、网络犯罪、互联网司法。[3] 湖南大学法学院同信息科学与工程学院联合开设了人工智能与计算法学课程，课程计划围绕"法律的计算问题"与"计算的法律问题"，重点讲授法律人工智能的基本理论与方法、法律人工智能的实践应用以及法律人工智能的规制等具体内容。[4]

针对人工智能法学问题的短期研讨培训课程也是一种课程开设方式。四川大学法学院在"实践与国际课程周"开设了短期的法律与人工智能研习社，设置了法律大数据分析课程，课程内容包括机器学习概论、深度学习概论、人工智能司法应用的路径与前景、计算法学概论 4 个部分。[5] 中山大学开设了短期的法律人工智能工作坊，课程以法律论证为核心，课程内容主要包括 3 个部分："结构形式框架"，即构建抽象论证框架的起源及发展；"法律论证建模"，主要以法律论证如何建模为中心；"证据推理建模"，关注如何高效且稳妥地依据证据构建法律证明。[6]

---

① 参见魏斌等：《浙江大学〈人工智能与法学〉课程综述》，载微信公众号"数字法学"2023 年 1 月 5 日，https://mp.weixin.qq.com/s/jQ_fFrlPjWPKM5in4ZgLxA。

② 参见中国人民大学未来法治研究院：《"数据法学"荣誉课程辅修学位项目》，载中国人民大学未来法治研究院网 2017 年 9 月 8 日，http://lti.ruc.edu.cn/sy/kskc/sjfxrykc/index.htm。

③ 参见余军等：《数字法学讲堂 2023 年浙江大学〈互联网与法学〉慕课开课》，载微信公众号"数字法学"2023 年 9 月 30 日，https://mp.weixin.qq.com/s/iKH0TpwpzOVTyJFtf1cNDw。

④ 参见湖南大学法学院：《课程上新！〈人工智能与计算法学〉新课助推新文科建设》，载湖南大学法学院网 2023 年 9 月 17 日，http://law.hnu.edu.cn/info/1181/17121.htm。

⑤ 参见王竹等：《四川大学法学院法律与人工智能研习社（LAIW）"法律大数据分析"课程安排》，载微信公众号"学术之路"2018 年 7 月 6 日，https://mp.weixin.qq.com/s/AkbwWN_DlNtediuH8-YyLg。

⑥ 参见中山大学哲学系：《中山大学法律人工智能 2018 正式起航》，载微信公众号"法律与逻辑"2018 年 4 月 13 日，https://mp.weixin.qq.com/s/p_ab8UbwvFerN_y_FZeK3g。

四、国内法学院人工智能法学课程开设的主要特征

总体而言，国内法学院人工智能法学课程开设的主要特征有6个方面。

第一，部分法学院在法学一级学科下设立人工智能法学相关二级学科，通过专门的学科设置培养人工智能法学的专门人才。当前，设置专门人工智能法学相关二级学科的学校有西南政法大学的人工智能法学、华东政法大学的智能法学等。

第二，在本科、硕士、博士阶段，通过招收人工智能法学方向学生培养专门人工智能法学人才。当前，专门招收人工智能法学专业本科学生的学校包括上海政法学院、西南政法大学、中国政法大学、浙江大学、北京理工大学等，其中具有明显特色的是北京理工大学法学院“法学－人工智能”双学士学位项目。招收人工智能法学方向硕士的学校主要包括西南政法大学（人工智能法学硕士）、华东政法大学（智能法学硕士）、中国政法大学（六年制法学人才培养模式改革实验班）、中国人民大学（法律与科技方向法律硕士）、清华大学（计算法学方向的法律硕士）、吉林大学（人工智能法学方向的非全日制法律硕士）等。招收人工智能法学方向博士的学校主要有西南政法大学、华东政法大学、东南大学、武汉大学等。

第三，在招收人工智能法学本科、硕士和博士的学校，主体课程由法学基础理论、人工智能基础理论以及两者交叉理论课程三部分组成。比如在北京理工大学“法学－人工智能”双学士学位项目中，法学基础课程包括法理学、民法总论、中国法律史、刑法总论、物权法、债权法、商法、行政法与行政诉讼法、宪法、侵权责任法等；人工智能基础理论课程包括C语言程序设计、数据结构与算法设计、操作系统、程序设计方法与实践、数据库原理、人工智能、机器学习、自然语言处理、人工智能导论、机器学习实践、大数据处理技术、自然语言处理项目实践。人工智能与法学交叉课程作为主体课程的一部分，主要包括网络与信息安全法、人工智能法学、大数据与法律实证研究、法律管理信息系统、法律大数据分析、数据法学等。

第四，对于大部分法学院，主要在传统基础法学课程之外通过增设人工智能法学相关课程培养学生掌握相关知识。比如北京大学开设了人工智能的法律治理和人工智能伦理和治理两门课程，中国社会科学院大学开设了100讲

的人工智能法学课程,中国政法大学开设了工智能法学导论课程。

第五,短期的人工智能法学研究型课程也是当前课程开设的一种形式。比如,四川大学法学院在暑期"实践与国际课程周"开设了短期的法律与人工智能研习社,中山大学开设了短期的以法律论证为核心的法律人工智能工作坊。

第六,人工智能法学课程的具体设置除了强调人工智能与法学基础理论的掌握之外,因为缺乏课程目录和课程内容的统一共识,具体课程由各个学校自主设定,从而呈现出较大的差异性。在人工智能与法学交叉课程的具体内容上,主要由开课教师自主设置课程内容。一方面,这是因为人工智能法学属于新兴交叉学科,人工智能的发展日新月异,这需要开课教师根据人工智能引发的新法律问题设置课程内容;另一方面,这也与当前缺乏权威的人工智能法学教材有关,开课教师只能按照自己的研究方向和优势设置课程内容。

第三节　域外主要国家人工智能法学课程比较考察

本节主要考察美国、英国、德国和日本部分法学院或机构开设的人工智能法学相关课程,以概括当前域外人工智能法学课程开设的现状。这有助于对照国内法学院的人工智能法学课程进行比较分析,设定更为科学的人工智能法学课程体系。

一、美国法学院人工智能法学课程的开设情况

(一)哈佛大学法学院人工智能法学相关课程

哈佛大学法学院开设的人工智能法学相关课程主要有:一是算法、权利和责任。该课程主要讨论"谁拥有有益算法及其产生输出的权利,以及谁对算法造成的伤害负责",具体讨论代码、算法和统计模型的所有权;生成式人工智能如何与知识产权制度相互作用;自动驾驶汽车等人工智能造成伤害的责任;算法歧视的追索权。[①] 二是算法与法律。该课程主要讨论算法在贷款、招聘和刑

① See *Algorithms, Rights, and Responsibilities*, Harvard Law School, https://hls.harvard.edu/courses/algorithms-rights-and-responsibilities-4/,最后访问日期:2023 年 12 月 23 日。其余课程参见哈佛大学法学院官网课程目录栏目。

事司法系统等运用中带来的透明度、公平性、准确性和平等待遇方面的问题。该课程利用法学、经济学和计算机科学等多学科的方法分析算法领域的关键法律、伦理和政策问题。三是数字治理：隐私、人工智能和信息技术。该课程主要研究管理个人数据使用、自动化决策和敏感网络技术的法律、政策和道德框架，重点是识别、理解和评估相关风险、危害、收益、经济和社会影响以及相应的权衡。四是网络安全与网络冲突中的法律问题。该课程探讨国际社会、美国政府和私营部门在解决网络和计算机不安全问题时面临的法律问题，主题包括武装冲突国际法、刑法、监管及其替代方案，以及恶意网络活动和防御措施对人权、公民自由和隐私的影响。五是人工智能公共和私人政策挑战的案例研究。该课程分析影响最具争议性的模型和工具创建者行为的因素，反思问题的可能解决或缓解方案，并且对创建者的道德和政策游说提出建议。六是新技术与战争法。该课程分析远程定点杀戮和战争个性化的技术、网络武器、完全自主武器等新技术运用对战争监管产生的理论挑战，特别关注对国际人道主义法、国际刑法和国际人权法方面的挑战。

（二）斯坦福大学法学院人工智能法学相关课程

斯坦福大学法学院开设的人工智能法学相关课程主要有：一是区块链和加密货币：法律、经济、商业和政策。区块链和加密货币技术催生了一系列广泛且快速增长的业务，该课程通过培养三个方面的知识为该领域的法律、政策或商业工作提供基础：技术本身、业务应用的范围和性质、相关的法律和监管结构。① 二是种族和技术。该课程将考虑种族偏见和其他偏见是否以及如何存在于广泛的技术中，特别是人工智能工具。该课程将在具体案例基础上提供一个理论框架，并提出涵盖监管机构、立法者、法院以及技术开发人员、公司和教育工作者在内的解决方案。三是法律、科学和技术研讨。该课程讨论法律和技术交叉点的前沿法律问题，关注互联网法律和知识产权，隐私、言论自由，以及生物技术、人工智能等监管或法律实践问题。四是反歧视法和算法偏见。算法决策兴起的一个主要问题是可能复制或加剧人类的偏见，该课程讨

---

① See *Blockchain and Cryptocurrencies*: *Law*, *Economics*, *Business and Policy*, Stanford Law School, https://law. stanford. edu/courses/blockchain-and-cryptocurrencies-law-economics-business-and-policy/，最后访问日期：2023 年 12 月 23 日。其余课程内容参见斯坦福大学法学院官网课程目录栏目。

论评估算法偏差的法律原则以及新兴技术,并根据反歧视法和算法设计预防算法偏差的出现。五是民主和算法治理研讨。该课程从跨学科的角度研究人工智能(自然语言处理、机器学习和预测分析)的发展,主要关注将人类行为和判断置于算法控制之下的算法系统扩散,算法系统对数据监控的依赖性以及数据错误、泄露和偏见问题,算法代码取代普通法律和专业知识,以及自由民主法治理念与法律运作代码化之间的紧张关系。六是人工智能的社会和经济影响。该课程讨论传统蓝领和白领工人被取代问题需要如何应对,智能革命带来的分配正义问题,如何保证算法没有偏见以及尊重人类伦理原则,人工智能在法律实践中将怎样运用,国家权力如何使用或滥用人工智能对地缘政治以及战争性质的改变。

(三)密歇根大学法学院人工智能法学相关课程

密歇根大学法学院开设的人工智能法学相关课程主要有:一是人工智能与法律。人工智能在法律维度被关注的领域日益普及,包括致命的自动武器系统、自动车辆、医疗诊断算法、刑事判决、预测性警务、福利分配、消费者操纵和内容控制,该课程主要讨论法律面对人工智能时如何发展自身以及对其监管。[①] 二是网络安全。该课程讨论防御和进攻性网络安全的法律和政策,主题包括事件披露、数据泄露、计算机欺诈和滥用法案、网络间谍、选举干扰和网络攻击。三是数字律师:人工智能时代的辩护。现在所有律师都是数字化律师,该课程目的在于实现律师在人工智能时代的转变。四是法律技术素养与领导力。该课程帮助学生熟悉当今法律实践中使用的各种技术,了解客户、公司、法律部门和其他法律组织对未来法律领导者所需技术素养的期望。

(四)耶鲁大学法学院人工智能法学相关课程

耶鲁大学法学院开设的人工智能法学相关课程主要有:一是网络安全。该课程培训学生理解网络安全和网络的概念,以便他们更好地参与政策和监管层面的问题。学生将学习使用自己的 Raspberry Pi,通过标准攻击(如数据包嗅探、缓冲区溢出、IP 欺骗、证书伪造、中间人、SQL 注入和跨站点脚本)相

---

① See *Artificial Intelligence and the Law*, Michigan Law School, https://michigan.law.umich.edu/courses/artificial-intelligence-and-law,最后访问日期:2023 年 12 月 23 日。其余课程内容参见密歇根大学法学院官网课程目录栏目。

互“黑客”。[①] 二是人工智能、法律专业与程序研讨会。该课程主要讨论人工智能系统的发展轨迹是否会使法律论证或程序自动化。该课程分析相关的理论和著作，分析现代诉讼中人工智能的使用案例以及规范律师使用这些技术的伦理制度。三是人工智能发展前沿的责任与规制。在美国，人工智能的使用目前受到各种不同的管理制度和责任规则的管理，但对开发和发布人工智能模型的过程没有任何规定。该课程考虑如何修订这一法律框架，以应对生物安全、核安全、网络安全和消费者保护等领域前沿人工智能模型的风险和危害。

（五）哥伦比亚大学法学院人工智能法学相关课程

哥伦比亚大学法学院开设的人工智能法学相关课程主要有：一是法律方法：机器学习与法律。该课程研究机器学习在法律实践和研究中的应用，旨在概述数据科学在法律中应用涉及的中心主题，涉及统计、计量经济学、机器学习和人工智能。[②] 二是计算机、隐私和法律。数字技术正在重组人类，该课程主要关注人民与国家权力的关系处于何种状态，比如其中涉及的隐私问题。三是网络社会中的法律。该课程讨论当前全球技术变革所产生的法律问题，包括数据隐私、保密和加密、知识产权、大众媒体结构和言论自由问题，以及改变的传媒对行政程序和民主政治的影响等问题。四是网络安全、数据隐私和监视法。该课程讨论网络安全、数据隐私和监视法的理论和法定基础、公共政策，以及在现实应用中的问题。

（六）西北大学法学院人工智能法学相关课程

西北大学法学院开设的人工智能法学相关课程主要有：一是人工智能与法律推理。该课程探索法律推理建模、计算法、专家系统、预测法律结果、信息检索、机器学习、信息提取等主题。该课程旨在培养学生对认知计算的理解，培养学生的解构法律、法律推理和法律实践能力，从而具备设计法律流

---

① See *Cybersecurity*, Yale Law School, https://courses.law.yale.edu/CourseDetailPage? CRN = 22071&TermCode = 202303，最后访问日期：2023 年 12 月 23 日。其余课程内容参见耶鲁大学法学院官网课程目录栏目。

② See *Legal Methods II: Machine Learning and Law*, Columbia Law School, https://www.law.columbia.edu/academics/courses/32572，最后访问日期：2023 年 12 月 23 日。其余课程内容参见哥伦比亚大学法学院官网课程目录栏目。

程、应用程序和系统的能力。[①] 二是区块链、加密货币和智能合约。该课程探讨区块链的法律和经济学，以及加密货币和智能合约的相关技术，分析这些创新的技术、经济和法律问题。三是人工智能与机器人学定律。该课程探讨人工智能和机器人技术的快速发展所带来的法律、监管和政策问题，包括与自主车辆、无人机、增强现实、虚拟现实、物联网、服务机器人、机器人警务、战争、知识工作自动化、大数据、影响权力和自由的算法等相关的法律问题。该课程将在现有法律范围内审查这些问题，包括侵权、财产、版权、战争、代理、刑法和国际法，并评估新法律和法规的必要性。四是法律技术。该课程探讨法律实践技术，主题包括但不限于云计算、信息安全、逻辑分析方法、AI、电子发现技术等。

二、英国大学开设的人工智能法学相关课程

牛津大学法学院与经济学系、计算机系以及商学院等学院或部门共同启动和实施了 2019 ~ 2021 年"释放人工智能在英国法律中的潜力"项目，法律和技术教育课程是该项目 6 个模块中的一个重要构成。该课程旨在满足法学院和计算机科学系学生对法律技术学习的需求，主要解决数字经济中提供法律服务专业人员的诉求，同时使软件工程师具备理解法律规制的意识和能力。该课程的具体名称是法律与计算机科学，课程内容主要探索三个核心主题：一是未来计算机科学家与律师如何合作，二是法律实践中的数字技术，三是数字技术与实体法之间的关系。[②] 剑桥大学的公司法硕士培养计划开设了法律和数字经济：公司维度课程，以研究数字经济的法律和监管方面及其对公司实体的影响，课程具体涵盖了数据保护、数字时代的知识产权、电子商务法规、网络安全以及区块链和人工智能等新兴技术的法律影响等主题。[③] 伦敦大学学院开设了隐私、数据与监控法课程，主要分析公司和政府越来越多地使用数据产

① See *AI and Legal Reasoning*, Northwestern Pritzker School of Law, https://www.law.northwestern.edu/academics/curricular-offerings/coursecatalog/Details? CourseID = 1796，最后访问日期：2023 年 12 月 23 日。其余课程内容参见西北大学法学院官网课程目录栏目。

② See *Law and Computer Science*: 2020 – 2021, Oxford Law faculty, https://www.cs.ox.ac.uk/teaching/courses/2020 – 2021/LawandCS/，最后访问日期：2023 年 12 月 23 日。

③ See *Cambridge Master of Corporate Law* (*MCL*), Cambridge Law faculty (Jun. 23, 2023), https://uollb.com/blog/llm-admissions/cambridge-master-of-corporate-law.

生的新兴法律制度、权力动态和社会问题。[①] 伦敦玛丽女王大学专门设置技术、媒体和电信法法学硕士项目，项目课程主要分析技术、媒体和电信法如何影响传统法律原则的应用，分析法律和政策实施中的复杂问题，解决当前出现的具体案例问题。该项目开设的课程丰富，包括网络犯罪：实质性犯罪，欧盟数据保护法，国际和比较数据保护法，非法言论、审查制度和数字权利：社交媒体与旧媒体，电信政策、法律和法规，电子商务交易，电子商务监管，信息技术交易，网络空间竞争法，信息安全与法律，网络空间：管辖权和争议解决，数字时代的竞争法，人工智能、机器人和法律，法律科技等。[②]

三、德国大学开设的人工智能法学相关课程

洪堡大学法学院开设了人工智能和法律：革命还是无事生非课程，对人工智能对法律的影响进行批判性探讨：几千年来我们的法律体系被一种将人类行为置于法律设计中的观点塑造，但这受到了“人工智能”技术的质疑，纯粹技术性质的“智能”和“自主”行为者似乎模仿甚至超越人类机构，我们现有的法律标准是否为此做好了准备，这项技术给法律科学带来了哪些问题和陷阱。[③] 此外，洪堡大学开设了软件法入门、数字化的基础知识和基本问题、数据和信息法、互联网法、法律科技的实际运用等课程。弗莱堡大学法学院专门开设了解数字时代法律的基础知识课程，旨在提供对数字化技术和机制的基本介绍，分析数字化对法律体系的期望，并尝试在数字化背景下建立连贯的法律理论。该课程的具体内容包括数字化的社会背景（如人工智能）、经济和金融市场法的相关方面、私法的相关方面、相关的其他法规等。[④] 弗莱堡大学法学院还开

---

① See *Privacy, Data and Surveillance Law* (*LAWS*0338), UCL Faculty of Laws, https://www.ucl.ac.uk/laws/study/llm-master-laws/modules-2022-23/privacy-data-and-surveillance-law-laws0338，最后访问日期：2023年12月23日。

② See *LLM and Diploma Modules*, Queen Mary's School of Law, https://www.qmul.ac.uk/law/postgraduate/courses/llm/modules/，最后访问日期：2023年12月23日。

③ See *Kommentiertes Vorlesungsverzeichnis*, Juristische Fakultät der Humboldt-Universität zu Berlin, https://www.rewi.hu-berlin.de/de/sp/kvv，最后访问日期：2023年12月23日。洪堡大学法学院其他课程参见学院官网课程栏目。

④ See *Grundlagen für ein Verständnis des Rechts im digitalen Zeitalter*, Rechtswissenschaftliche Fakultät der Universität Freiburg, https://www.unifr.ch/ius/de/studium/vorlexam/lehrveranstaltungen-2023-24/mlaw-blockkurse-2023-24/course/113212，最后访问日期：2023年12月23日。弗莱堡大学法学院其他课程参见学院官网课程栏目。

设了法律和数字经济:数据、合同和竞争课程,课程分析的具体问题包括区块链和分布式账本技术如何监管、人工智能引起的算法合约等应当如何认识、如何理解和规范去中心化自治组织(DAO)等,涉及数据、分布式账本技术、数字经济中的合同、竞争等各个主题。此外,弗莱堡大学还开设了隐私和媒体法课程,重点关注不同法律体系中个人隐私的保护,探讨隐私在西欧、英美等法律文化中的重要性和意义。慕尼黑大学法学院开设的人工智能相关法学课程包括税法数字化、数字产品法当前存在的问题、数字化的民法典、数字经济中的刑法、法律案件处理中的数字资源、IT 与法律基础知识、网络犯罪法、信息安全技术基础、IT 合规的基础知识及各方面内容。① 明斯特大学法学院专门设置了信息、电信与媒体法课程。

四、日本大学开设的人工智能法学相关课程

东京大学法学部开设了信息法课程。该课程结合信息社会的进步研究法律、案例和理论,具体课程内容包括信息法概述,信息流通自由,信息监管重点内容:淫秽、青少年保护、儿童色情、诽谤、广告,隐私,个人信息的保护,信息传播领袖:大众传媒(广播自由),信息分发领导者:通信/提供商(通信保密),信息分发领导者:搜索引擎、SNS、信息分发场所,信息和行政流程,信息和司法程序,信息和政治进程,人工智能/机器人和信息法。② 东京大学还开设了数字建筑和法律课程。在网络空间和数字空间高度融合的数字社会中,各种服务和法规将基于数字建筑的协同基础设施而发展。敏捷治理作为一种解决社会中出现的各种问题的新治理模式,有望成为未来的关键要素,预计将带来法律法规状态的重大变化。该课程具体讨论的内容包括构建数字社会的政策、数字法律体系审查、官方公报的数字化、地方政府信息系统标准、在线/一站式公共和私人程序、电子签名/个人认证、人工智能法规、数字平台游戏和法规、关于提高特定数字平台的透明度和公平性的法案、使用交易数字平台的消费者

---

① See *Zugehörige Veranstaltungen für Fachbereich*: *Juristische Fakultät*, Juristische Fakultät der LMU München, https://lsf. verwaltung. uni-muenchen. de/qisserver/rds? state = verpublish&publishContainer = lectureInstList&publishid = 2173,最后访问日期:2023 年 12 月 23 日。

② 参见宍戸 常寿,情報法,東京大学法学政治学研究科,https://catalog. he. u-tokyo. ac. jp/detail? code = 25 – 301 – 001&year = 2023,最后访问日期:2023 年 12 月 23 日。东京大学其他相关课程参见法学政治学研究科官网课程栏目。

权益保护法、促进公私数据利用基本法、个人信息保护法、关于匿名处理的医疗信息的法案、电信事业法、不正当竞争防止法、开放数据政策等。早稻田大学开设了信息法、信息化社会与法律、先进科学技术与法律概论等课程。其中，先进科学技术与法律概论讨论前沿科技知识的重要性及隐藏的重要法律问题，关于人工智能涉及自动驾驶的民事和刑事责任、数据科学、平台就业、人工智能的知识产权、科技治国是否优先法治、网络与黑客等问题。[①] 京都大学开设了医学/信息与法律专题研讨会、信息与法律等相关课程，名古屋大学和大阪大学开设了法律信息学课程。

五、域外主要国家人工智能法学课程开设的特征

概括而言，域外主要国家人工智能法学课程开设的主要特征有以下几个方面。

第一，与国内人工智能法学课程开设方式相似，域外主要国家的大学同样是在传统基础法学课程之上增设了人工智能法学相关课程。比如，哈佛大学法学院在传统高级宪法、比较宪法、选举法、行政法、合同法、刑法、反垄断法、破产法、环境与能源法律及政策、民事程序法、版权与商标诉讼、刑事程序法等课程的基础上，增设了上述算法、权利和责任，算法和法律，数字治理：隐私、人工智能和信息技术，人工智能公共和私人政策挑战的案例研究，新技术和战争法等课程。洪堡大学开设了人工智能和法律：革命还是无事生非、软件法入门、数字化的基础知识和基本问题、数据和信息法、互联网法、法律科技的实际运用等人工智能法学相关课程，但主体课程仍然是基本权利和人权法、民法、刑法、行政法、欧洲法等传统法学课程。

第二，在具体的课程设置上，与国内法学院相似，主要由各个法学院根据自身的特色和资源自主决定开课课程及其内容。上述所列举的美国6个法学院中，尽管开设课程的主题具有相关性，但是具体课程呈现了差异性。比如，哈佛大学开设了新技术和战争法课程；斯坦福大学开设了区块链和加密货币：法律、经济、商业和政策课程，民主与算法治理课程；密歇根大学开设了数字律

① 参见肥塚 肇雄，课程大纲详情查询，早稻田大学法学学術院，https://www.wsl.waseda.jp/syllabus/JAA104.php?pKey=120000A001012023120000A00112&pLng=jp，最后访问日期：2023年12月23日。

师:人工智能时代的辩护课程、法律技术素养与领导力课程;耶鲁大学开设了人工智能、法律专业与程序的研讨会课程;哥伦比亚大学开设了法律方法:机器学习与法律课程;西北大学开设了人工智能与法律推理课程。在日本,人工智能法学课程开课较少,也同样依托于授课教师的研究兴趣和研究深入程度。比如,东京大学的信息法,虽然课程涉及内容丰富,但因为授课教师的研究方向是宪法,因此课程内容与宪法关联紧密。

第三,与人工智能对法学的影响相关,美国法学院开设课程主要集中在几个部分,包括人工智能发展引起的算法问题、隐私问题、网络安全问题、法律技术问题、法律论证问题、律师实践问题、反歧视问题、民主问题、战争法问题等。英国与美国相似,课程注重法律技术在法律实际工作中的运用,注重数据权利、网络安全、隐私等问题。在德国,课程的一个特点是强调人工智能发展对传统法律的影响,比如慕尼黑大学开设了税法数字化、数字产品法当前存在的问题、数字化的民法典、数字经济中的刑法等课程。在日本,主要相关课程较为集中,开课较多的就是信息法、信息化社会的法律两门课程。

第四,美国法学院开设的人工智能法学课程主要以阅读小组和研讨会形式进行,并且单一课程强调对人工智能引发的某个具体法律问题进行深入研讨,比如专门就算法问题、隐私问题或者法律论证问题进行深入讨论与分析。美国法学院的这种课程开设方式与国内主流的开课方式存在较大区别,这种方式能够对某一问题形成更深度的分析。同时,这种研究型课程注重从多种学科视角对某一具体问题进行分析,比如哈佛大学法律和算法课程强调利用法律、经济学和计算机科学等多学科的方法评估该领域的关键法律、伦理和政策问题。

第五,当前,以上主要国家在选课时不要求学生具有特殊的技术背景。比如,美国人工智能法学课程在发布课程大纲时一般强调,不要求选课学生具有相关的人工智能专业背景和相关的技术性知识。这说明当前美国人工智能法学课程的重要设置目的在于强调对人工智能的治理研究,通过法学研究讨论人工智能的法律监管是主要内容。这也说明,与国内情况相同,美国法学院的人工智能法学课程建设也处于初始发展阶段和探索过程之中。当然,为了提高人才培养的效果,英国"释放人工智能在英国法律中的潜力"项目中的法律和技术教育课程就由法学和计算机科学专业学生共同上课,以达到交叉理论人才培养的目的。

第四节　人工智能法治创新型人才塑造的体系化课程建设

2017 年国务院《新一代人工智能发展规划》指出重视培养掌握“人工智能 +”法律的横向复合型人才。总体上,当前国内外法学院人工智能法学课程建设都处于起步探索阶段,这与人工智能所处的发展阶段相关。在人工智能将引发人类社会进一步深刻变革的背景下,根据新文科促进文理交叉复合型法治人才培养的要求,需要建设更为科学的人工智能法学课程体系。

一、文理交叉融合的课程体系

当前,人工智能法学并没有被教育部认定为法学一级学科之下的二级学科。前述西南政法大学的人工智能法学、华东政法大学的智能法学、武汉大学的网络法学等都只是在教育部备案,由各高校进行自主探索设置。因此,当前存在与人工智能法学相关的诸多学科名称,包括智能法学、计算法学、互联网法学、网络法学、数据法学、数字法学、未来法学等。其中,人工智能法学作为一个法学二级新兴学科较为合适。有学者指出,当前诸多部门法对人工智能的研究是“对人工智能法学跑马圈地式研究,而不是有关人工智能法学自身的穿透式研究”,部门法 + 人工智能范式会导致学科研究壁垒的问题。[①] 总体上,在人工智能影响泛化的今天和未来,人工智能法学应当成为独立的法学二级学科。在人工智能法学二级学科之下,当前我国各高校设置的人工智能法学一些相关课程可以由该学科涵盖。

人工智能法学学科课程的首要构成部分应当是传统基础性法学课程。这是人工智能法学作为法学学科的基础。当前,在人工智能法治人才的培养上,国内外法学院都强调传统基础性法学课程的重要性。在国内,无论是专门人工智能法学专业的学生培养,还是诸如网络法学、计算法学等方向的研究生培养,传统基础性法学课程都是课程体系的基本构成。总体上,传统基础性法学

① 参见刘艳红:《人工智能法学的“时代三问”》,载《东方法学》2021 年第 5 期。

课程主要包括法理学、法律方法论、法律职业伦理、宪法学、民法学、商法学、知识产权法、经济法学、刑法学、行政法与行政诉讼法学、民事诉讼法学、刑事诉讼法学、环境资源法学、国际法学等。① 当然,在诸多基础性法学课程中,当前各个法学院校在课程设置上也存在细微差异,这可以根据各院校的培养目标和要求进行细微调整。

人工智能法学学科课程的另一重要构成应当是人工智能的基础理论课程。这是人工智能法学作为文理交叉学科的基础。当前国内外法学院或研究机构越来越重视人工智能基础理论课程的重要性,但是在课程设置的要求上各个院校存在明显差异。如前所述,美国法学院增设的人工智能法学课程在学生选课时,一般并不要求学生具有人工智能理论的学科背景。这与当前人工智能法学处于初步发展阶段相关,人工智能法学课程与其他课程并没有形成体系性的衔接,比如并没有与本科阶段的学生培养有效衔接起来。在国内,在传统基础性法学课程之上增设的人工智能法学课程当然不需要学生具有人工智能的理论知识。当前,专门设置人工智能基础理论课程的院校主要包括上海政法学院人工智能法学院、西南政法大学人工智能法学院、浙江大学法学院(数字法治卓越班)、北京理工大学法学院("法学 - 人工智能"双学士学位项目)等。总体上,在人工智能法学作为法学独立二级学科之后,对人工智能法学学科学生的培养需要设立独立的人工智能基础理论课程。人工智能基础理论课程主要包括 C 语言程序设计、数据结构与算法设计、操作系统、程序设计方法与实践、数据库原理、人工智能、机器学习、自然语言处理、人工智能导论、机器学习实践、大数据处理技术等。② 当然,人工智能基础理论课程在各院校之间也存在差异,人工智能法学学科需要的人工智能基础理论课程应当经过专门讨论研究后形成共识。

人工智能法学学科课程的最后构成部分应当是法学与人工智能交叉课程。这是人工智能法学作为法学独立二级学科的学科特色。当前,国内外大学人工智能法学课程的主体部分就是法学与人工智能交叉形成的新课程。在美国法学院,法学院学生处于研究生阶段,交叉课程的开设主要以讨论研究方

① 主要参见北京理工大学《"法学 - 人工智能"双学士学位复合型人才培养方案》。
② 主要参见北京理工大学《"法学 - 人工智能"双学士学位复合型人才培养方案》。

式进行，开设课程的具体主题包括人工智能应用引发的网络安全、隐私保护、算法权利与责任、算法歧视、智能合约等问题，包括人工智能对民主制度、法律论证与战争的影响等各个方面的问题。在国内法学院校，开设的交叉课程主要包括两种类型：一是人工智能应用引发社会问题的治理相关课程，包括人工智能的法律规制、人工智能的政策与伦理、人工智能时代的反垄断、人工智能与全球治理、网络与信息安全法、数据保护专题、人工智能时代的隐私、电子商务法、区块链法律应用专题、数字知识产权法、数字政府法律专题研究、数字贸易法与数字税法、计算机犯罪法：原理与实践、网络规制法等；二是人工智能在法律实践中运用的相关课程，包括数字证据与区块链、法律管理信息系统、法律大数据分析、人工智能法律应用、人工智能与法律推理、法律大数据挖掘分析与应用、司法大数据应用与分析、智慧司法、智能法实务与前沿问题研究、大数据与法律实证研究。[①] 从这些列出的交叉课程可以看出，法学和人工智能交叉课程的开课主题丰富多样，这与人工智能对法律运行的全面广泛影响相关。作为法学二级学科，法学与人工智能交叉课程的设置也需要进行讨论研究，形成科学的交叉课程体系，并由不同法学院校根据自身的资源和特色开设具有优势的相关交叉课程。

二、本硕博贯通式的课程体系

人工智能法学学科的学生培养与其他法学二级学科存在的一个明显区别是文理学科的交叉性。这对人工智能法学本硕博阶段的课程设置具有明显影响。当前，部分高校专门设置人工智能法学院以进行人工智能法治人才的培养，一个重要原因是学科课程体系的差异性。

在本科阶段，人工智能法学课程需要同时设置传统法学基础课程、人工智能基础理论课程以及法学与人工智能交叉课程。当前，招收人工智能法学本科的法学院校在课程体系上都同时包含以上三个部分，比如上海政法学院人工智能法学院、西南政法大学人工智能法学院、北京理工大学法学院（“法学－人工智能”双学士学位项目）、中国政法大学（六年制法学人才培养模式改革实验班）、浙江大学法学院（数字法治卓越班）等。本科阶段，人工智能法学学

① 交叉课程综合前述国内主要法学院开设的课程列出。

生处于起步学习阶段，应当强调对三部分课程基础理论的学习，为学生建立良好的学科理论基础。因为人工智能法学本科课程在传统法学本科课程的基础上增加了人工智能基础理论课程和法学与人工智能交叉课程两部分，这对学生的要求会明显提高。一方面，人工智能法学专业在本科招生时应当强调学生在高中阶段具有理科学习背景，并对文理交叉学科具有较强的学习兴趣；另一方面，因为课程学习任务加重，人工智能法学三部分的课程应当进行精细化设置，主要是强调对三部分核心课程的学习，减少非核心课程，从而降低学习压力和提高学习效率。

在硕士阶段，应当区分人工智能法律硕士和法学硕士的培养要求。当前，清华大学法学院专门招收计算法学方向的法律硕士，吉林大学专门招收人工智能法学方向的非全日制法律硕士。人工智能法律硕士（非法学）培养的要求与人工智能法学本科具有相似性，在招生时应当强调学生本科阶段人工智能基础理论的学习背景，这样可以提高学生培养的效率。当然，因为处于硕士阶段，人工智能法律硕士与本科课程的一个主要区别应当是课程学习的内容纵深程度，应当强调课程的研讨性质。当前，专门招收人工智能法学硕士的学校主要有西南政法大学、华东政法大学等。人工智能法学硕士课程的一个主要特征应当是专题性和研究性，比如西南政法大学主要以专题形式开设课程，包括智能法律服务专题、人工智能政策与伦理、人工智能与法律推理、人工智能典型应用场景的法律规制、数据保护专题等。当前美国人工智能相关法学课程主要以研讨课程形式进行，相对而言，这些课程的研究性质更强，这是我国人工智能法学硕士课程应当强调的。

在博士阶段，经过本硕阶段学习的学生具备了较为深入的基础理论知识，人工智能法学课程转入了完全研究性质。当前，西南政法大学人工智能法学博士开设的课程中，必修课包括人工智能法学原理、网络与信息法、计算法学、法学学科前沿专题研究、人工智能政策与伦理；开设的选修课程包括数据保护专题、算法规制专题、人工智能司法应用专题、科技与法律专题、比较人工智能法、大数据和区块链的法律应用、网络法原理与案例。这些课程与硕士阶段的课程具有相似性，甚至与硕士阶段的课程重合。总体上，博士阶段的课程应当转入研究性质，在学科教授的引领下对人工智能法学领域的具体问题进行深入分析研究。

对其他法科方向本硕博学生的培养,应当增设部分人工智能法学课程以增进法科学生对人工智能法律治理和法律应用一般理论的掌握。当前,这是诸多法学院校人工智能法学课程开设的主要方式,比如北京大学开设人工智能的法律治理、人工智能伦理和治理两门课程,中国社会科学院大学开设人工智能伦理与法律治理导论和人工智能法学课程,中国政法大学开设人工智能法学导论、网络法案例研习等课程。此外,短期的研习课程也是增进学生对人工智能法学问题进行深入掌握的一种有效方式,比如前述四川大学法学院开设短期的法律与人工智能研习社,中山大学开设短期的以法律论证为核心的法律人工智能工作坊。短期课程的一个主要优势是可以吸引对某一人工智能法学问题具有研究兴趣的学生参加,这有助于提高学生培养的针对性和有效性。

三、理论实践结合的课程体系

作为文理交叉学科,人工智能法治人才培养的一个重要要求是培养人工智能法律应用人才。在国内外理论课程设置上,诸多人工智能法学课程设置的目的就是让学生理解人工智能法律应用的原理和技术。在国内,这些课程包括法律大数据挖掘分析与应用、法律大数据算法与逻辑、法律知识图谱导论、数字证据与区块链、电子数据证据规则、区块链法律应用专题、法律管理信息系统、人工智能与法律推理、智慧司法原理与实践、人工智能司法应用专题、人工智能法律应用等。[①] 在美国,相关课程包括密歇根大学法学院开设的数字律师:人工智能时代的辩护、法律技术素养与领导力,耶鲁大学法学院开设的人工智能、法律专业与程序:研讨会,哥伦比亚大学法学院开设的法律方法:机器学习与法律,西北大学法学院开设的人工智能与法律推理、法律技术,以及区块链、加密货币和智能合约等。人工智能法学作为一门实践性社会科学,人工智能技术在法律领域的运用需要通过实践课程的设置让学生真正掌握。当前,国内部分法学院已经设置了人工智能法学的实践课程,比如中国政法大学六年制法学人才培养模式改革实验班在本科实习阶段强调引导学生现场参与大数据时代人大系统、政法部门、政府监管机构和法律服务市场的工作场景;

① 这些课程综合前述国内主要法学院开设的课程列出。

浙江大学法学院数字法治卓越班专门开设了实践课程模块,引导学生从技术视角感受法律实践场景,从法律视角审视数字技术;北京理工大学法学院与北京北大英华科技有限公司(北大法宝)联合建立了“人工智能法学教育实践基地”,实践基地已经开展了多期实训活动。[①] 总体上,实践课程是人工智能法学课程体系中不可或缺的部分,经过实践课程的学习,学生才能够将人工智能在法律领域应用的技术内化为自身能力的一部分。

---

① 参见北大法宝:《北大英华-北理工法学院人工智能法学教育实践基地培养计划回顾》,载微信公众号“北大法宝”2020年6月13日,https://mp.weixin.qq.com/s/EKAb2QzeFuEKke3fdACCKg。

第五章　人工智能法治创新型人才塑造的教师体系

2022 年 4 月，中国信息通信研究院发布了《人工智能白皮书(2022 年)》对人工智能政策、技术、应用以及治理进行了全面梳理。根据该白皮书，自 2016 年起，已经有 40 多个国家和地区将推动人工智能发展上升到国家战略高度，且随着人工智能发展的空间越大、影响越深、挑战越多，对它的治理就越必要、越紧迫。[①] 对于人工智能治理问题，中国信息通信研究院在 2020 年发布的另一份白皮书(《人工智能治理白皮书》)中提出了集伦理约束、技术应对和规范立法为一体的多层次、多样化的治理举措，其中立法是治理人工智能活动的重要途径。[②] 然而，对于法律行业而言，人工智能的影响也十分明显。法律行业一直具有较强的技术免疫力，长期以来，新兴技术在这一领域的应用主要局限于一些非核心领域，但人工智能技术有望改变这一现实。作为试图理解人类智能的实质并在此基础上模拟、延展人类智能的技术，理论上，通过建立适当的计算模型，人工智能技术可以高效地完成信息搜集、法规整理并执行或者模仿法律推理过程，从而对输入的法律问题输出解决方案和相应的解释。[③] 法律在人工智能治理中的重要作用以及人工智能技术应用对法律行业的颠覆性影响决定了对人工智能法治创新型人才培养的重要性。作为该类人才培养的最

---

① 参见中国信息通信研究院：《人工智能白皮书(2022 年)》，载中国信通院网，http://www.caict.ac.cn/kxyj/qwfb/bps/202204/t20220412_399752.htm。

② 参见中国信息通信研究院、中国人工智能产业发展联盟：《人工智能治理白皮书》，载中国信通院网，http://www.caict.ac.cn/kxyj/qwfb/bps/202009/t20200928_347546.htm。

③ 参见赵鹏：《法律人工智能技术的发展和法学教育的回应》，载中国政法大学法治政府研究院网 2019 年 4 月 16 日，http://fzzfyjy.cupl.edu.cn/info/1038/10372.htm。

重要角色，即教师，似乎也承担着与传统法学教师不同的任务。

本章首先对人工智能法治创新型人才培养对教师体系建设的要求进行剖析；之后以我国主要高校已经构建的人工智能法治创新型人才培养模式①的教师体系建设情况为依据，分别比照人工智能创新型法治人才培养对教师体系建设的具体需求进行分析；最后提出建设人工智能法治创新型人才培养教师体系尚存的不足以及初步完善建议。

第一节　人工智能法治创新型人才的定位及对教师体系建设的要求

如果需要了解培养人工智能法治创新型人才对教师体系建设的要求，则首先有必要了解人工智能法治创新型人才的定位。因此，本节首先聚焦人工智能法治创新型人才培养定位问题，之后探讨对教师体系建设的相关要求。

一、人工智能法治创新型人才的定位

人工智能专业人才培养的目标是将人工智能技术与行业场景深度结合，实现“千学百科”培养人工智能人才、人工智能人才融入“千行百业”，让人工智能人才培养真正“顶天立地”。② 法律行业可以是人工智能人才融入的“千行百业”之一。作为一种新兴技术，人工智能与伦理、政策、规则密切相关，相关人才培养过程中同样应当重视保障人工智能技术的开发、应用与对人类安全和个人隐私等合法权益的保障，因而，有必要发展“人工智能＋”模式，比如“人工智能＋人文社科”“人工智能＋法学”“人工智能＋管理学”等交叉融合专业。同时，人工智能技术的兴起得益于互联网技术的发展，而互联网技术具有天然的国际属性，因此，人工智能专业人才培养应该具备跨国家、跨领域、跨

---

① 本章将我国主要高校已经建立的人工智能法治创新型人才综合性培养模式概括为“人工智能＋法学”模式与“法学＋人工智能”模式。两种模式的划分是本章作者在总结国内相关高校在该领域人才培养模式的基础上进行的初步分类。应当明确的是，两种模式并非完全割裂，其间差异也并不是泾渭分明的。本章对两种模式进行分类阐述的目的在于更清晰地分析不同模式下教师体系的建设情况。

② 参见刘敏华：《以智御智，重在育人——人工智能时代的数字文明与人才培养》，载光明网，https://theory.gmw.cn/2023-06/29/content_36661214.htm。

文化交流与协作的性质。[①]

通过上述阐释可以看出,人工智能专业人才培养模式中,“人工智能+法学”的做法与人工智能法治创新型人才培养有一定的重合之处。但此种模式的主体是人工智能,法律只是诸多的与之交叉的学科之一,其他人文与社会科学学科如伦理学、管理学等也都处于此类“人工智能+”的序列中。这一模式的目的是保障培养人工智能技术型人才过程中加强人文社科修养,以推动实现人工智能治理的目标,这与2020年《人工智能治理白皮书》的论述基本一致,体现出人工智能人才培养本身的综合性特征。

在新技术(包括但不限于人工智能技术)不断出现且影响社会各个领域活动的背景下,传统法律人才培养模式面临巨大冲击。2020年11月,教育部新文科建设工作组召开新文科建设工作会议,并正式发布《新文科建设宣言》,对新文科建设作了系统部署。依照《新文科建设宣言》的倡议,新文科建设应“进一步打破学科专业壁垒,推动文科专业之间深度融通、文科与理工农医交叉融合,融入现代信息技术赋能文科教育,实现自我的革故鼎新”。[②] 为此,各大法学院校纷纷跟进,在人才培养模式、师资体系建设方面做出调整。围绕人工智能法学及其相近学科(如计算法学、数字法学),近年来以北京大学、中国人民大学、中国政法大学、西南政法大学、华东政法大学等为代表的高校积极探索,取得了一定的成果。[③] 以北京大学法律人工智能实验室/法律与人工智能研究中心的人才培养模式为例,[④]共设置了开放式课程、主题式课程和学分制课程三个模块。其中,开放式课程的目的在于“在理解当前AI技术是如何赋能法律服务行业的基础上,通过对法律条文的深度剖析,洞察法条之间的逻辑架构,学习编写知识图谱并付诸使用,构建‘法律+科技’的交叉学科基础,在实践中演练法律实务技能”。主题式课程“在带领学生考察人工智能的技术和商业模式发展历程的基础上,引导学生分析、思考人工智能产生的政治、经

---

① 参见刘敏华:《以智御智,重在育人——人工智能时代的数字文明与人才培养》,载光明网,https://theory.gmw.cn/2023-06/29/content_36661214.htm。

② 参见《新文科建设宣言》,载教育部网,http://www.moe.gov.cn/jyb_xwfb/gzdt_gzdt/s5987/202011/t20201103_498067.html。

③ 参见王禄生:《以“领域理论”培养人工智能法学人才》,载《中国社会科学报》2022年6月21日,第8版。

④ 相关信息可以参见北京大学法律人工智能实验室/法律与人工智能研究中心官方网站,http://www.ailaw.pku.edu.cn/,最后访问日期:2023年12月24日。

济与社会挑战,促使学生学会结合法律基本原理理解相关现象,并探索问题解决方案”。学分制课程联合北京大学人工智能研究院、法学院、经济学院、社会学院开设,课程主要内容为“介绍人工智能基础知识,讲解人工智能在经济社会中的应用”,课程目的在于“培养学生发现问题提出问题,利用新技术分析解决问题的能力”。总的来说,从法学学科出发开展的“法学+人工智能”人才培养模式的目标是希望解决人工智能技术发展提出的,包括法律解释与法律制定层面的一系列问题;同时,助力人工智能技术推动社会发展,防范人工智能技术带来的风险。[①] 在此类人才培养模式框架下,法学知识是基础,这与传统法学教育并无本质区别。有所不同的是,在法学知识基础上,学习者应了解人工智能应用的逻辑,人工智能应用给社会各个方面带来的挑战,同时还应掌握一定的人工智能技术。上述北京大学法律人工智能实验室/法律与人工智能研究中心的课程设置便体现了这一特点。

综上所述,无论是“人工智能+法学”还是“法学+人工智能”模式,都属于人工智能法治创新型人才培养的路径。从人才培养定位的角度看,二者存在一定差异,这源于人工智能这一新生事物发展时间太短,在人才培养方面尚未形成复合型框架体系。当然,目前的人才培养模式都是以传统模式为依托演化而来,在一定程度上会带有传统模式的影子。

二、人工智能法治创新型人才培养对教师体系建设的要求

人工智能法治创新型人才塑造的教师体系建设的主要依据是人才培养模式定位。对此,上文已作详细分析。无论是人工智能人才融入“千行百业”的“人工智能+法学”培养模式,还是传统法学教育机构近年来大力推动发展的“法学+人工智能”模式,在人才培养上都体现出一些共同的特征,这些特征反过来对教师体系的构建提出了要求,也指明了方向。

其一,人工智能法治创新型人才塑造的教师体系建设应具备学科交叉属性。无论是“人工智能+法学”培养模式还是“法学+人工智能”培养模式,都体现了学科交叉特征,亦即有学者所提出的“论域拓展”的特征。[②] “人工

① 参见周婧:《人工智能法学人才的培养模式》,载《高等教育评论》2019年第2期。
② 参见徐飞:《新文科建设:“新”从何来,通往何方》,载《光明日报》2021年3月20日,第10版。

智能＋法学”模式下，“人工智能”涉及的学科包括支撑交叉层、关键领域层和通用平台层等多个层面。涵盖学科涉及智能软件系统、智能类脑芯片、视觉感知、数理基础、人工智能治理、计算社会科学、智慧医疗、智慧健康、计算机视觉、自然语言处理、计算认知与常识推理、多智能体、机器人研究、机器学习等。[①] 而“法律”则更多的是包括人工智能法在内的人工智能治理方面的内容。[②] “法学＋人工智能”模式下，“法律”一般涉及的学科除传统民法、刑法、行政法及相关程序法之外，还包括直接与人工智能技术相关的法学新兴学科，诸如人工智能法学、网络与信息安全法、人工智能的政策与伦理、人工智能与法律推理、人工智能典型应用场景的法律规制、数据保护、法律大数据挖掘分析与应用、电子商务法、区块链法律应用、智能法律服务。[③] 总的来说，以“人工智能＋法学”为出发点构建人才培养教师体系的话，虽然存在学科交叉、融合的需求，但主要体现出人工智能技术的主导性特征。而以“法学＋人工智能”为出发点构建人才培养教师体系，则对教师的交叉融合程度要求更高，除了简单地引入人工智能类技术教师之外，还应配备新兴交叉学科的法学教师。

其二，人工智能法治创新型人才塑造的教师体系建设应具备理论与实践相结合属性。理论与实践结合是法学学科的内在属性，也是很多理工科、社会科学的共同属性。在人工智能法治创新型人才培养过程中，理论与实践结合的做法自然同样重要。不过，与传统法学人才培养模式中所说的理论与实践结合不同，人工智能法治创新型人才培养过程中，除了要与立法、执法、司法以及法律实务部门密切联系，获得实践机会之外，还要与人工智能技术和应用部门合作，开展实践教学。从教师体系建设的角度看，这便要求授课教师队伍中除了具备法学和人工智能的相关理论知识的教师之外，还要有掌握相应的实践技能的教师。从课程教授角度看，教师除了要开展传统法学教育中经常采用的模拟法庭、模拟仲裁等实践课程之外，还要能够利用人工智能系统开展实

---

① 这个总结源于北京大学人工智能研究院人工智能人才培养模式的设计，参见北京大学人工智能研究院官方网站，https://www.ai.pku.edu.cn/yjygk/yjyjj.htm，最后访问日期：2023 年 12 月 24 日。

② 参见《北京大学人工智能研究院人工智能治理研究中心在职教研人员情况》，载北京大学人工智能研究院网，https://www.ai.pku.edu.cn/sztd/zzjyry1.htm，最后访问日期：2023 年 12 月 24 日。

③ 我国不少具备“法学＋人工智能”人才培养模式特征的高校和相关机构的课程设置都体现出这一特征，例如中国人民大学、西南政法大学、中国社会科学院大学、北京理工大学等。

践课程,或者开设法学与人工智能交叉的实践类课程。当然,除了在学校内部开展模拟类实践课程时配备适格师资之外,人工智能法治创新型人才培养过程中还有必要配备专业的校外实践类教师,形成“校内 + 校外”的“理论 + 实践”相互协调的综合性教师体系。

其三,人工智能法治创新型人才塑造的教师体系建设应具备国际化属性。无论是法学、人工智能还是其他学科,国际化程度都是人才培养的成功与否的重要评价标准之一,这便要求教师体系建设的国际化。因而,在这一问题上,人工智能法治创新型人才塑造教师体系的建设并不存在什么特别之处。但应当指出的是,人工智能技术自身带有国际化特征,因此,规范人工智能应用,实现人工智能治理的法律自始便带有国际和涉外属性。在人工智能创新型法治人才培养的过程中,如果仅着眼于国内法和国内政策,则存在明显不足。这便要求在教师体系建设时与人才培养目标相契合,满足国际化教学要求。另外,网络与人工智能技术的应用决定了在包括法学学科在内的教育过程中打破了诸多界限,因此,对于教师体系建设国际化的要求与传统做法相比也有一定的拓展。除了引进国外师资、具有海外教育背景的师资之外,教育教学中如果可以有效整合海外线上公开课程,也可以在一定程度上延展国际化教师体系建设的内涵。

综上所述,人工智能法治创新型人才塑造的教师体系建设应以相关人才培养的目标为依据。此外,人工智能技术的特殊性决定了无论是实行“人工智能 + 法学”还是“法学 + 人工智能”的人才培养模式,对于教师体系的建设都有特定的要求。本节对此进行总结,提出人工智能法治创新型人才培养教师体系建设应当满足的三个条件,即交叉学科、理论与实践相结合以及国际化。下文将以我国主要高校的“人工智能 + 法学”与“法学 + 人工智能”两种人才培养模式的教师建设情况为依据,从学科交叉、理论与实践结合以及国际化三个层面展开分析。

第二节 我国人工智能法治创新型人才塑造的路径与教师体系建设现状

一、"人工智能+法学"路径与教师体系建设

目前,我国已经建立了数十家人工智能研究机构,开展人工智能相关的教学和研究工作。鉴于人工智能技术自身的综合性特征,不少以人工智能技术为着眼点的机构同时建设了"人工智能+法学"的人才培养模式,其中比较具有代表性的包括北京大学人工智能研究院、[①]清华大学人工智能国际治理研究院[②]以及上海交通大学人工智能研究院等。[③] 本节以此三所高校的"人工智能+法学"人才培养模式为例,分析其教师体系建设情况。

(一)教师体系的学科交叉建设

从教师体系的学科交叉建设情况看,上述三所高校的"人工智能+法学"教师建设情况都具备一定的代表性。北京大学人工智能研究院教学研究主题是人工智能技术,相应的师资配备以信息科学技术、工学、数学、心理与认知科学、前沿计算为主。该研究院交叉建设的社会科学学科包括哲学、法学和政治学。换言之,依照北京大学人工智能研究院的做法,"人工智能+法学"模式其实是被覆盖在诸多相关学科交叉模式的大背景下的。这种做法符合人工智能技术的特点,对其他机构具有一定的借鉴意义。单纯从法学教师的配备角度看,该研究院下设的人工智能治理研究中心目前有10名教学研究人员,其中法学专业背景教师5人。这5位法学教师的研究领域包括法理学、法社会学、

① 参见北京大学人工智能研究院官方网站,https://www.ai.pku.edu.cn/index.htm,最后访问日期:2023年12月24日。本章关于北京大学人工智能研究院相关信息的介绍和梳理皆源于该网站,为避免重复,后文不再提示。

② 参见清华大学人工智能国际治理研究院官方网站,http://aiig.tsinghua.edu.cn/kytd/kyry/ALL/1.htm,最后访问日期:2023年12月24日。本章关于清华大学人工智能国际治理研究院相关信息的介绍和梳理皆源于该网站,为避免重复,后文不再提示。

③ 参见上海交通大学人工智能研究院官方网站,https://ai.sjtu.edu.cn/center,最后访问日期:2023年12月24日。本章关于上海交通大学人工智能研究院相关信息的介绍和梳理皆源于该网站,为避免重复,后文不再提示。

民商法、知识产权法和经济法等,其中,具有计算机科学技术学习背景的教师1人,目前该位教师以法学和计算机交叉学科为主要教学、研究旨趣。除法学教师之外,该中心还包括经济学背景教师1人,教学研究方向为宏观经济学;哲学背景教师2人,研究方向分别为德国古典哲学与西方哲学史。

清华大学人工智能国际治理研究院的教师体系组成同样体现出了多学科交叉的特征。该研究院的12名教学研究人员分别具有电子信息、国际政治、国际关系、法学、公共管理、行政管理、人工智能伦理、算法和平台产业监管等背景。其中,法学学科教师分别以民法、宪法行政法为主要教学研究方向。

上海交通大学人工智能研究院下设人工智能治理与法律研究中心,该中心共有包括博士生在内的24名研究人员,多数研究人员的研究方向围绕人工智能治理展开,包括数据权利、法律大数据应用、数据制度化治理、法律与认知科学、网络和数据安全、司法人工智能以及数据知识产权等。该中心多数研究人员的学科背景为管理学、政治学和法学。其中,法学背景研究人员的传统研究方向主要为法理学、法社会学、宪法学、民法学、刑事诉讼法学、民事诉讼法学与知识产权法学等。

人工智能是技术革新的产物,其产生的影响是多方面的。[①] 从社会科学发展的角度看,“人工智能+”模式的教学和研究都已非常普遍。也正是由于人工智能技术的综合性影响力,“人工智能+”某一单一学科的教学研究方式本身会有诸多局限性。但从目前我国几所知名高校的做法看,单纯的“人工智能+法学”模式并不多见,大多数机构的配置都是将法学作为多个学科中的一个,作为人工智能研究的辅助。这本身便具有学科交叉的特点。在教师体系建设问题上,多学科交叉的特征也非常明显。单纯从“人工智能+法学”模式框架下的法学学科内部看,其学科交叉特点也较为明显,法理学、民法学、经济法学、宪法行政法学等传统领域教师转型研究人工智能相关问题的情况较为普遍,新兴的人工智能法学作为一个单独学科正在逐渐形成,也更具交叉学科特点。

---

① 关于人工智能技术产生的广泛影响的具体介绍可以参见谭铁牛:《人工智能的创新发展与社会影响》,载中国人大网2018年10月29日,http://www.npc.gov.cn/npc/c12434/c541/201905/t20190521_268525.html。

(二)教师体系的理论实践结合建设

作为应用技术,人工智能自身带有理论和实践相结合的特征。与之类似,法学学科也具备理论与实践相结合的特征。这要求在教师体系建设过程中对这一特征有所反映。传统的法学教育中,教师体系建设多偏重于理论层面,法学的实践性体现在实践课程的开设、诸多模拟实践活动的开展等。[①] 在教师配置方面,上述法学实践类课程多由具有实践经验的专业课教师承担。传统法学教育实践性的另一表现是校外导师制的设置。一般而言,多数法学院校会聘任任职于公、检、法系统的专业人员担任校外导师,校外导师与校内教师共同构成法学教育的教师体系,很大程度上满足了法学学科教育对理论与实践相结合的需求。

从“人工智能+法学”人才培养模式角度看,法学教育本身的“理论+实践”教师体系的建设可以在一定程度上满足要求,但无法与人工智能技术的特殊性完全契合。从目前我国实行“人工智能+法学”人才培养模式的相关实践情况看,人工智能教学、研究是其他学科的基础。换言之,人工智能技术支持的实践型师资同样有助于推动其他辅助学科实践教学的开展。例如,北京大学人工智能研究院除建立了与法律研究相关的人工智能治理研究中心之外,还成立了计算机视觉研究中心、自然语言处理研究中心、机器人研究中心以及智能系统软件研究中心等。这些与人工智能技术高度相关的学科本身具备极强的实践属性,人工智能治理相关学科教学的开展必然受到上述学科的驱动。也因此,北京大学人工智能研究院教育教学中心的一项重要工作便是通过开发并组织人类和机器智能体的系列比赛,来定义智能的度量方式,并吸引各方通过参与比赛提升人类和机器智能体的智能水平。这本身便是一个实践内容,自然需要相关师资配备,建立完善的教师体系。此外,清华大学人工智能国际治理研究院的组织架构中同时包括学术委员会和战略合作与发展委员会,其中后者主要由实务界的专家组成,其理论结合实践的特征体现得同样明显。当然,值得一提的是,清华大学人工智能国际治理研究院并不承担教学职能,但其对人工智能相关人才(包括人工智能法治创新型人才)的培养具有重

① 关于实践课程对于法学教育重要性以及模式的论述和分析,可以参见周光权:《法学教学实践基地建设的探索与经验》,载《中国大学教学》2023 年第 9 期。

要意义。上海交通大学人工智能研究院的做法与北京大学类似，其下设的多个研究中心（如机器认知计算研究中心、操作系统研究中心、智能网联汽车研究中心以及智慧医疗研究中心等）都具有极强的应用和实践属性。此外，在人才培养方面，上海交通大学人工智能研究中心主要招收博士生，在教师体系建设问题上，该中心明确了人才培养的校内、外导师联合指导模式，由校内优秀导师搭档海外顶尖科学家或人工智能行业领军者，为博士生拓宽学术视野、开展学术研究提供良好条件。

"人工智能 + 法学"人才培养框架体系下更为注重与人工智能技术相关学科的主体地位，因而其"理论 + 实践"的特征较为明显，多数培养机构也因此配备了适合的教师体系。这对于满足人工智能法治创新型人才培养过程中教师体系建设的"理论 + 实践"的要求同样有所助益。

（三）教师体系的国际化建设

人工智能技术的发展与互联网应用密切相关，[①]互联网的国际化属性决定了人工智能技术的国际化特征。因此，以人工智能技术为主要依托的"人工智能 + 法学"人才培养模式自然具备国际化属性，这在教师体系建设中体现得也较为明显。举例而言，北京大学人工智能研究院的多数教师具有在海外知名人工智能技术研究机构学习、工作的经历。该研究院下设的人工智能治理研究中心的 10 名具有法学及其他相关学科背景的教师队伍中，3 人具有在美国学习、工作经历，1 人具有在意大利学习、工作经历，1 人具有在中国香港学习、工作经历。清华大学人工智能国际治理研究院的情况与北京大学类似，在其官网公布的 12 名具有法律等相关学科背景的教师队伍中，几乎所有人员都具有在国外知名高校学习、访问、工作的经历，且几乎所有教师都具备以两种以上语言开展学术研究的能力。上海交通大学人工智能研究院的情况也大致相同，其下设的人工智能治理与法律研究中心的 24 名教师中，多数具有在美国等国的学习、研究经历；且在这 24 名教师中，还包括一位荷兰教师与一位英国教师，其教师体系建设的国际化程度可见一斑。

作为中国优秀的几所高校，北京大学、清华大学与上海交通大学师资队伍

---

① 关于人工智能、互联网最新发展以及相关技术特征、关系的介绍，可以参见李文正：《元宇宙和 Web 3.0 的技术特征、关系及挑战》，载《计算机仿真》2023 年第 11 期。

建设的国际化程度本就具有领先性。三所高校在"人工智能+法学"这一人才培养模式下建设的教师体系的国际化做法对于其他高校而言同样具有借鉴意义。从目前的情况看,本土教师赴海外知名机构学习、工作仍是增强教师体系国际化程度的最重要方式。直接聘请海外知名学者也是建设国际化教师体系的一种方式,对此,上海交通大学做了有益尝试。当然,教师体系国际化建设是促进人才培养的手段,而不是目的。如何有效发挥具有国际化特征的教师体系在人才培养中的作用,是值得进一步考虑的问题。

二、"法学+人工智能"路径与教师体系建设

"法学+人工智能"模式是以法律教育为核心,以人工智能技术为辅助的人才培养模式。其中,人工智能技术在该人才培养模式下的主要作用体现为技术的应用对立法、司法、执法过程的推动以及对法律相关职业的影响等。①我国目前已经建立的"法学+人工智能"人才培养机构主要以传统的法学强校为主,包括如北京大学法律人工智能实验室/法律与人工智能研究中心、②中国政法大学人工智能法研究中心、③中国人民大学未来法治研究院、④西南政法大学人工智能法学院⑤以及南京大学法律推理与人工智能研究中心等。⑥ 由于不

① 有关人工智能技术对于立法、司法、执法过程以及法律职业影响的研究在国内外都较为常见,可以参见郑丽清、李正凝:《人工智能对法律职业的影响程度及法学教育的应对》,载《北外法学》2021年第2期;贾引狮:《人工智能对法律职业的影响与法学教育面临的挑战》,载王瀚主编:《法学教育研究》第22卷,法律出版社2018年版。国外相关研究可以参见 William Connell & Megan Hamlin Black, *Artificial Intelligence and Legal Education*, The Computer & Internet Lawyer, Vol. 36:5, p. 14–18(2019)。

② 详细信息参见北京大学法律人工智能实验室/法律与人工智能研究中心官方网站, http://www.ailaw.pku.edu.cn/,最后访问日期:2023年12月24日。

③ 中国政法大学人工智能法研究中心隶属于比较法研究院,关于该中心的概括性介绍可以参见"中国政法大学人工智能法研究中心"官方网站, http://bjfxyjy.cupl.edu.cn/info/1149/7936.htm,最后访问日期:2023年12月24日。

④ 中国人民大学未来法治研究院虽未明确采用"法学+人工智能"的教学、研究模式,但该研究院下设的多个中心,诸如金融科技与互联网安全研究中心、数字经济竞争法研究中心、数据权利研究中心、平台治理研究中心、自动驾驶法律研究中心、司法数据治理与量化运用研究中心、数据跨境流动与域外在线纠纷解决研究中心、网络空间国际治理研究中心、法治大数据研究中心、智能科技与在线争端解决研究中心以及智慧法律科技创新研究中心是对"法学+人工智能"模式的进一步细化设置,关于该研究院的具体信息可以参见其官方网站, http://lti.ruc.edu.cn/sy/index.htm,最后访问日期:2023年12月24日。

⑤ 详细信息参见西南政法大学人工智能法学院官方网站, https://alc.swupl.edu.cn/index.htm,最后访问日期:2023年12月24日。

⑥ 南京大学法律推理与人工智能研究中心隶属于法学院,关于该中心的概括性介绍可以参见"法律推理与人工智能研究中心"官方网站, https://law.nju.edu.cn/xsyj/kyjg/fltlyrgznyjzx.htm,最后访问日期:2023年12月24日。

同院校法学学科基础有一定差异，其人工智能法治机构建设情况也各有不同，其中北京大学、中国人民大学以及西南政法大学建设的机构已经步入实体化运作阶段，有明确的课程设计和教师体系建设，具有一定代表性，所以下文以这三个机构教师建设的做法为依据开展讨论。[①]

（一）教师体系的学科交叉建设

作为全国较早开展法律与人工智能交叉研究和教学的高校，北京大学法律人工智能实验室/法律与人工智能研究中心建立于 2017 年，与隶属于人工智能研究院的人工智能治理研究中心不同，该实验室的功能定位侧重于立法、司法、执法、法律服务、法律知识生产和运用方面的智能技术研究和产品开发，以新技术应用为基础和契机，提升相关工作的效率和效果，助力法治道路的探索和法治事业的建设和发展。在教师体系建设上，北京大学法律人工智能实验室/法律与人工智能研究中心有 26 位专职教师，其中 4 位具有管理学、数学、计算机、计算机语言学等非法学专业背景，其余教师都具备法学专业背景。在具有法学专业背景的教师中，法理学以及社会法学 4 位，经济法学 4 位，民商法学 3 位，宪法行政法学、刑法学、民事诉讼法学以及知识产权法学各 2 位，其他教师则以法律信息、法律实践培训等为教学、研究重点。[②]

中国人民大学未来法治研究院的建立目的是积极探讨新技术变革所涉及的法学理论和法学问题分析框架，推动法学基础理论研究和创新，厘清个人信息保护、数据权属、人工智能规制等法学基础理论问题，形成新的学术增长点和创新点。人工智能规制是该研究院的教学、研究方向之一，且其对人工智能法治的关注偏重于规制问题，这与上述“人工智能 + 法学”模式中的人工智能治理类似。在教师体系建设问题上，中国人民大学未来法治研究院共有 27 位教学、研究人员，全部为法学背景，且研究学科分布较为广泛，其中法理学、法哲学与法社会学 6 位，民商法 5 位，刑法学 4 位，诉讼法学、证据法学、证据学 4 位，国际法学尤其是国际私法与国际争端解决 4 位，经济法学 2 位，知识产权

① 对这三个机构的分析介绍相关数据皆源于其官方网站，为避免重复，下文不再提示。

② 应当明确的是，包括北京大学、中国人民大学以及西南政法大学在内的“法学 + 人工智能”机构中，具有法学背景的教师中有相当一部分教师的教学、研究方向不止一个，存在多个法学学科重合、交叉情况，这与本章上文所分析的学科交叉性相符。本部分对于法学学科教师研究背景的统计仅以法学学科的大类进行基本划分。

法学 2 位。

西南政法大学人工智能法学院是国内为数不多的以“法学院”命名的人工智能法学教学和研究机构，该学院于 2018 年在国内率先设立了人工智能法学二级学科，涵盖数据法学、网络法学、算法规制和计算法学 4 个方向。可以说，西南政法大学人工智能法学院是“法学＋人工智能”模式中较为综合和完善的之一。西南政法大学人工智能法学院分为 4 个教研室，包括人工智能法学教研室、法律职业伦理与技能教研室、仲裁法教研室以及智能科学与技术教研室。其中，法律职业伦理与技能教研室和仲裁法教研室具有辅助人工智能法学教学和研究的作用，因此仅以人工智能法学教研室和智能科学与技术教研室为例对西南政法大学人工智能法学院师资体系建设进行梳理。人工智能法学教研室共 22 位教师，其中具有民商法学背景教师 7 人，行政法学 5 人，经济法学 4 人，刑法学 3 人，知识产权法学、法律史学以及法律教育学相关专业背景各 1 人。智能科学与技术教研室的 6 位教师主要为工学、理学以及计算机相关专业背景，从事人工智能技术应用相关问题的教学与科研。

总的来说，“法学＋人工智能”教学模式下教师建设的学科交叉属性同样明显，但与“人工智能＋法学”框架下的技术与法律的交叉有所区别。以法学为主要出发点的“法学＋人工智能”模式虽也体现了“技术＋法学”的交叉特征，但更加突出法学学科的地位，法学学科内部交叉特征更为明显，其中最主要的交叉方式是传统法学学科向人工智能法学的转变。从北京大学、中国人民大学以及西南政法大学的教师体系建设情况看，人工智能法学学科教师大多具有传统法学学科背景，其中以法理学、民商法学、经济法学以及刑法学背景最为突出。相关教师从事人工智能法学教学、研究亦多以其自身传统的法学学科背景为基础。

（二）教师体系的理论实践结合建设

如上所述，无论是人工智能相关技术还是法学学科都是对实践要求较强的学科。人工智能法治人才培养过程中，各培养机构也都十分注意与政府、企业等方面的互动合作，①这本身有利于增强教师体系建设的实践性。从上述几

---

① 参见刘敏华：《以智御智，重在育人——人工智能时代的数字文明与人才培养》，载光明网，https://theory.gmw.cn/2023-06/29/content_36661214.htm。

所高校“法学＋人工智能”模式教师体系建设的情况看，多数法学教师具备实践背景，且有部分教师为兼职律师。此外，该模式下的相关机构，如北京大学法律人工智能实验室/法律与人工智能研究中心也引进了人工智能相关企业管理人员作为授课教师。西南政法大学人工智能法学院则直接设置智能科学与技术教研室，主要负责人才培养的与人工智能技术相关的实践内容。这些做法与“人工智能＋法学”模式的相关措施相似。

“法学＋人工智能”模式下的人工智能法治创新型人才培养同样注重教师体系建设的理论与实践相结合，但由于该模式更加注重法学学科主体地位，理论与实践结合问题更多得体现在法律实践方面。与人工智能技术实践结合虽有所涉及，但与“人工智能＋法学”模式相比，还存在一定差距。

（三）教师体系的国际化建设

“法学＋人工智能”人才培养模式下教师体系的国际化特征也颇为明显。例如，北京大学法律人工智能实验室/法律与人工智能研究中心的26位专职教师中，至少有14位有在美国、英国、意大利、日本以及中国香港等留学、访学的经历。中国人民大学未来法治研究院的27位教师中同样至少有14位教师有美国、英国、德国、比利时以及中国香港的留学和访学经历。西南政法大学人工智能法学院除有数位老师有美国、日本的留学和访学经历之外，其教师体系中还有一位韩国籍教师从事外国文献教学、研究。

人工智能技术特征要求对人工智能的治理需要跨国家、跨领域、跨文化交流与协作，协同制定全球数字治理法规体系，共同深化人工智能领域的全球治理。[1]“法学＋人工智能”人才培养模式中教师体系建设的国际化特征在某种程度上为实现人工智能领域全球治理创造了条件。应当指出的是，无论是“人工智能＋法学”模式还是“法学＋人工智能”模式框架下教师体系建设的国际化特征都源于我国高等教育体系对教师队伍建设的一贯要求，[2]仅仅由于人工智能技术发展而衍生的教师国际化建设无论在上述何种模式中，都体现得不

---

① 关于人工智能国际治理的相关问题可以参见《全球人工智能治理倡议》，载外交部网，https://www.fmprc.gov.cn/web/ziliao_674904/1179_674909/202310/t20231020_11164831.shtml；刘敏华：《以智御智，重在育人——人工智能时代的数字文明与人才培养》，载光明网，https://theory.gmw.cn/202306/29/content_36661214.htm。

② 关于高校师资建设国际化要求的具体分析可以参见陈育芳：《“双一流”建设背景下高校师资队伍建设研究》，载《福州大学学报（哲学社会科学版）》2023年第4期。

甚明显。这与人工智能技术及其治理问题发展的时间较短有关,仍有待相关实践不断发展而逐步完善。

第三节　人工智能法治创新型人才塑造的教师体系建设尚存问题及完善建议

一、人工智能法治创新型人才塑造的教师体系建设尚存问题

本章上文分别从学科交叉、理论与实践结合以及国际化发展三个方面对复合型人工智能法治创新型人才培养两种路径的师资建设情况进行了分析。总的来说,我国已有多所高校作出了有益尝试,并积累了一定的经验。但是,人工智能技术仍处于初级发展阶段,与之相结合的法律规制与治理问题也尚处起步阶段。以"法学 + 人工智能"模式为例,目前已经建立的多数教学、研究机构的教师队伍仍以传统法学学科教学、研究背景为主,其体现出的学科交叉、理论与实践结合以及国际化特征仍延续了传统法学学科教师队伍建设的特点。"人工智能 + 法学"模式的教师队伍建设稍有不同,但其特殊性主要源于人工智能技术的新颖性。在"人工智能 + "模式发展的大背景下,"人工智能 + 法学"的占比并不突出,主要以人工智能国际治理的形式存在。另外,"人工智能 + 法学"与"法学 + 人工智能"两种人才培养模式的协调与合作仍不明显。从未来发展角度看,无论是"人工智能 + 法学"还是"法学 + 人工智能"人才培养模式,在教师体系建设方面都有进一步加强和改进的空间。

其一,教师体系的学科交叉建设方面。一般认为,培养交叉学科人才的关键问题在于创新、实践和融合。① 其中实践要求后文专门论述,本部分仅关注创新与融合问题。从创新性角度看,创新性交叉学科的设立(例如,近年来,"网络与人工智能法"作为一门单独课程开始在诸多高校开设)要求教师体系建设及时适应,满足教学、研究需要。不过从目前"网络与人工智能法"学科的教学研究内容看,立足于传统法学的学科交叉内容,如民事侵权问题、刑事规

① 参见方勇:《培养交叉学科人才:创新、实践、融合是关键词》,载新华网,http://education.news.cn/2021-05/25/c_1211170899.htm。

制问题、知识产权保护问题、数据保护问题、人工智能影响下的立法、司法与执法等问题,仍占据绝对比例。[①] 从学科交叉的创新性角度看,上述做法无可厚非。如果深入考量学科交叉的融合性,“人工智能 + 法学”和“法学 + 人工智能”人才培养框架下纳入诸如人工智能技术学科、数学、哲学、伦理学、管理学、政治学、国际关系学等在目前的人工智能法学人才培养教学中融合得并不突出,人工智能法治相关内容仍主要体现出人工智能作为一种新技术被规制和治理的特征,仍主要局限在“新兴技术法”层面。随着越来越多的国家对人工智能应用进行立法,对人工智能法治的研究也可能成为一个新的部门法,这与目前学术界如火如荼对人工智能应用的综合性、全局性影响的关注不十分匹配。

相较而言,美、欧诸多高校如斯坦福大学、哈佛大学、耶鲁大学、剑桥大学、麻省理工学院、牛津大学、剑桥大学、斯德哥尔摩大学等都相应地开展了人工智能法律教学和研究。[②] 不同国家高等教育模式差别较大,法学教育模式区别也颇为显著,因此,这些高校开展的人工智能法治人才培养模式也存在较大差别。但总体而言,美、欧各高校会选择将计算机科学相关专业、伦理、政策、法学相关专业融合起来开展教学和研究,[③]其教师体系也以相关学科为基础进行建设。因为主导学科不同,其总体做法与我国存在相似之处,也可以大致分为“人工智能 + 法学”和“法学 + 人工智能”模式。依照目前情况看,因为美国和欧洲诸多大学的法学院都有较长的法学和技术交叉学科教学和研究历史,人工智能技术兴起只是增加了“法学 + 技术”研究模式的一项新内容。不少美、欧法学院的教学研究人员在“法学 + 技术”模式下已经拥有了学科交叉背景,

① 近年来出版的网络与人工智能法学相关的著作和教材众多,具体内容可以参见姜伟主编:《法律人工智能导论》,北京大学出版社 2023 年版;孙建伟等:《人工智能法学简论》,知识产权出版社 2019 年版;郑飞、马国洋:《人工智能法学》,中国政法大学出版社 2023 年版;王利军、李大庆:《人工智能法学导论》,法律出版社 2022 年版;王建文主编:《网络与人工智能法学》,法律出版社 2023 年版。

② 关于美、欧尤其是美国各大高校开展的人工智能法律教学和研究的详细分析,可以参见 Emily Janoski-Haehlen & Sarah Starnes, *The Ghost in the Machine*: *Artificial Intelligence in Law Schools*, Duquesne Law Review, Vol. 58:1, p. 3 - 49(2021)。

③ 相关内容可以参见 Angela Onwuachi-Willig, *New Frontiers in Legal Education*, Boston University School of Law, https://www. bu. edu/law/record/articles/2023/legal-education-and-artificial-intelligence/,最后访问日期:2023 年 12 月 24 日;*Artificial Intelligence*, *Industry*, *and the Law*, University of Pennsylvania Carey Law School, https://www. law. upenn. edu/academics/legaleducationprograms/ai-and-the-law. php,最后访问日期:2023 年 12 月 24 日。

这是值得中国等后发国家借鉴学习的。简言之,无论是通过建设多学科并存融合的教师体系,还是增强法学教师自身交叉学科属性,其目的都是满足培养人工智能法治创新型人才的要求。从教师体系建设角度看,能否实现 1 +1 >2 的目标,[①]仍值得探讨。

其二,教师体系理论与实践结合建设方面。法学人才培养中的理论与实践结合可能存在的一个重要缺陷是形式大于内容、理论与实践不够协调。[②] 从教师体系建设层面看,法学教师依托模拟法庭、法律诊所、法律谈判等课程开展的实践教学在很大程度上仍停留在理论层面。而通过聘请校外实务专家担任导师的人才培养模式则一般存在融合度较低等问题。人工智能法治创新型人才培养是近年来兴起的新问题,无论是"人工智能 + 法学"模式还是"法学 + 人工智能"模式,都处于探索的初级阶段。换言之,对于世界大多数国家而言,成熟的融合人工智能技术与法律的理论和实践部门都不多见,在这样的背景下,推动两个学科之间的融合已经困难重重,遑论在此基础上再进一步推动理论与实践的结合。类似的问题同样存在于教师体系建设层面。

美、欧各国的法律教育向来注重实践,在理论与实践结合方面有一定先进经验。在人工智能法治创新型人才塑造的教师体系建设方面,美、欧高校的一些做法值得借鉴。例如,美国加州大学伯克利法学院的高层管理培训课程中便包含人工智能法律相关主题,且将目光瞄准了商业经营者、产品经理等与法律和人工智能技术都有紧密联系的群体,以及包括律师、法官与政府职员在内的与法律有关的从业者。[③] 该课程的授课教师除了伯克利法学院教授之外,还包括人工智能技术领域教授、人工智能技术相关企业从业者、律所合伙人、科技公司法律顾问、资深媒体人等,其教师体系的理论与实践结合程度不可谓不深。同时,值得注意的是,伯克利法学院这种培训课程模式面向的是所有与人工智能和法律相关的实务部门的从业者,这不失为一种更有效的理论与实践

---

① 参见肖金明、孙旖旎:《计算法学人才培养存在的问题与对策思考》,载欧阳本祺主编:《东南法学:学术前沿与专题研究》第 7 辑,东南大学出版社 2023 年版。

② 关于我国法学实践教学存在的问题的更多分析可以参见房绍坤:《我国法学实践教学存在的问题及对策》,载《人民法治 · 法律实施》2018 年第 16 期。

③ 关于美国加州大学伯克利法学院高层管理培训课程的详细内容,可以参见 *Berkeley Law AI Institute: A Three-Day Executive Program at the Intersection of Law, Business, and Technology*, Berkeley Law, https://executive. law. berkeley. edu/programs/berkeley-law-ai-institute/,最后访问日期:2023 年 12 月 24 日。

结合的人工智能法治创新型人才的培养模式。[①] 美国斯坦福大学法学院下设的斯坦福人工智能与法律协会(Stanford Artificial Intelligence & Law Society, SAILS)在开展教学过程中也十分注重教师体系建设的理论与实践结合。[②] SAILS 开展实践活动的一个主要方式是广泛邀请相关部门从业人员开展室内演讲,与学生进行深度交流。从其网站公布的信息看,SAILS 已经邀请的演讲者包括:中央情报局的法律专员、[③]知名互联网公司的法律顾问、知名科技企业的法律顾问以及新兴科学技术企业工作人员等。[④] 总的来说,SAILS 邀请开展演讲的实务部门人士具有很强的"法学 + 人工智能"的代表性,且 SAILS 此类活动的开展较为频繁。因此,即便这些演讲者在名义上并非斯坦福法学院培养人工智能法治创新型人才的教师,但其起到了实质性的推动理论与实践相结合的重要作用。

其三,教师体系的国际化建设方面。从我国目前的发展情况看,无论是以"人工智能 + 法学"还是以"法学 + 人工智能"为依托的人才培养模式,都十分注重对教师体系的国际化建设,最主要的方式可以概括为"走出去"和"引进来"。其中,以教师的留学、访学为主要表现形式的"走出去"模式更为常见。"引进来"模式目前有一定发展,但总体发展比较缓慢且形式相对单一。相较而言,美、欧各国诸多高校在法学教育和人工智能技术研究方面存在一定的优势,因此,对于这些高校而言,教师体系的国际化建设具有天然优势。此外,美、欧各国高校教师体系国际化建设方式也更为多元、灵活,值得后发国家予以借鉴。

二、人工智能法治创新型人才塑造教师体系建设的完善建议

本章对于人工智能法治创新型人才塑造的教师体系建设问题分别从学科

---

① 美国大学法学院也开设的与法律与人工智能培训课程并不少见,除加州大学伯克利法学院外,宾夕法尼亚大学凯里法学院等也有类似课程,参见 *Artificial Intelligence, Industry, and the Law*, University of Pennsylvania Carey Law School, https://www.law.upenn.edu/academics/legaleducationprograms/ai-and-the-law.php,最后访问日期:2023 年 12 月 24 日。

② See *Stanford Artificial Intelligence & Law Society (SAILS)*, Stanford Law School, https://law.stanford.edu/stanford-artificial-intelligence-law-society-sails/,最后访问日期:2023 年 12 月 24 日。

③ See *Curious about Practicing Law at the CIA?*, Stanford Law School, https://law.stanford.edu/event/curious-about-practicing-law-at-the-cia/,最后访问日期:2023 年 12 月 24 日。

④ See *Inhouse Speaker Series*, Stanford Law School, https://law.stanford.edu/event/inhouse-speaker-series-5/,最后访问日期:2023 年 12 月 24 日。

交叉融合、理论与实践结合以及国际化发展三个层面进行了详细分析。从未来完善思路角度看，为促进教师体系建设，仍须从这三个层面展开，采取完善措施。

首先，推动“人工智能＋法学”和“法学＋人工智能”人才培养模式教师体系学科的进一步交叉和融合。这种融合需要在多个层次开展，例如“人工智能＋法学”和“法学＋人工智能”两种模式各自内部教师体系的学科融合。我国多数高校构建上述两种模式之后，分别依据教师教学、研究方向建立不同的教学、研究中心，但对于分属不同中心的教师如何沟通、协调，已经建立的机构尚未确立十分明确的标准。因此，未来有必要在两种模式框架下建立常态化协调机制。例如，可以通过开设深度交叉课程、共同开展交叉课题研究等方式促进融合。此外，“人工智能＋法学”与“法学＋人工智能”两种模式得以存在源于不同高校学科布局与发展情况不同，所以，有必要促进不同高校两种模式的机构间的沟通、合作，取长补短。在此基础上，进一步推动教师自身知识体系完善，达到有效交叉、融合不同学科目的，为培养人工智能法治创新型人才贡献力量。

其次，采用多种方式建设教师体系，实现理论与实践的结合。教师体系的建设以培养人工智能法治化创新型人才为目的，但人才的范围可以不仅限于在校学生。类似于加州大学伯克利法学院等美国院校对相关从业人员开展培训的教学模式也可以实现人才培养的目的。同时，因为从业人员自身具备丰富的实践经验，此类培训可以反过来促进教师体系建设。此外，可以借鉴斯坦福大学法学院的模式，广泛邀请人工智能与法学相关从业人员开展演讲和讲座，增加具有实践经验师资的比例。

最后，促进建设开放型教师体系，推动教师体系的国际化建设。教师队伍国际化建设的“走出去”和“引进来”模式仍是未来可以采用的最主要模式。为了实现推动国际化程度的目的，应加强两种模式，尤其是“引进来”模式的力度。当然，通过国际化人才引进的方式建设教师体系所涉问题复杂，受到政策、国际关系等诸多因素影响。作为可行性措施，可以通过邀请国际知名专家讲学、短期访问以及发起国际会议方式搭建国际交流合作平台，在此基础上，逐步推进人工智能法治人才培养教师体系的国际化建设。

第六章　人工智能法治创新型人才塑造的平台建设

长期以来，我国法学专业的教学模式注重培养学生的法学专业知识和技能，强调以课堂教学为主的法学理论教学，而忽视对法学理论知识应用的教育，对与法学相关的知识体系和能力的训练与掌握也没有给予足够的重视。由于法律问题的解决具有极强的实践性，这导致传统教学模式下培养出的学生即便在掌握法学知识方面能够做到基本合格，但没有经过较长时间的职业训练以及缺乏对其他学科知识的深入了解，很难胜任具体法律问题的分析和解决工作。人工智能相关法律问题的研究和解决比一般法律问题更加复杂，因而传统法学教育模式对于人工智能法治人才的培养显然是不够的，因为人工智能法律实践所涉及的问题不仅有法律层面的，还有技术层面的，在缺乏足够实践的情况下，仅凭单一的法学知识根本无法应对。[①] 目前我国法治人才队伍几乎都是由单一的法学背景人士组成，对互联网、大数据、区块链、算法等理论和技术极少有深刻的理解，一些司法机关和政府部门的法律工作者甚至缺乏基本的互联网知识，在应对人工智能法律问题方面几乎无所适从。这就需要培养专门的创新型法治人才队伍，使之通过必要的实践，能够综合运用法学和人工智能理论、技术相关知识解决人工智能从研发到应用全过程中所面临的各种法律问题。因此，"培养什么样的人工智能法治人才"和"如何培养人工智能法治人才"已经成为人工智能法学教育亟须回应的问题以及落实教育

---

① 参见李栗燕:《网络时代法治人才培养的革新向度》，载王瀚主编:《法学教育研究》第21卷，法律出版社2018年版。

部“卓越法治人才培养2.0”面临的难题。[①]

人工智能法治人才的塑造必然要推动传统法学教育模式和人才培养机制的创新。在信息时代,大数据、人工智能技术的发展催生出法治人才的新需求,即信息时代的法治人才应当是兼具理论知识和实践能力的复合型法治人才。人工智能法治创新型人才的塑造除了需要构建完整的人工智能法学知识体系以及处理人工智能法律实务的专业能力外,同时需要具备跨学科的、多元化的知识体系与能力,尤其是要了解计算机、大数据、云计算、人工智能等前沿学科的知识和发展动态。[②] 近年来,人工智能法学的发展日新月异,知识体系和内容的更新迭代迅速,对复合型、交叉型人才的培养提出了更大的挑战,但现有的法学教育模式和法学人才培养体系相对滞后。在信息时代,传统法学教育范式亟须与时俱进地不断完善。对于人工智能法学教育而言,尤其要注意不能偏重理论教学而轻视实践教学,应当合理配置理论教学和实践教学资源。无论理论教学还是实践教学,人工智能法治创新型人才的塑造均离不开平台建设。

第一节　人工智能法治创新型人才塑造平台建设的基本思路

人工智能法治创新型人才的塑造是一个系统工程,需要整合各种人才培养要素,融汇各种人才培养资源,协同有序推进,形成人才培养的合力。协作和融合必须建立在一定的机制基础上,而这种机制的直接表现就是各种人才培养平台。平台建设的成效对于人工智能法治创新型人才培养的成效具有决定性意义。2023年2月,中共中央办公厅、国务院办公厅印发的《关于加强新时代法学教育和法学理论研究的意见》提出,“推进法学和经济学、社会学、政治学、心理学、统计学、管理学、人类学、网络工程以及自然科学等学科交叉融合发展,培养高质量复合型法治人才。……适应‘互联网+教育’新形态新要求,创新教育教学方法手段。强化法学实践教学,深化协同育人,推动法学院

---

① 参见罗维鹏、郜占川:《人工智能法治人才培养模式选择》,载《山东社会科学》2020年第11期。

② 参见李喜莲、彭泽兵:《“互联网+”时代复合型法治人才培养机制研究》,载《齐齐哈尔师范高等专科学校学报》2022年第3期。

校与法治工作部门在人才培养方案制定、课程建设、教材建设、学生实习实训等环节深度衔接。建立法治工作部门、法律服务机构等接收法学专业学生实习实训工作制度,探索法学专业学生担任实习法官检察官助理,积极拓宽法学专业学生到国际组织实习渠道。建设一批校外法学实践教学基地”。该意见对我国新时代法学人才的培养作出了全面部署,也为我国人工智能法治创新型人才塑造的平台建设指明了方向。

一、融合人工智能的技术属性与社会属性

人工智能在人类社会中扮演的角色越发重要,对人工智能法律工作的从业者的要求也越来越高。人工智能具有技术属性和社会属性高度融合的特点。一方面,人工智能建立在计算机、大数据、云计算、区块链、脑机交互等信息技术的基础上,是现代信息技术综合应用的产物;另一方面,人工智能建立在算法和数据的基础上,算法由人类编写,数据又来源于人类社会,因而作为机器智能的人工智能必然蕴含着浓厚的社会属性。人工智能所具有的双重属性对人工智能法治人才塑造的全面性提出了极高的要求,这种要求也会在潜移默化中驱动人工智能法学教育模式向虚实交融的方向转型,在人机互动层面推动教育活动和教育管理的深度变革,催生数字化教学生态和新型教育关系。由于人工智能具有技术属性和社会属性,因此人工智能法治创新型人才的培养也需要融合技术属性和社会属性。从技术属性而言,在数字化技术逐渐渗透的当下,连传统教学形式都越来越重视信息化手段的运用,对于本身就是培养高素质人才的人工智能法治教育而言,就更要将信息化手段贯穿到人工智能法治人才培养的全过程之中。从社会属性而言,人工智能技术赖以支撑的算法和数据都来源于人类社会,人类社会的各种关系也会潜移默化地投射到人工智能的设计和应用中,人类社会中存在的固有问题,如安全、隐私、透明、平等、公正等,也会渗透到人工智能各相关领域中。因此不能仅从技术角度考虑人工智能法治人才的培养问题,还要依托于人类社会各种复杂关系在人工智能系统开发和应用中可能展现出的样态,从人机关系本质是人与人之间关系的角度引导人工智能法治人才的培养。

二、融合理论教育和实践教育

人工智能的出现是为了解决人类智能所不能完成或完成成本极高的任务,从诞生之初就带有极强的应用性和实践性。人工智能的应用性和实践性意味着人工智能法治人才在培养过程中需要将应用性和实践性贯穿始终。换言之,人工智能的本质属性决定了在培养学生获取人工智能法学理论知识的同时,必须更加注重培养其人工智能法学实践能力以及解决人工智能具体法律问题的综合素质。[①] 面对人工智能法学教育的新形势和新要求,人工智能法治创新型人才塑造的平台建设必须不断适应新变化所带来的客观需要,体现人工智能法治创新型人才塑造的规律。要将人工智能法治创新型人才塑造的平台建设纳入人工智能法学教育的供给侧改革,从教育理念层面关注平台建设的重要性,把平台建设作为人工智能法治创新型人才培养的重要载体,着力锻造"法律+科技""法律+实践""智能+法治"的专门平台,贯通从理论到实践的人才培养路径,回应《关于加强新时代法学教育和法学理论研究的意见》的要求,推动人工智能法治人才培养的包容性、协同性和创新性。[②] 人工智能法学教育仍离不开传统法学教育的理论教学,但这种理论教学不能再局限于书本教学,还要将理论教学延伸到对大数据、云计算、算法等人工智能相关技术的讲解和应用分析之中,以便学生更加深刻地理解人工智能相关法律问题所产生的底层技术逻辑,而各种技术手段的学习无疑需要依托"线上"完成。人工智能法学的实践教育需求决定了人工智能法治人才的培养需要建立在大量实务训练基础上,无疑需要通过"线下"的各种具体的人工智能法律问题和案件处理来达成。因此,为应对人工智能时代法治人才培养的新变化,培育一批具有创新思维,了解互联网、大数据、人工智能技术的法治人才,应从线上和线下两个维度打造人工智能法治创新型人才培养平台。

---

① 参见杨红朝、姬敬:《人工智能背景下法学本科教育的应对与创新探究》,载《文教资料》2021年第28期。

② 参见刘冰珂:《新法学建设的理论研究与实践探索——〈法学教育研究〉第四届专题研讨会综述》,载杨宗科主编:《法学教育研究》第32卷,法律出版社2021年版。

第二节　人工智能法治创新型人才塑造的线上平台建设

2018年教育部、中央政法委《关于坚持德法兼修实施卓越法治人才教育培养计划2.0的意见》提出,要"适应教育信息化与法治建设信息化的新形势,推动法学专业教育与现代信息技术的深度融合,打破校园与法治实务部门间的时空屏障,将社会资源引进高校、转化为优质教育教学资源,建立覆盖线上线下、课前课中课后、教学辅学的多维度智慧学习环境。法治实务部门要向法学院校开放数字化法治实务资源,将法庭庭审等实务信息化资源通过直播等方式实时接入法学院校。重点建设校际优质在线课程资源共建共享平台、30个左右信息化课堂教学平台、50个左右庭审直播实践教学平台"。2018年4月,教育部制定的《高等学校人工智能创新行动计划》要求,"根据人工智能理论和技术具有普适性、迁移性和渗透性的特点,主动结合学生的学习兴趣和社会需求,积极开展'新工科'研究与实践,重视人工智能与计算机、控制、数学、统计学、物理学、生物学、心理学、社会学、法学等学科专业教育的交叉融合,探索'人工智能+X'的人才培养模式"。从这两份政策文件提出的要求来看,人工智能法治创新型人才塑造必须将人工智能法学教育与信息化建设相结合,将法治实务部门等社会资源引入人工智能法学教学资源体系,打造在线课程资源共享、信息化课堂教学和实践教学等平台。

结合人工智能法治塑造的需求来看,人工智能法治创新型人才培养的实践性极强,平台建设需要突出对人工智能法治人才"软技能"知识体系的培养,结合互联网、大数据、云计算和人工智能技术创新教学模式,培养兼具理论与实践素养的复合型人才。线上平台建设要强化对学生自主性的关注,提升学生自主参与学习的积极性。要在人工智能法学教育领域实现与智能技术的深度融合,既需要学生掌握人工智能相关知识及技术应用,又需要将人工智能法学理论作为基础。因此,在线上平台建设过程中,不仅需要融入法学理论知识和法律实践素材等教学资源,还需要人工智能相关学科和技术资源的支撑。总的来看,人工智能法治创新型人才塑造的线上平台建设可以包括理论教学平台建设、实践教学平台建设和数据库平台建设三个部分。

一、理论教学平台建设

在海量信息时代,线上教学在某些方面已经实现对线下教学的取代,利用网络平台进行线上授课已经成为法学教育的重要方式,人工智能法治创新型人才的培养也概莫能外。探索智能化、数字化的教学方法,在理论教学过程中融入人工智能相关应用和技术,对于人工智能法学教育而言也是应有之义。理论教学平台建设还应注重线上教学在人工智能法治人才培养领域的创新应用。在传统法学教育中,线上平台也在不同程度上发挥着作用,但大多停留在线下教学课程的简单复制,在人机交互方面只有单一的课程内容输出而没有实现与学生的互动,起到的教学效果甚至还不如纯粹的线下教学。线上教学在一些法学课程中逐渐沦为所谓教学方法创新的工具和手段,没有真正实现线上教学的应有功能,更谈不上教学创新。

因此,人工智能法治创新型人才塑造的理论教学平台建设要克服传统法学线上教学的缺陷,不能异化为了线上教学而线上教学,而要真正通过线上理论教学平台的建设实现人工智能法治创新型人才培养模式的创新、教学方法的改革、教学效果的提升,构建智能化、网络化、个性化、终身化的人工智能法治理论教学体系。对于人工智能法治创新型人才塑造的理论教学平台建设而言,应充分吸收国内外相关学科线上教育的有益经验,深入挖掘线上教学在提高人工智能法学教育质量、推动教学手段数字化和信息化方面的潜质。[①] 为完善线上教学平台的功能,线上平台建设需要尽可能多地整合国内外教学资源和人工智能技术资源,为师生提供完备的教学服务。此外,要实现人工智能法学教育的数字化和信息化,突出人工智能法学教育的实践性和技术性,还必须要在线上教学平台的建设中融入从传统的课堂讲授转向运用现代科技手段的沉浸式教学,创造全新的学习情境,塑造更能激发学生学习兴趣的学习体验,让学生直观地接触到人工智能技术,增强感性认识,实现智慧教学的全覆盖。

---

① 参见刘冰珂:《新法学建设的理论研究与实践探索——〈法学教育研究〉第四届专题研讨会综述》,载杨宗科主编:《法学教育研究》第32卷,法律出版社2021年版。

二、实验(实践)教学平台建设

人工智能法学教育需要实现法学教育与人工智能技术的深度融合,仅有传统的理论教学、案例教学已经难以满足人工智能法治人才对知识学习和技能学习的需求,因而需要搭建实验教学平台以供学生切实参与人工智能法治实践。前已述及,目前国内已经有一些应用人工智能技术开发出的法律产品,但高校法学教育并没有获得接入使用或者深入了解相关智能系统或软件的渠道,这样学生就很难将掌握的人工智能法学理论知识应用于实践,还是无法摆脱法科学生毕业后必须经过较长时间的专业训练才能胜任工作岗位的尴尬处境。因此,必须构建人工智能法治创新型人才塑造的实验教学平台体系,凸显人工智能法治人才培养的实践特色,完善人工智能法治创新型人才的知识结构,提升其应用技能。

人工智能法治实践教学与传统的案例教学、法律诊所式教学课程等有着根本区别。针对人工智能法治创新型人才培养的实验教学,须关注培养学生对法律大数据、机器学习、计算机视觉、知识计算、深度推理、群智计算、混合智能、无人系统、虚拟现实、自然语言理解等技术、建模方法以及相关软硬件的认识,了解人工智能法律问题产生背后的技术机理,从而使法科学生能够更好地分析人工智能法律问题并提出解决方案。[①] 相应地,人工智能法学实验教学平台的构建应当以提升人工智能法学理论教育效果,培养学生人工智能法学实践能力为目标,既能够弥补传统法学实验教学之不足,又能够实现“线上”实验平台与“线下”实践课程的互动与补充,从而整体提升对学生解决人工智能法律问题的实践训练。通过人工智能法学实验教学平台,教师可以借助人工智能法治问题实验项目,指导学生独立自主地进行人工智能法治实践;学生可以通过综合性实验教学,进行人工智能法治实务体验。[②] 例如,高校可以与相关技术公司联合开发大数据和云计算的智能法学教育系统,帮助学生对司法大数据进行深度分析;通过虚拟仿真技术,构建模拟仿真系统,实现沉浸式、情景

---

① 参见罗维鹏、郜占川:《人工智能法治人才培养模式选择》,载《山东社会科学》2020 年第 11 期。

② 参见杨雅妮:《新文科建设背景下法学教育的变革》,载《新文科教育研究》2021 年第 2 期。

式学习体验，通过感受犯罪现场，加深对犯罪证据提取和分析的认识；[①]通过构建模拟刑事案件智能辅助办案系统、智慧审判支持系统等，让学生了解智能司法系统的应用，对未来从事相关司法工作有一定认识。

三、数据库平台建设

信息时代有着海量的数据资源，人工智能技术的发展也日新月异，对于人工智能法治创新型人才的塑造而言，需要与时俱进地不断更新知识体系，让学生掌握最新的人工智能发展动态以及人工智能法律热点问题。人工智能法学教育除了由学校统一规划的课堂内理论教学和课堂外实践教学外，还应当构建辅助学习和终身学习的体系，这就需要有强大的数据库资源作为支撑。要打造基于人工智能法治创新型人才培养的数据库平台，就必须深度整合国内外优质教学资源，不仅包括人工智能法律法规数据库、案例数据库、期刊杂志数据库、教材数据库，还应包括国内外人工智能法学相关优质课程以及人工智能技术、产业发展动态信息数据库，完善各类法律信息服务平台，为师生提供各种人工智能法治信息，师生可以成本低廉、便捷高效地获取所需的各类信息资源。[②]

高校除了自建数据库之外，还可以共同委托专业机构开发人工智能法治人才培养数据库，在不同高校之间进行多维度资源整合、数据共享，以促成各平台之间的互联互通，打破信息孤岛，为学生的个性化学习提供更加多元的渠道。对于行业特色显著的高等院校而言，在建设人工智能法治创新型人才塑造数据库平台时，可以结合各自学校的特色，搭建校内跨学科数据库平台，广泛整合法学与人工智能、航空航天、生物医药、装备制造、地质矿产、石油化工、水利工程、交通通信、农林牧渔等交叉学科的实践资源，最终形成内容丰富、特色鲜明、功能强大的数据系统。一些建设经费相对不够充足，但又有培养人工智能法治人才需求的高等院校，可以直接购买市场上已经开发的相关数据库，并结合学校已有的教学资源，构建既能低成本投入，又能符合本校人工智能法治人才培养定位的数据库平台。

---

① 参见罗维鹏、郜占川：《人工智能法治人才培养模式选择》，载《山东社会科学》2020 年第 11 期。

② 参见杨桦、杨子巍：《论法治人才培养与市场需求》，载《法治社会》2018 年第 4 期。

第三节 人工智能法治创新型人才塑造的线下平台建设

人工智能法治创新型人才塑造具有极强的实践性。要想培养出能够胜任人工智能法律问题应对的专业人才,就必须要将实践培养贯穿于人工智能法治人才塑造的全过程。实践培养最重要的桥梁就是搭建学校与校外机构的合作机制,让学生有更多的机会在现实社会中深度接触人工智能法治相关的实务部门,参与人工智能法律问题的处理。因而人工智能法治创新型人才塑造的线下平台建设的重要性日益凸显。为使高校成为建设世界主要人工智能创新中心的核心力量和引领新一代人工智能发展的人才高地,为我国跻身创新型国家前列提供科技支撑和人才保障,教育部《高等学校人工智能创新行动计划》提出:"完善人工智能领域多主体协同育人机制。深化产学合作协同育人,推广实施人工智能领域产学合作协同育人项目,以产业和技术发展的最新成果推动人才培养改革。支持建立人工智能领域'新工科'建设产学研联盟,建设一批集教育、培训及研究于一体的区域共享型人才培养实践平台;积极搭建人工智能领域教师挂职锻炼、产学研合作等工程能力训练平台。推动高校教师与行业人才双向交流机制。鼓励有条件的高校建立人工智能学院、人工智能研究院或人工智能交叉研究中心,推动科教结合、产教融合协同育人的模式创新,多渠道培养人工智能领域创新创业人才;引导高校通过增量支持和存量调整,稳步增加相关学科专业招生规模、合理确定层次结构,加大人工智能领域人才培养力度。"可见,《高等学校人工智能创新行动计划》清晰地指明了人工智能领域人才培养在平台建设层面的具体要求,对于人工智能法治创新型人才的塑造而言,也必须围绕该行动计划所指明的具体路径开展相应的平台建设工作。

人工智能技术在生产生活实践中的应用越来越广泛,因人工智能应用所产生的法律问题也越来越多且类型多样,法官、检察官、律师等法律工作人员的工作越来越依赖技术手段,这对人工智能法治人才培养的多样化提出了极高的要求。① 按照《高等学校人工智能创新行动计划》的要求,人工智能法治

① 参见岳彩申、章晓明:《着力三个"深度融合",培养新时代社会主义卓越法治人才》,载杨宗科主编:《法学教育研究》第33卷,法律出版社2021年版。

创新型人才塑造线下平台建设需要服务人才培养需求,深化体制机制改革,强化高校与地方政府、企业、科研院所之间的合作,加快人工智能领域科技成果在重点行业与区域的转化应用,提升高校服务国家重大战略、服务区域创新发展、服务经济转型升级、服务保障民生的能力。平台建设的关键在于构建完整的协同育人体系,也就是需要搭建校内外人工智能法治创新型人才塑造的交叉融合平台,构建起产教融合、产学研一体、科教结合、校企合作、中外交流等多元化协同育人机制。[①] 协同育人体系依托各种校内校外实践基地,能够为培养跨学科、懂技术、懂法律的行业复合型法治人才创造条件,是人工智能法治创新型人才培养的必由之路。[②] 协同育人的实现路径是促成高等院校人工智能法治创新型人才培养与法律实务部门、人工智能科研与实践部门的深度合作,通过校内导师和实务导师双重指导,形成人工智能法治创新型人才培养的合力,为学生打造综合实习实践平台。从人工智能法治创新型人才塑造的线下平台建设来看,应着重打造人工智能法治创新型人才协同育人体系,围绕培养具备人工智能法律实务能力,富有创新意识、协作精神和实践能力,能够适应新兴技术变革和法治国家建设需要的,多类型、多层次、多样化的复合型法治人才的人才培养需求和行业需求,构建高等院校、公检法司、人工智能研发公司共同参与的法治人才培养共同体。为达到该培养目标,人工智能法治创新型人才塑造的线下平台建设应当包括如下方面。

一、人工智能法治创新型人才塑造的实践基地建设

法学是一门具有很强应用性的社会科学,法学教育的生命力在于其实践性,忽视法科学生技能训练不利于学生综合素质的培养,甚至会影响其整个职业生涯。人工智能法治创新型人才培养离不开高水平的法学实践基地建设。近年来,我国各地纷纷开展人工智能法治人才培养的实践基地建设。例如,2020 年,杭州市司法局、海康威视集团、华为技术有限公司、浙江警官职业学院智慧监狱研究中心、杭州市互联网公证处共同建立了全国首个智慧司法联合实验室暨区块链公证研究院。通过与监狱、高校等部门的合作,该研究院在

① 参见冯果:《新理念与法学教育创新》,载《中国大学教学》2019 年第 10 期。

② 参见孟奇勋、鲍一鸣:《新文科背景下卓越法治人才培养路径研究》,载《科技创业(月刊)》2021 年第 8 期。

“智慧监狱”“智慧戒毒”“智慧矫正”等领域成果斐然,为法科学生实践教学提供了丰富的素材。[①] 人工智能法治创新型人才塑造的实践基地建设应坚持高校与实务部门共同建设、互惠互利、双向受益原则,秉持高标准、严要求,坚持人工智能法治理论与法治实践相结合,通过打造高校法学院与实务部门相衔接的平台,聘请资深法官、检察官、律师、法务人员等法律实务人员参与实践教学过程,将人工智能法治理论课程教学与法律实务部门的人工智能法治案件处理实践相结合,着力培养符合新时代人工智能法治建设需要的高素质法律人才,着力打造高水平法律实务研修基地。实践基地对人工智能法治创新型人才培养的方式包括:组织学生参与法律服务、检察、审判等相关人工智能法律事务,训练学生法律实践技能;开展案例教学和学术研讨,提升学生的法律分析、法律推理和法律论证能力;通过法律诊所、模拟法庭等形式,夯实学生将人工智能法律专业知识转化为人工智能法律应用能力;[②]指导学生使用法律智能操作软件、案例检索数据库、智慧司法平台等强化法律实务技能;支持学生以自主性研讨学习、志愿服务、社会调研等形式,推动学生提升人工智能法治创新型人才培养所需要的专业知识、语言表达、沟通协调等综合素质。

法学实践基地应当为每一位学生配备一名经验丰富的实践指导教师,指导教师一般由知名律师、资深法官、资深检察官、企业法务部门负责人等担任。根据人才培养的需要,着眼于解决实际问题、面向法律实务和实践案例,培养学生运用所学知识解决人工智能法律实务问题的能力,学生在实践基地可参与以下实务工作:(1)参加法律事务接待工作,参与法律尽职调查,撰写相关法律文书;(2)参加法律援助、法律咨询,以律师、法官或检察官身份参与模拟庭审;(3)参与法院、检察院案件处理,查阅相关案卷,列席合议庭的合议,列席专业法官、检察官会议;(4)完成法官、检察官交办的其他与审判业务相关的辅助性工作;(5)参与疑难案件研讨、论证。[③] 有理工科行业背景的院校也可以结合自身的学科优势和行业优势,创新培养方法。在此基础上,积极探索与相关

---

① 参见李倩、李保芳:《人工智能时代法学实践教育模式的五维变革》,载《昆明理工大学学报(社会科学版)》2022 年第 5 期。

② 参见王奎国、汪婷婷:《“双创”背景下创新型法治人才培育路径研究》,载《科技创业(月刊)》2021 年第 7 期。

③ 参见孟奇勋、鲍一鸣:《新文科背景下卓越法治人才培养路径研究》,载《科技创业(月刊)》2021 年第 8 期。

行业一流企业、政法机关联合共建实训基地，为人工智能法学人才的培养提供实践教学支撑。通过理论与实践的融合式培养，高校与实务部门能够构建开放式的法律人才培养机制，切实强化实践环节，整合、优化人工智能法治教学资源，着力培养法学理论功底扎实、法律职业素养过硬、社会适应性强的应用型、复合型人工智能法治创新型人才。

二、人工智能法治创新型人才塑造的科研基地建设

建立科研基地，对提高人工智能法治创新型人才培养的质量和人才培养层次都有积极的作用。教育部《高等学校人工智能创新行动计划》（教技〔2018〕3 号）提出，要“建立 50 家人工智能学院、研究院或交叉研究中心”。在该行动计划的指引下，一些知名法学院校相继设置了“人工智能法治学院/研究中心/研究基地”。这些机构大多为非实体研究机构，虽有一套运行规范和一定研究经费支撑，也能聚合一些人工智能法治研究人员，但大多数不是以人才培养为第一目标，科研相比于教学更受重视，非实体的研究机构缺乏人工智能法学学科模式在课程设置和学科规划上的科学性。①

根据教育部的《高等学校人工智能创新行动计划》，为“建设人工智能学院、研究院或交叉研究中心”，高校、科研院应积极建设实体性的教学和科研并重的人才培养平台。从当前的实践来看，实体化运作的人工智能法治创新型人才培养科研基地有以下三种模式：一是在学校设立与其他二级学院平级的“人工智能（法）学院”（属于高校教学机构的组成部分）。例如西南政法大学 2018 年成立人工智能法学院，以“回应国家战略、坚持错位竞争”为发展理念，以“智慧法治研究前沿、法律实务教育高地”为发展目标，以培养“通识和专才皆备、知识和技能并举”的高层次“人工智能＋法律”横向复合型人才为己任。西南政法大学人工智能法学院在全国率先增设“人工智能法学”二级学科，涵盖数据法学、网络法学、算法规制和计算法学 4 个方向，旨在培养深谙“规则”和精通“技术”的复合型双料人才，以满足人工智能时代对“人工智能＋法律”横向复合型人才的渴求。该学院的“智慧司法”是重庆市“人工智能＋”学科群立项建设学科，“人工智能司法应用”研究团队分别获重庆市高校创新研究

① 参见罗维鹏、部占川：《人工智能法治人才培养模式选择》，载《山东社会科学》2020 年第 11 期。

群体和重庆市研究生导师团队,为学科建设和人才培养提供了强有力的支撑。该学院建有“国家西部基层卓越法律人才教育培养基地”、“智能司法重庆市2011协同创新中心”和“最高人民法院应用法学研究基地”等国家级、省部级教学科研平台,是科学研究、人才培养和社会服务的重要依托。[①] 二是在法学院设置独立的“人工智能法学系/所/教研室”(“系所”式)。例如,2017年,为了回应社会发展与法治建设的需要,中国人民大学法学院在国内率先成立未来法治研究院,聚焦新一轮科技革命给法学领域带来的挑战及社会发展中的重大法治前沿问题,深度促进法学与当代科技发展的紧密结合与交融汇通,建构起对科技革命带来的新问题具有回应能力、对中国法律实践和法律体系具有解释力、对国际学术发展具有影响力的研究和教育平台。同时,中国人民大学法学院成立数字法学教研中心,将进一步在数字法学领域持续丰富和发展中国特色社会主义法学理论,为相关国内、国际规则的制定提供理论支撑和人才储备。[②] 三是在学校或者学院设立“人工智能法治研究中心”(在从事科研工作的同时兼具招生、教学职能)。例如,2017年12月29日,“中国政法大学法学院大数据和人工智能法律研究中心”成立。中国政法大学法学院打破法律和科技的藩篱,进行跨学科的探索,成立大数据和人工智能法律研究中心。该中心致力于加强基础研究和服务人工智能法治人才培养。[③] 除了实践中的三种模式外,也有学者建议可以在高等学校下设“人工智能学院”,在“人工智能学院”下设“人工智能法律系”。[④] 此种模式目前尚未有可观察之案例。

概言之,要打造高质量人工智能法治创新型人才培养科研基地,就应当围绕人工智能法学基础理论和关键法律问题解决等方面的需求,加快建设实体化运行的人工智能法律前沿问题研究中心、人工智能重点法律问题实验室等创新基地,以人工智能交叉前沿突破和国家区域发展等重大需求为导向,促进高校、科研院所、法院、检察院、律师事务所和人工智能企业等创新主体协同互

---

① 参见《西南政法大学人工智能法学院简介》,载西南政法大学人工智能法学院网2020年6月29日,https://alc.swupl.edu.cn/xygl/xygk/index.htm。

② 参见《响应数字中国建设,中国人民大学法学院数字法学教研中心成立》,载中国人民大学未来法治研究院网2022年4月1日,http://lti.ruc.edu.cn/sy/xwdt/sjygrys/cc8aa0701b4c4ad0a303d6c07fa2fd0b.htm。

③ 参见《中国政法大学法学院大数据和人工智能法律研究中心成立》,载中国政法大学法大新闻网,https://news.cupl.edu.cn/info/1011/26207.htm,最后访问日期:2023年9月22日。

④ 参见罗维鹏、郜占川:《人工智能法治人才培养模式选择》,载《山东社会科学》2020年第11期。

动，建设协同创新中心。为此，高校法学院或法学专业应当与法律实务部门积极对接，建立人工智能法治创新型人才培养研究院或者实验室，为人才培养打造高水平的科研平台。[①] 有条件的高等院校，还可以建立人工智能法治人才培养实验室、人工智能法治人才培养创新中心、人工智能法治人才培养研究中心等各类创新培育基地，建设人工智能法治科研组织机构，搭建跨学科的人工智能法治创新型人才培养科研体系。

三、人工智能法治创新型人才塑造的专业平台建设

人才培养离不开专业平台建设，专业平台建设是高素质法治人才培养的重要载体。人工智能法治创新型人才的培养目前多依托于传统的法学专业展开，学生只是在学习传统课程的过程中接触到人工智能相关的法学课程，这些课程既不是重点，也不系统，更无法形成体系。这种碎片化的培养方式根本无助于锻造高素质的人工智能法治人才。为了更加全面、系统地培养专业法治人才，可以考虑在传统法学院校或有工科背景高校的法学本科高年级设置专门的人工智能法治人才培养专班，或者在研究生阶段设置人工智能法学专业。

人工智能法学属于典型的领域法学，因而人工智能法学专业教育也必须贯彻领域法学教育的基本理念，按照法学二级学科的培养要求开展人工智能法治人才培养的专业建设。高校应以专门化、定制化的课程实现对学生的定向培养，人工智能法学专班和专业学生不仅学习传统法学课程，也学习计算机、大数据、云计算等人工智能相关专业知识。按照"领域法学—领域课程"一体化构建的总体思路，搭建人工智能法学人才培养的课程体系。开设人工智能法治人才培养专班或设置人工智能法学专业的高校应加强与计算机、控制、神经和认知科学、数学、心理学、经济学、社会学等相关学科的交叉融合，完善人工智能法治基础理论以及人工智能法治应用等相关方向的教学。有条件的高校可以主动结合学生的学习兴趣和社会需求，根据人工智能理论和技术具有普适性、迁移性和渗透性的特点，积极开展"新工科"教学与实践，探索"人工智能法学 + X"的人才培养模式。工科属性较强的高校，也可以考虑在计算

---

① 参见王轶等：《"新时代复合型法治人才的培养"大家谈（笔谈）》，载《西北工业大学学报（社会科学版）》2022 年第 2 期。

机专业类的智能科学与技术、数据科学与大数据技术等专业下进行课程调整和整合，设置人工智能法学专门课程，对照国家和区域产业需求布点培养具有国际视野和国际竞争力的人工智能法治人才。

四、人工智能法治创新型人才塑造的创新创业平台建设

教育部出台的《高等学校人工智能创新行动计划》鼓励高等院校结合自身学科特色和优势，形成"人工智能＋其他专业"的复合专业人才培养模式，加强产学研合作，鼓励高等院校将人工智能创新型人才的培养与创新创业相结合。对于人工智能法治创新型人才的培养而言，应当按照《高等学校人工智能创新行动计划》的要求，积极谋划，以创新创业平台的建设为契机，培养学生自主创业、协同创新的能力。

近年来，人工智能技术取得了突飞猛进的发展，衍生出诸多的创新创业机会。大数据驱动的视觉分析、自然语言理解和语音识别等人工智能能力迅速提高，商业智能对话和推荐、自动驾驶、智能穿戴设备、语言翻译、自动导航、新经济预测等正快速进入实用阶段，人工智能技术正在渗透并重构生产、分配、交换、消费等经济活动环节，形成从宏观到微观各领域的智能化新需求、新产品、新技术、新业态，改变人类生活方式甚至社会结构，实现社会生产力的整体跃升。围绕新一代人工智能关键算法、硬件和系统等，机器学习、计算机视觉、知识计算、深度推理、群智计算、混合智能、无人系统、虚拟现实、自然语言理解、智能芯片等领域的创业机会不断涌现，类脑智能、自主智能、混合智能和群体智能等领域创新资源正在积聚，新一代人工智能技术体系所孕育的创新创业生态即将迎来爆点。在核心算法和数据、硬件基础上，以提升跨媒体推理能力、群智智能分析能力、混合智能增强能力、自主运动体执行能力、人机交互能力方面，构建算法和芯片协同、软件和硬件协同、终端和云端协同的人工智能标准化、开源化和成熟化的服务支撑能力也需要大量的新公司和从业人员入局。在人工智能产业发展所孕育的诸多创新创业机会中，也必然有人工智能法治人才的一席之地。这对人工智能法治创新型人才的培养也提出了更务实的要求。申言之，人工智能法治创新型人才的培养需要嵌入人工智能研发企业的法律问题应对和解决过程中，依托人工智能行业龙头企业的资源，让学生通过实践的方式，切实了解人工智能从研发到应用的全过程中所涉及的法律

问题，开展人工智能法律实务技能实训，提升人工智能法治实践人才培养的效果，锻炼学生的创新能力，让学生找到创业机会，通过产教融合打造卓越法律人才创新创业样板。在构建创新创业平台的过程中，还应当关注对学生参与创新创业竞赛的引导，以赛促培，激发学生协作意识与创新创业精神。

五、人工智能法治创新型人才塑造的师资平台建设

人工智能法治创新型人才的塑造需要优质的教学团队，因而人工智能法治创新型人才塑造的师资平台建设也应当得到应有重视。加强师资平台建设力度，需要不断完善人工智能领域高等院校、企业、法律实务机关等协同配合的体制机制。一方面，高等院校、企业、法律实务机关应当共同开发、推广实施人工智能师资建设培育项目，在专门经费划拨、办公场地保障、辅助人员配备等方面提供足够的支撑，建立人工智能法治领域"新文科"师资建设联盟，建设一批集教育、培训及研究于一体的区域共享型师资培养平台。另一方面，高等院校、企业、法律实务机关应当积极搭建人工智能领域教师挂职锻炼、产学研合作等工程能力训练平台，推动高校教师与行业人才双向交流机制。有条件的高校还可以建立人工智能法学师资培养交叉研究中心，与人工智能企业合作，以产业和技术发展的最新成果强化师资建设的专业化水平，推动科教结合、产教融合协同师资培养模式创新，多渠道培养人工智能法治领域的优质师资。

人工智能法学教师队伍建设，需要同步提升法学教师在人工智能领域的专业素养，壮大专业师资队伍。高校应当最大限度发挥人工智能与师资队伍之间的双向赋能，通过对法学教师进行人工智能技能培训等措施加强师资队伍的技术提升，促进与"人工智能＋法学"复合型人才培养工作的有效衔接。[①]高校法学教师要不断更新丰富自身的知识储备和知识结构，特别是对大数据、区块链、人工智能等相关新兴技术和新兴学科知识的吸收应用，寻找提升自身专业和综合素养的多平台多途径，真正打破学科中不同方向、不同学科间的知识壁垒、隔阂。[②] 开设人工智能专班和专业的高校还应当积极通过"全职"和

① 参见侯巍巍：《人工智能赋能法学教育的回应与重塑》，载大江网，https://jxrb.jxwmw.cn/system/2023/03/27/020001647.shtml。

② 参见赵珊珊：《新文科建设背景下高校法学教师面临的机遇和挑战》，载《法制日报》2022 年 8 月 31 日，第 11 版。

“柔性”两种方式，面向海内外大力引进人工智能法学专业教师，尤其是有“人工智能 + 法学”复合交叉背景的专业教师，培养和锻炼一支人工智能法学领域的优秀学术团队和师资队伍。

六、人工智能法治创新型人才塑造的国际合作平台建设

国际合作是高等院校提升法学专业建设水平的重要通道。加强国际合作也是人工智能法治创新型人才塑造的必然要求。因此，既要鼓励人工智能法学专业教师参与国际交流，选派优秀研究生留学，组织高层次学术论坛，邀请国外专家分享人工智能法治人才培养经验，又要加强与国际高水平大学、法律实务部门的全面、深度合作，打造国际视野人才培养新模式。①

拓宽国际交流平台，积极打造人工智能法治创新型人才塑造的国际交流平台，可以从以下几个方面展开：一是坚持开放办学，加强与国际高水平大学开展人工智能法治人才培养的深度合作，与国外高水平大学及科研院所积极构建多途径、多形式、多层次、多选择的人才培养平台，努力为学生提供优质的海外学习项目和交流机会。二是积极引进国际知名学者参与人工智能法学学科建设和科学研究，加强与国外学术大师的交流合作，为提升国内教师队伍的国际视野和国际交流能力提供激励和保障，努力培养和集聚一批适应人工智能法治需求、富有创新精神的学术人才。三是做精国际科教合作，推动国内高校主动融入人工智能法治国际主流学术圈，加强与世界一流学术机构的实质性合作，积极响应国家战略，为“智能制造 2025”“工业 4.0”等国家战略的实施提供各类定制化的国际法律人才培养项目。四是通过与国外法学院以及法院、律师事务所等实务机构的合作，采用联合培养、共享课程、派出实习等方式，让学生熟悉人工智能国际法律规则，提升人工智能涉外法治人才的培养质量。五是积极举办高层次人工智能法学国际学术会议，推动我国学者担任相关国际学术组织的重要职务，为人才培养提供强有力的国际纽带；支持我国学者积极参与人工智能相关国际规则制定，适时提出“中国倡议”和“中国标准”，提升人工智能法治人才培养的国际话语权。

---

① 参见王轶等：《“新时代复合型法治人才的培养”大家谈（笔谈）》，载《西北工业大学学报（社会科学版）》2022 年第 2 期。

七、人工智能法治创新型人才塑造的智库平台建设

智库是影响政府决策、推动社会发展的一支重要力量。高校是智库孵化、建设、发展的重要基地。高校智库现已成为我国智库的重要组成部分。人工智能法治创新型人才塑造同样需要充分发挥高校智库的重要功能。要鼓励、支持高校牵头或参与建设人工智能法治战略研究基地,围绕人工智能发展的法律热点、前瞻性问题开展理论和对策研究,形成若干高水平新型智库,以智库建设带动人才培养。

国内外人工智能法治智库建设多有实践。国内代表性高校,如东南大学和中国人民大学,均通过智库建设,培养了一批人工智能法治人才。东南大学法学院致力于发展新型交叉性学科,在全国法学院校中较早开始探索以研究司法大数据为特色的新型学科领域。2017 年,最高人民法院在东南大学设立"人民法院司法大数据研究基地",该基地是由东南大学与江苏省高院共建的全国范围内第一家"人民法院司法大数据研究基地"。基地高度重视科研人才团队的建设和培育,汇聚了来自法学、大数据、人工智能等多个领域 30 余位专家,组成了交叉研究团队。正式组建运行几年来,基地在前沿、重大科研项目攻关方面硕果累累。"人民法院司法大数据研究基地"将数字法学作为研究方向,将法律大数据与人工智能导论、科技法学专题、法律大数据检索导论、法律大数据算法与逻辑等作为专业课程,肩负着全日制法律硕士专业学位研究生培养的任务,逐渐探索培养复合型法治人才新模式。中国人民大学法学院 2017 年成立了未来法治研究院,聚焦新一轮科技革命给法学领域带来的挑战和重大法治前沿问题,将个人信息法律保护、数据法学以及人工智能法律规制作为重要研究方向,并培养了一批相关专业方向的研究生。[①] 国外在人工智能法治智库建设方面取得突出成绩的首推斯坦福大学。斯坦福大学位于硅谷中心,被誉为"硅谷的智慧摇篮",在发展计算机及现代信息科技产业方面独具优势。同时,斯坦福大学在法学教育与人工智能交叉的研究领域也较为突出。斯坦福大学法学院设有法律信息学研究中心(CODE X)。该中心以法律分析自动化为研究方向(包括法律文件检索、法律基础设施和计算法学),将法学专

---

① 参见张吉豫:《面向未来的人大法学院未来法治研究院》,载《人民法治》2018 年第 16 期。

家、律师、企业家和科技人才聚到一起，针对法律硕士生开发出完备的“法律、科学与技术项目”，为学生提供系统而广泛的法律与科技课程。[①] 除斯坦福大学法学院外，美国东北大学法学院在人工智能法治智库建设方面也蜚声海内外。东北大学法学院拥有法律、创新与创意中心。在该智库的引领下，美国东北大学法学院早在 1987 年即开设了人工智能与法律研讨课程，该课程融合了数据科学、机器人技术和机器学习的元素，旨在培养在人工智能技术领域担任领导角色的专业人才。国际著名的人工智能法治智库还包括美国麻省理工学院的计算法学实验室、乔治城法学院的“科技法律与政策研究所”、加拿大多伦多大学创新法律与政策研究中心、新加坡国立大学人工智能与法律中心等。[②]

国内外人工智能法治智库建设实践为我国以智库建设为牵引培养人工智能法治创新型人才提供了极好的探索经验。对于我国高校的人工智能法治智库建设而言，必须始终将人才培养作为智库建设的重要内容，把创新型人才培养质量作为人工智能法治智库建设成效评价的重要维度。具体而言，我国人工智能法治创新型人才塑造的智库建设应当围绕以下方面展开。

首先，明确高校人工智能法治智库建设的人才培养定位。高校人工智能法治智库应当发挥基础研究实力雄厚的优势，围绕人工智能发展的重要法律问题，开展计算机科学、法学、社会学、经济学等多学科的综合研究，努力培养复合型人才，为中国人工智能法治事业提供有力的人才保障。应注重培养理论与实践并重的专业人才，按照总体设计、点面结合、突出特色、分类培养的原则，创新人才培养体制机制，打造高校智库人才培养的新动力，带动高校人工智能法治创新型人才培养水平的整体提升。

其次，完善高校人工智能法治智库建设的人才培养形式。一是以研究生培养为着力点，支持和培养一批具有多学科背景的人工智能咨政研究团队，形成学科交融的研究网络。二是以研究项目为抓手，通过各种研究项目强化对研究生的科研训练，以项目带培、跨学科调训等形式进行研究生能力培养，帮助研究生提高分析和解决问题的能力，掌握人工智能法律问题研究的基本方

① 参见邹卫中、李萍萍：《人工智能与法学教育融合发展研究》，载《南宁师范大学学报（哲学社会科学版）》2020 年第 2 期。

② 参见崔亚东主编：《世界人工智能法治蓝皮书（2020）》，上海人民出版社 2020 年版，第 259 页。

法。三是以成果转化平台为基础,邀请一批在国内外政界、企业界和学界等领域具有影响力的知名人士加盟智库,形成专职与兼职相结合、国内与国际相结合的智库人才队伍建设,壮大智库研究生培养的校外导师建设力量,以校外导师所掌握的资源强化智库的整体实力,提升研究生培养的整体水平。

最后,保障高校人工智能法治智库建设的人才培养配套支持。人才引育是智库持续发展的根基。要确保高校人工智能法治智库能在招生、经费、项目等方面得到充分保障,在组织管理、人员评聘、科研活动等方面获得更大自主权,多措并举筹集智库经费,加大人力资本投入,实行绩效奖励。将智库研究人才纳入各类人才工程项目中,设立专项培养计划及复合人才培养项目,通过评选高校智库领军人才、青年智库人才、优秀管理者等方式,选拔储备一批高端智库人才,高质量培养智库研究和管理的专才。

综上所述,随着人工智能时代的到来,人工智能法治创新型人才的培养迫在眉睫。传统法学教育中虽然渗透着一些人工智能法学课程,但还远远没有达到能够培养专业人工智能法治人才的要求。人工智能法治创新型人才应是具有扎实的法学专业基础和与人工智能有关的宽广知识面、拥有解决人工智能法律问题的应用技能、能够展现出创新思维能力和实践能力的高素质复合型人才。在经济全球化背景下,要培养具有国际视野的人工智能法治创新型人才,就必须关注人工智能法治创新型人才塑造的平台建设。平台建设包括线上平台建设和线下平台建设两个部分。线上平台建设应围绕理论教学平台建设、实践教学平台建设和数据库平台建设三个方面展开;线下平台建设的着眼点在于实践基地建设、科研基地建设、专业平台建设、创新创业平台建设、师资平台建设、国际合作平台建设以及智库平台建设。在优质平台资源的支持下,方能打造出符合时代需求的人工智能法治人才培养模式。在人工智能法治创新型人才塑造的平台建设过程中,传统法学院校需要更多地与理工科院校、理工科专业加强合作,形成新的比较优势。理工科特色明显的高校法学专业在建设人工智能法治创新型人才平台过程中,应当充分发挥理工类学科优势,培养具有学校特色的人工智能法治人才。[①] 此外,考虑到人工智能的发展

① 参见李倩、李保芳:《人工智能时代法学实践教育模式的五维变革》,载《昆明理工大学学报(社会科学版)》2022 年第 5 期。

是一个新事物,各国都在同一起跑线上,我国在某些领域还有先发和领先优势,这也为我国将人工智能法治建设的中国路径、中国优势等要素融入人才培养平台建设的始终,培养学生系统掌握人工智能法治的中国经验、前沿理论、实践动态与中国方法。

第七章　人工智能法治创新型人才塑造之学术培养

伴随人工智能技术在软件与硬件领域的双重突破，人工智能开启新的一轮发展浪潮。区别于传统技术革命的发展轨迹，人工智能技术实现从实验室向产业经济、社会伦理、法律实践等多领域的纵深拓展，在全球治理体系中发挥重要作用，成为引领新一轮国家竞争的关键因素。在2016年，美国率先发布《国家人工智能研究和发展战略计划》，首次将人工智能提升为国家级优先事项，并提出长期投资，开发有效的人工智能协作方法，解决人工智能的伦理、法律和社会影响，更好地了解国家人工智能人力需求等七大发展战略。2021年，欧盟发布《2030数字化指南：欧洲数字十年》等战略计划，旨在通过加大对人工智能专业教育和培训的投资力度，促进多学科数字融合，吸引全球各地的数字人才，重塑数字时代欧盟全球影响力。英国在坚持既有人工智能规范发展的同时，强调人工智能在教育领域的应用，并制定《2018年英国人工智能发展的计划、愿景和能力》《新兴技术宪章》(2021)等政策文件呼吁搭建国家层面统一的人工智能发展框架。① 我国在《中共中央关于制定国民经济和社会发展第十四个五年内规划和二〇三五年远景目标的建议》中直接明确，要瞄准人工智能等前沿领域，推动数字经济健康发展。截至目前，已超过40个国家和地区针对人工智能发展制定专门战略布局。② 整体来看，各国在推进本国人工

① 中国信息通信研究院：《人工智能白皮书(2022年)》，载澎湃网2022年4月15日，https://www.thepaper.cn/newsDetail_forward_17646199。

② 参见占梦霞、高明：《中国高校人工智能人才教育培养报告》，载莫荣主编：《人才蓝皮书：中国人工智能人才发展报告(2022)》，社会科学文献出版社2022年版，第32页。

智能战略方案的过程中,主要依托本国发展特色整合差异资源。但是,各国就人工智能人才培养问题达成高度共识,即普遍认为人工智能事业的持续发展离不开人工智能人才支撑,人工智能创新人才构成战略实施的引擎驱动,由此应坚持"以人为本"的核心理念,人工智能时代继而拉开从技术竞争到人才角力的序幕。

发展要人才,培养是关键。习近平总书记在向国际人工智能与教育大会致贺信时曾强调:"把握全球人工智能发展态势,找准突破口和主攻方向,培养大批具有创新能力和合作精神的人工智能高端人才,是教育的重要使命。"高校作为"科技第一生产力、人才第一资源、创新第一动力的结合点",对于我国人工智能创新人才的培养输送发挥着不容替代的关键作用。时隔仅一年,教育部随即面向全国高校印发《高等学校人工智能创新行动计划》,进一步针对高等学校人工智能人才培育工作进行全方位部署。值得关注的是,该行动计划中多次聚焦人工智能法学交叉领域,明确提出要"围绕法律等重大、热点、前瞻性问题开展战略研究,加强'人工智能 + 法学'学科交叉与融合,探索'人工智能 + 法律'的人才培养模式"。① 显而易见,这体现出在以技术创新为主要驱动力的人工智能领域,我国人工智能人才的整体布局计划不仅将持续强化人工智能科技领军队伍的发展,也同时关注人文社科领域,尤其是与人工智能技术合规、伦理价值等密切相关的人工智能法学人才培育领域。此外,虽然人工智能发展大多表现为人工智能的实践应用成果,具有明显的实践导向,但我国人工智能法治创新型人才的塑造也同时对学术能力培养、理论研究深度提出培养要求,重视在人工智能创新发展实践中发掘问题,力争实现理论与实务能力的双向平衡。

因此,综合当前各国人工智能发展战略趋势,对标我国当前人工智能人才培养要求,本章聚焦人工智能法治创新型人才之学术培养这一特定领域,首先结合人工智能带来的机遇与挑战,回顾人工智能法治创新型人才塑造中学术培养的纵向发展脉络,并厘清人工智能法治创新型人才学术培养中的两个关键问题。在此基础上提出人工智能法治创新型人才学术培养应优先着眼于理念革新,并从人才培养模式、人工智能课程体系、学科师资与学术训练、学术研究环境进行系统完善。

---

① 参见《教育部关于印发高等学校人工智能创新行动计划的通知》(教技〔2018〕3 号)。

第一节　人工智能法治创新型人才学术培养的发展脉络

近年来，人工智能技术的创新为法学诸多领域的发展带来冲击。本节将遵循历史发展的纵向脉络，以人工智能创新人才的整体发展情况为参照，综述我国人工智能法治创新型人才培养的政策背景，聚焦法学领域发展情况并阐明人工智能时代法治创新型人才学术培养的阶段式发展特征。

一、人工智能创新人才的整体发展脉络

以自动推理技术的突破为标志，中国人工智能技术研究最早可追溯至20世纪80年代。中国人工智能人才的形塑轨迹与人工智能技术创新过程呈现出高度重叠，人工智能创新人才的整体培育得益于中国人工智能产业赋能与宏观政策的明确指引。整体来看，涵盖法治创新型人才在内的中国人工智能人才培育已经取得长足进步，并历经萌芽起步、稳定发展、快速扩张三个主要发展阶段。

1978年，伴随全国科学大会在北京召开，大会提出“向科学技术现代化进军”的战略决策，我国人工智能技术的研究也逐渐活跃起来。同年，我国将以专家系统与知识工程技术为代表的智能模拟纳入国家研究计划，我国由此进入人工智能研究的孕育发展期。在不断增加经费、资源、技术投入的同时，我国也注重专业建设与人才培养。这一时期，我国高校积极设立人工智能研究机构，如1986年华中科技大学成立图像识别与人工智能研究所，1986年北京大学成立信息科学中心，同年西安交通大学设立人工智能与机器人研究所。前述高校研究机构以研究生培养为主，为我国自主培养高层次人才奠定基础。在20世纪80年代，我国先后成立中国人工智能学会、中国计算机学会、人工智能和模式识别专业委员会等专业学术团体，学术团体依托学会机构平台逐渐开展学术交流合作，促进了人工智能学术群体的壮大，并对高校人工智能人才培养工作的顺利进行起到积极作用。[①] 此外，1987年7月，由蔡自兴教授完

---

① 参见占梦霞、高明：《中国高校人工智能人才教育培养报告》，载莫荣主编：《人才蓝皮书：中国人工智能人才发展报告(2022)》，社会科学文献出版社2022年版，第33页。

成的国内首部人工智能专著《人工智能及其应用》在清华大学出版社公开出版,进一步对人工智能专业技术的推广与研究发挥重大推动作用,有力地带动了高校人工智能创新人才的培养。[①] 1987 年,国内首份人工智能类期刊——《模式识别与人工智能》杂志创刊,初步搭建起国内学术交流的平台。

进入 21 世纪,国家各项研究项目政策继续助力人工智能发展,多项人工智能与智能系统研究课题获得国家自然科学基金重大项目支持,科技部联合工信部等国家多个部门也从产业发展角度为人工智能专业理论研究的转化提供支撑。在此背景下,我国人工智能人才培养工作进入稳定发展阶段。其中具有代表意义的是,接续萌芽起步阶段部分高校开展的研究生人才培养轨迹,国内人工智能的人才培养开始从研究生教育延伸至本科教育。在 2004 年,北京大学正式设立智能科学与技术专业,并首次招收 34 名本科生。2008 年,该校增列智能科学与技术硕士点、博士点,由此本硕博学术培养接续贯通,形成完整一体的学术人才培养体系,开启了我国高校人工智能专业人才梯队的持续培育之路。[②]

自 2017 年开始,我国人工智能人才培养进入高速扩张期。具体来看,我国人工智能人才培养进入全新阶段可以从以下方面得到证实。第一,我国相继出台一系列人工智能创新人才培养政策,给予全方位政策支持。主要政策如表 7 – 1 所示。

表 7 – 1　2017 ~ 2023 年中国人工智能人才培养相关政策

年份	发布部门	政策名称	核心内容
2017	国务院	《新一代人工智能发展规划》	加快培养人工智能高端人才
2018	教育部	《高等学校人工智能创新行动计划》	完善人工智能领域人才培养体系
2019	教育部	《关于公布 2018 年度普通高等学校本科专业备案和审批结果的通知》	新增 35 所备案设置人工智能本科专业的高校

① 参见蔡自兴:《中国人工智能 40 年发展简史》,载搜狐网 2017 年 10 月 7 日,https://www.sohu.com/a/196609530_313170。

② 参见谢昆青:《第一个智能科学技术专业——回顾在北京大学六年来的创建历程》,载《计算机教育》2009 年第 11 期。

续表

年份	发布部门	政策名称	核心内容
2020	教育部、国家发展改革委、财政部	《关于“双一流”建设高校促进学科融合加快人工智能领域研究生培养的若干意见》	构建基础理论人才与“人工智能+”复合型人才并重的培养体系,探索深度融合的学科建设和人才培养新模式
2021	教育部	《关于公布2021年度普通高等学校本科专业备案和审批结果的通知》	新增95所备案设置人工智能本科专业的高校
2022	教育部	《人工智能领域研究生指导性培养方案(试行)》	要求在相应硕士和博士层次所应有的自然和人文社会科学通识性知识基础上,培养学生具有坚实的人工智能领域相关学科基础理论知识和专业技能
2023	中共中央办公厅、国务院办公厅	《关于加强新时代法学教育和法学理论研究的意见》	加快发展社会治理法学、科技法学、数字法学、气候法学、海洋法学等新兴学科

第二,专业培养内容不断丰富,人才培养方向从人工智能科技领域向人文社科领域持续扩张。以北京大学人才培养方案为例,一方面,在传统专业学科培养范畴内部,学校根据智能学科的特殊内涵整合计算机、统计与机器学习、大数据、自动化控制等众多分支专业课程,注重专业自身各分支知识体系的基础培养,为贯通科学思维、专业技能、应用开发、成果转化全过程提供有利条件;另一方面,在专业技术培养之外,人工智能教育的初始定位一直是科学技术类教育,人工智能课程教学也始终关注的是计算机专业技术的培养。[①] 进入发展新阶段,人工智能人才培养内容出现不断扩充趋势,教育教学过程注重智能学科与人文、社科、理科、医学等跨学科协作培养,建立数字人文、智慧法治、智能社会等文理大交叉新学科培养体系,人工智能的人才培养过程由此出现有学科内向学科间的发展新趋势。[②]

第三,部分高校专门设置人工智能学院,人工智能本科专业的高校、科研

① 参见余胜泉主编:《人工智能+教育蓝皮书》,北京师范大学出版集团、北京师范大学出版社2020年版,第231页。

② 参见朱松纯:《智能学科的源起、演进与趋势——北京大学智能学科的探索与实践》,载《大学与学科》2022年第4期。

机构数量逐年增加。2019～2023年5年间，我国先后已有5批高校获教育部人工智能本科专业备案。2019年，35所高校获得首批人工智能本科专业建设资格；2020年，又有180所高校成功备案人工智能本科专业；2021年，教育部公布全国新增备案130个人工智能本科专业；2022年，95所高校获批；2023年，又有59所高校位列新增备案名单，其中同济大学与商洛学院两次备案。[①] 截至2023年，我国已有497所高校获得人工智能本科专业建设资格，占全国本科高校总量的1/3左右。在高校人工智能专业整体规模扩张的同时，我国人工智能专业教育教学总体实力也在不断提升。根据CS Rankings全球人工智能领域学术机构综合排名统计，[②]2019～2023年，北京大学、清华大学、中国科学院、浙江大学、上海交通大学、南京大学等10余所高校进入全球百强。这说明我国在人工智能领域已培养出一批成熟的学术人才，在国际社会中具有较强学术影响力。

整体来看，我国人工智能高端人才教育虽然起步至今仅40余年，但在国家政策与高校科研院所的有力支撑下已经取得长足发展，基本形成本科、硕士、博士人才培养阶梯与文理跨学科人才培养体系，为重塑人工智能科技前沿，建设全球人工智能创新人才高地提供助益。

二、人工智能时代法治创新型人才培养的发展脉络

在我国人工智能创新型人才培育工作整体不断向前推进的背景下，人工智能创新人才培育的触角也逐渐深入法学教育领域，法学教育也不断适应人工智能的时代发展要求进行适时变革。

在国家政策引领下，我国人工智能创新型人才学术培养发展情况可总结为以下三个方面。第一，人工智能专业科技与教学课堂结合。人工智能技术的应用为法学教育提供更为优质的硬件与软件支持，直接改变了传统线下课堂教学过程。作为辅助型教学工具，教师可以利用大数据、云计算技术等对学生的学习掌握情况进行实时调研统计，及时调整课堂教学节奏与内容，提升传

① 参见《教育部关于公布2022年度普通高等学校本科专业备案和审批结果的通知》，载中国政府网，https://www.gov.cn/zhengce/zhengceku/2023-04/20/5752327/files/c9d58ed78ced4972aec9e9c6064f4284.pdf。

② See CSRankings: Computer Science Rankings, CSRankings, https://csrankings.org/#/fromyear/2019/toyear/2023/index?ai&arch&comm&sec&mod&hpc&mobile&metrics&ops&plan&soft&act&crypt&log&graph&chi&robotics&bio&da&bed&visualization&ecom&csed&world，最后访问日期：2023年12月25日。

统线下教学效果。部分院校还引入 VR 技术,通过个案仿真模拟训练,提升学生的即兴思辨能力。① 一方面人工智能技术的引入也导致教学空间不断扩张,另一方面孕育出集线下与线上于一体的混合式教学模式,教学者可以通过提前布置阅读资料由学生在课外自主学习,并组合线下课堂时间,完成深入分析讨论,提高课堂讨论、交流效率。例如,南京航空航天大学同步在线下课堂与线上慕课平台开设网络与人工智能法课程,采用线上与线下相结合的授课方式。学生可以在慕课平台预习资料模块提前预习课程资料,并带着问题进入线下课堂。数位一线教师围绕网络与人工智能前沿问题进行线下讲授,并及时在线上进行答疑辅导,积极回应学情。课程开设近 5 年,学生反馈稳定良好,获得一致好评。此外,人工智能技术在法学领域的应用也推出慕课、可汗学院等在线资源共享平台,国内外法学院学者可以将学习资料上传到云平台,为全球学习者提供了不受时空限制的学习可能。②

第二,"互联网 + "课程体系不断完善。据统计,国内已有 10 余所高校开设了"人工智能 + 法学"课程。以清华大学、北京大学、浙江大学、中国人民大学、上海交通大学、吉林大学、四川大学、中国政法大学、西南政法大学、华东政法大学、中国社会科学院、东南大学、南京航空航天大学为代表的高校围绕人工智能法学积极探索,逐渐搭建起人工智能法学人才学术培养课程的基本框架(见表 7 – 2)。

表 7 – 2 国内代表性高校人工智能法学领域开设课程

机构名称	开设课程
清华大学	计算法学方法、大数据时代的司法与政治、人工智能原理、大数据算法基础等
北京大学	法律与人工智能、计算法学等
中国人民大学	数据法学、网络法与信息法、法律数据分析基础、大数据金融科技与法律监管、法律数据分析实践、人工智能与法律规制等
西南政法大学	人工智能法学、大数据与法律实证研究、人工智能政策与伦理、人工智能与法律推理等

① 参见蔡伟、陈侣霓:《人工智能对法学教育的机遇和挑战》,载广州市法学会编:《法治论坛》第 57 辑,中国法制出版社 2020 年版。

② 参见梁洪霞、杨自意:《人工智能时代的法学教育》,载《高等教育评论》2019 年第 1 期。

第三,创新平台规模持续扩充。在2017年后,国内高校在陆续开设人工智能法学方向课程的同时,也立足自身发展优势完善人工智能法学创新人才培养的平台机构建设,为厘清人工智能法治创新型人才培养方向、汇聚人才培养工作优秀师资力量,推动人工智能人才培养工作向纵深发展提供持续动力。以西南政法大学人工智能法学院为例,作为2017年成立的全国首家人工智能法学院,其由智能政策与伦理、网络法学、人工智能司法应用、数据法学、算法规制五大团队组成,先后建立"智能司法研究重庆市2011协同创新中心""最高人民法院应用法学研究中心""区块链法律创新联合实验室""智讼智裁学生科创中心"等学科平台,同时成立司法大数据挖掘、分析与应用研究中心,区块链司法存证研究中心,人工智能司法应用算法研究中心和电子数据保全与鉴证研究中心及司法裁判智能化(麦加)实验室在内的"五位一体"的智能司法研究院,自成一体,独具规模,形成人工智能法治人才学术研究基地。在学院建制方面,自2017年开始,中国人民大学率先建立专门聚焦人工智能与法律交叉方向研究的未来法治研究院。未来法治研究院按照"中国需求—问题导向—课程设置—人才培养—学科建设"的逻辑展开,实行"自顶向下和自底向上"的复合型研究模式,探索"一体多维、二元融合、学科交叉"的培养体系的经验。浙江大学开展了"3年本科+3年硕士研究生"本研一贯制高端数字法律人才培养的探索与实践。

第二节 人工智能法治创新型人才学术培养中的两个关键问题

综观人工智能人才发展的整体情况,近年来我国人工智能法治创新型人才培养取得了一定成果,在国家政策鼎力支持下,高校、科研院所、实务部门积极合作,已逐步形成覆盖本科、硕士、博士各个层次的人工智能人才培养链条。通过对比可以发现,由于我国人工智能法学理论前沿问题研究起步较晚,重视不足,人才的总量、结构、质量等方面均处于相对弱势地位,人才培养工作缺乏有力的学术理论支撑,创新性相对受限。此外,我国高校间人工智能法治创新型人才的课程设置差异明显,培育工作的体系化程度明显滞后于我国人工智能技术的创新实践以及人工智能专业技术型人才的培养过程,法学与人工智能的互动交流往往停留在浅层,国内各高校对人工智能法学的名称、地位等均含混不清,人工智能与法律的实质联结关系等基础问题也尚不明确,诸多方面均体现出当前人工智能人才培养工作存在一定问题。究其根源,部分是因为受到人工智能议题的复杂程度与法律制度滞后性的限制,更重要的原因在于,当前我国人工智能法治创新型人才的学术培养在两个关键问题上需要进一步厘清,一是人工智能与法学的关系,二是人工智能与人的关系。

一、人工智能与法学的关系

在人工智能于法学领域日益泛化的背景下,国内各高校先后开展相关领域研究和机构布局,在课程设置上,或采取保留传统法学课程的基础上,增加人工智能通识类课程,或直接开设交叉学科专题课程;在平台建设方面,或通过跨学院交流合作或单独成立新学院,不同选择的背后本质指向的是如何理解人工智能与法学的关系这一基本问题。易言之,妥善处理好人工智能与法学的关系,关系到人工智能时代学术研究与学术人才培养的指引方向。而人工智能与法学关系的认知误区,反过来也将阻碍人工智能法治创新型人才学术培养目标的实现。

一种错误认知体现在认为人工智能与法学是附庸与被附庸关系,相应地将人工智能法治创新型人才学术培养等同于人工"智能技术 + 法学"的教育,即认为人工智能法学的研究对象是人工智能技术本身,相对于传统法学体系来说,人工智能法学只是增添了一种科技特色,换言之,只是在具体法学场景中打上"辅助技术标签",因而在学术研究过程中,很容易忽略人工智能技术与法学的深层互嵌关系。同时,认为人工智能附属于法学的认知,也会反映在学科专业的设置安排上,导致部分高校的人才培养方案只是在传统法学专业培养方案中增加个别人工智能技术基础理论课程。这既不利于教学工作的展开,也增加了实现教学效果的难度。另一种错误认知体现在认为人工智能法学人才的培养应当主要倚重人工智能技术,法学专业知识的积累处于从属地位。近年来,伴随人工智能法学领域的学术研究和教学培养逐渐成为"显学",国内一些高校纷纷开设人工智能法学课程与研究机构,其中不乏部分理工科类院校。部分院校试图突出自身人工智能技术等专业优势和特色,在此基础上发展具有自身优势特色的人工智能法学。这种依托特色和优势的培养思路虽然可以迎合社会发展需求,但是忽略了自身法学基础薄弱甚至缺失的客观事实,缺乏相应学术积淀和师资力量,违背跨学科教育发展的客观规律,因此将难以系统地培养兼具人工智能和法学基础的创新人才。①

针对人工智能法学与法学关系问题的讨论,需要进一步追问的是人工智能法学是二者的融合,还是已经独立成新的学科领域？易言之,传统的法学学科划分是否能够顺应人工智能法学这一新发展呢？实际上,人工智能时代的影响不仅在于其改变人类使用的工具机器,更在于彻底颠覆了现存的生产生活交往方式,由此一个新的以人工智能技术为支撑的社会结构得以诞生。因此从传统法学向人工智能法学的转向,既要对传统法学理论基础加以继承,又要结合人工智能时代的法律问题进行提炼完善,从而使现代法学与人工智能法学理论之间进行积极互动,形成体系连贯、相互交融的学科体系。基于此,人工智能法治的内容首先就必须包含人工智能技术渗入后仍然发挥效力的传统法学理论部分,如人工智能作为辅助法治的工具手段被应用于智慧司法领域,其次是经人工智能科技重塑的部分,如人工智能自动驾驶中的法律责任问题,最后是人工智能技术所带来的新领域,如算法治理、元宇宙等领域的大量法律问题。②

二、人工智能与人的关系

在人工智能法治创新型人才的学术培养过程中,人工智能与人的关系问题亦是必须认真思考的关键问题。区别于传统科技的进步,人工智能所带来的不只是行动工具升级的问题,而是颠覆了我们对如何区分主体与工具这两种不同角色身份的传统认知。一方面,与传统科技进步相同,人工智能突破了人的智力生理等方面的能力限制;另一方面,也同时获得了相对独立于人的机器学习、分析、决策等智力能力。例如,随着 ChatGPT 的横空出世,包括人工智能法治在内的学术研究都将面临挑战。虽然只是被冠以聊天机器人程序之

---

① 参见龚向前、李寿平:《“法律 + 科技”复合型高端人才培养的实践与思考》,载《学位与研究生教育》2019 年第 2 期。

② 参见马长山:《数字时代的法学教育转型》,载《上海政法学院学报(法治论丛)》2023 年第 1 期。

名，但是这一程序具备人工智能技术驱动的自然语言处理功能，其不仅可以根据用户提问检索相关信息资料，而且能够根据用户提问给出相应智能回复，甚至完成考试问答、代码生成、论文撰写等。因此，原本这些专属于人的智力成果的内容意味着人工智能亦可以替代完成。这将导致人的主体性地位严重受挫，继而在学术培养过程中出现大量过度依赖人工智能科技的行为，不断挑战既有的学术诚信伦理价值观。

在人工智能科技爆炸式迭代更新之际，由于人工智能在部分情况下具备了分析与决策的智力能力，让我们开始担心人的主体身份地位是否已经被人工智能替代的问题。但实际上，这种模拟人脑的强人工智能很难成功挑战具有独创性、差异性特征的法学教学与研究。具体来看，人工智能通常建立在海量但有限范围的信息基础上，虽然具有一定模拟人脑的思考外观，但实际上是将包括思辨、论证、价值权衡等在内极其复杂的人脑活动简化为经验性的神经反应，[①]因此这种排除前述能力的理性计算并不能消解人的主体身份地位，尤其对于人工智能法治的学术研究与教育培养来说，人工智能更是无法产生替代效果的。这主要是因为一方面对于人工智能法学教育本身而言，其并非一门传输机械记忆或可供随机检索拼凑的知识的课程，而是建立在体系化框架与精密内容构造基础之上，教学的重要着眼点并非只是在于提供答案，而是通过抽象、思辨、判断等法律逻辑回应人工智能法领域的理论与现实问题的论证过程。另一方面，尽管如 ChatGPT 一类的强人工智能采用了生成式技术架构，但本质上仍需回归既有信息与内容，难以跳脱出以具体语料库为基础的规律性认识，这也意味着其无法完成人工智能法治学术人才培养过程中不容忽视的创造性知识生成，实现从无到有的创新性研究。[②]

总体而言，在人工智能与法学的关系问题上，人工智能法治不只是技术革新在法学学科建设中的应用，而且是法学与人工智能创新技术通过深度互动交叉融合而成的新型独立学科。在人工智能与人的关系问题上，即便有如 ChatGPT 一类强人工智能的存在，由于其并不具备核心的思辨、论证、主观价值判断等人类理性、伦理观，因此其也不可能颠覆人在人工智能法治教育与研

---

① 参见陈景辉：《人工智能的法律挑战：应该从哪里开始？》，载《比较法研究》2018 年第 5 期。

② 参见王禄生：《ChatGPT 类技术：法律人工智能的改进者还是颠覆者？》，载《政法论坛》2023 年第 4 期。

究过程中的主体身份地位。因此，人工智能法学人才的学术培养需要谨防智能科技过度依赖，应始终着眼于师生的教学与研究创新过程，培育范围上涵盖人工智能与法学两个方面的基础内容，并搭建人工智能与法学相交叉的双向知识结构：一方面，人工智能法学创新人才需要掌握人工智能技术知识，具备人工智能大数据采集、整理、分析、挖掘其内在的机理的能力，胜任依托智能科技处理法律问题的工作；另一方面，人工智能法治人才学术培养需要掌握法学学科的基础理论与论证能力，打通法学理论与人工智能技术的底层联系，具备解决人工智能法学理论与实践问题、人工智能相关伦理规范等学术研究与实践能力。[①] 反之，坚持任何一方的本体封闭都难以培育出优秀的人工智能法治创新型人才，进而也无法持续推进人工智能法学领域学术创新研究。

第三节 人工智能法治创新型人才学术培养的体系完善

本书认为，人工智能法治创新型人才学术培养应形成一个科学的体系，尤其是应包括优化人工智能法学学科布局、整合人工智能课程体系、加强学科师资与学术训练、优化学术研究环境等方面。

一、优化人工智能法学学科布局

有学者提出，"知识结构学科专业的形成有其自身的规律和逻辑，学科专业的设立一定要遵循学科专业形成的规律和逻辑，不得随意而为，违背学科专业建设的规律。学科专业是相对独立的知识体系，也是学术分类后形成的功能单位，更是高级专门人才培养的载体，对高级专门人才培养至关重要。在某种意义上讲，学科专业建设是大学学术建设、人才培养工作的龙头"。[②] 因而，对于人工智能法治创新型人才的学术培养，当前需首要解决的也是人工智能法学的学科建设布局问题。

正如前文所述，人工智能法治创新型人才的培养工作，并不是人工智能与

---

① 参见吴飞、陈为：《人工智能交叉人才培养与课程体系》，清华大学出版社2022年版，第139页。

② 靳昊：《涉外法治人才，你的舞台无比广阔——专访中国国际法学会会长、中国国际私法研究会会长黄进》，载光明网，https://news.gmw.cn/2022-01/15/content_35449591.htm。

法学两个学科的一般性结合，而是从人工智能在法学场景中投射的特殊性出发所构建的新型学科体系。传统“人工智能＋法学”的学科体系偏重强调人工智能技术的特殊性，始终无法弥合人工智能技术与法学的学科沟壑，导致一定时期内人工智能与法学虽然具备复合外形，但由于法学与人工智能知识仍然分属、固化于不同学科之下，学科壁垒越发明显，已严重滞后于社会变革与法治实践，甚至反向阻碍了人工智能法学的发展。国务院2017年印发的《新一代人工智能发展规划》中提到，“人工智能学科”属于重点发展任务，其中，“鼓励各高校形成人工智能＋X复合人才培养模式”。在2018年教育部《高等学校人工智能创新行动计划》中，明确要“完善人工智能领域学科布局，设立人工智能专业，推动人工智能领域一级学科建设，尽快在试点院校建立人工智能学院。鼓励高校在原有基础上拓宽人工智能专业教育内容，形成‘人工智能＋X’复合专业培养新模式，重视人工智能与法学等学科专业教育的交叉融合”，人工智能法学的发展规划进一步清晰化。有学者建议，以我国现有学位设置体系为依托，人工智能法学的学位授予有“法学方案”“人工智能学科方案”“双学位方案”“联合学位方案”4种方案可供选择。[①] 本书认为，在当前背景下，面对智能时代的跨界冲击，人工智能法学学科的发展应树立新文科建设的深度交叉融合理念，站在自然科学与人文社会科学交叉的宏观视角，统筹技术与法治研究之间的关系，破除人工智能技术工具主义观念下与法学之间的壁垒，将人工智能法学确立为法学一级学科下的二级学科，实现人工智能法学的深度跨学科交叉融合。人工智能法学获得学科地位保障也相应决定着人工智能法学未来学科建设和人才培养所需要的配套资源，师资力量以及未来社会评价等关键因素。[②] 与此同时，学科名称的统一、学位授予工作也需同步推进。在明确人工智能法学学科身份的前提下，人工智能法治创新型人才学术培养系统的完善仍需要分别从人工智能课程体系、学科师资与学术训练、学术研究环境等微观方面进一步有效推进。

二、整合人工智能课程体系

人工智能法治创新型人才学术培养同时离不开课程体系建设，科学的课

---

① 参见罗维鹏、郜吕川：《人工智能法治人才培养模式选择》，载《山东社会科学》2020年第11期。

② 参见刘蓓、戚瀚文：《论“AI＋法律”背景下法学教育供给侧改革》，载《河北法学》2023年第6期。

程体系将为人工智能法治创新型人才的专业能力培养奠定扎实的基础。

在课程内容方面，为满足人工智能法治创新型人才的发展需要，可以结合人工智能法学前沿发展动态与学生专业积累程度，分别设置通识类选修课程与专业必修课程。通识类选修课程主要针对初次接触人工智能法治内容的法学或人工智能技术专业学生，可以通过讲授人工智能发展概述、历史演进、人工智能与法治伦理、人工智能算法与法治适用场景等内容，将人工智能的专业基础知识纳入授课体系，积极引导学生关注人工智能技术的专业发展与实践前沿，熟稔机器学习、多层神经元网络深度学习、法律推理系统与数据分析、自动化处理等人工智能技术原理，帮助学生较为全面系统地获取人工智能技术、法律、伦理等方面的知识元素，激发学生的学习研究兴趣，能够运用法学思维与技术思维观察人工智能技术在日常生活中的应用现象，并辩证分析人工智能新兴技术引发的各类现实问题。有别于通识类选修课程，专业必修类课程可以聚焦具体专题进行系列授课，侧重以问题为导向的深度教学。例如，中国社科院法学所科技与法研究中心在2021年推出“人工智能法学”系列课程，课程包含总论、实体、程序与方法论4篇，共计100讲，内容覆盖人工智能法治在知识产权法、诉讼法、反垄断法、刑法等诸多领域的热门议题，包含“人工智能与知识产权”“数字货币”“无人驾驶”“区块链”“人脸识别”“AI与反垄断规制”“智慧法院”“AI与证据审查”“人工智能与量刑预测”“机器人律师”等系列人工智能法治研讨热点。

在课程教学方法方面，人工智能课程相较于传统授课范式，应当采用更为灵活、多元、开放的课程实践模式，实现从被动灌输向主动学习的转化。与讲授型教学方法的师生负担分配比例相反，在问题导向人工智能教学过程中，一般由教师负责抛出问题，引导学生进行思考。问题的分析、论证过程以及最终结论的形成均交由学生自主完成。以人工智能与个人信息保护为例，在此教学方法的引入过程中，课程可以以当前人工智能时代个人信息滥用问题的解决为共同目标，通过资料检索、文献整合、沟通讨论等方式展开团队作战，对人工智能场域下的个人信息保护现状、原因分析、完善路径等问题进行系统研究，最终达到比较满意的教学效果。对于学生来说，由于课堂上与教师处于同等地位，直面待解决的问题，这将极大地激发参与积极性，并形成同学之间、同学与教师之间的良好互动。对教师而言，以问题为导向的人工智能法治课程教学，也将使其在与学生的互动过程中，发现教学中真正的难点，并尝试调整讲课的内容，实现教学相长。

在课程评价方面，人工智能法治课程的评价除了包括传统的学生课程参与度、课程互动等过程评价，以及课程知识点掌握、课程专业成绩等结果评价外，还应当关注学生个体能力的提升评价。主要原因在于，相较于传统法学课程以陈述型、论辩型知识命题内容为主，人工智能法学相关课程的教学将人工智能技术内容引入，前述新兴技术引发的法律问题与解决思路需要学生在专业内容学习的同时，根据自身优势和独立思考，实现人工智能与法治思维的协同转化，在解决具体人工智能法治问题中统合课程所学的专业技术与法学理论实践，灵活运用各种相关知识点，创造性地提出富有特色的问题解决方案。因此，对于人工智能法治课程的评价，需重点考查学生是否通过课程学习与训练，具有了超越既有法律知识的可能，并凸显自身的想象力和创造力。

三、加强学科师资与学术训练

"教育大计，教师为本。"在人工智能技术持续更新并不断深入社会生活的背景下，一方面，部分法学教师的知识储备未能及时完成自我升级，仍然存在教学方法、技术素养等方面的路径依赖问题，这将严重阻碍人工智能法治创新型人才整体学术培育目标的实现；[①]另一方面，人工智能技术逐渐渗透教育课堂，智能技术通过信息检索获取的便利化多样化不断更新既有教育方法，传统教与学的单向关系已经难以适应当前社会的教学需求。对此，学校应以当前人工智能法治人才培育为目标导向，首先更新师资群体的教育理念和教学模式。在师资引进与培养过程中，注重多元、交叉学科背景的师资建设，采用内外互通的合作方式，积极聘请学界、政府、公司实务界专业人员助力学术人才培养工作。在教学内容上，智能时代的教师职责，不仅仅包括传统法学教育的知识传播、说理论证，也包括实时跟进人工智能新技术领域的发展动态，引导启发学生形成创新与互动思维，思考法律与人工智能交叉领域的最前沿问题，促成从培养专业人才向全面育人的目标升级。在日常教学过程中，在充分利

① 参见王禄生、王爽：《大数据与人工智能法学方向研究生人才培养模式探索——基于东南大学的"三元融合"教育实践》，载杨宗科主编：《法学教育研究》第33卷，法律出版社2021年版。

用海量线上课程资源的同时，也需要积极采用人工智能教学工具设备打造多功能信息教室。例如，借助 VR 技术模拟多维空间仿真庭审环境，强化学生对庭审程序的切身体验，通过模拟法官、检察官、律师等角色身份，培养自身的思辨与概括分析能力，在寓教于乐的同时实现科技与法学教育的双向融合。[①]

此外，结合历年的培养统计情况可以发现，人工智能法治创新型人才培养模式多数以实务为导向，学术研究层面培养的重视程度不高，这也导致学术训练的相对边缘化。因此除了依赖学生自身学术积累之外，建议教学过程中采用学术经典导读、专业读书会、主题研讨会等形式。一方面，重视经典文献的阅读与研究，帮助学生打下坚实的学科基础，掌握人工智能法学领域关键概念、体系框架与学理知识；与此同时，通过分析思考人工智能法学领域的争议问题，提升理论思维，培养学术洞察力与思辨力。[②] 另一方面，学术培养过程中也应当注重学生隐性知识与显性知识的一体化培养，兼顾人工智能法治的知识性与伦理性教育。例如，师生可以通过紧跟人工智能社会热点与国内外法律政策，通过分析不同国家人工智能法律政策差异，了解并掌握我国当前在人工智能领域的特定国家发展战略与政策利益导向，在人工智能领域的全球发展历程中贯彻人类命运共同体理念；引导学生关注人工智能技术对环境和社会的影响，激发学生的创新思维，探索人工智能的绿色可持续发展路径；结合人工智能在大众日常生活场景中的广泛应用，加深对人工智能伦理与法治问题的理解和思考，树立科技创新与社会责任相统一的价值观念，推动人工智能技术的良性发展。

四、优化学术研究环境

学术环境是学科发展和学术人才培养的潜在基础，也是保证学术研究质量的必要条件。如何营造优质的学术环境并不是个人问题，而是需要学界、实务界同人在学术成果、平台建设等方面的共同努力。

人工智能法治创新型人才的学术培养需要兼顾学科教材与期刊文献的积

---

① 参见蔡伟、陈侣霓：《人工智能对法学教育的机遇和挑战》，载广州市法学会编：《法治论坛》第 57 辑，中国法制出版社 2020 年版。

② 参见付玉明、焦建峰：《法科研究生人才培养模式的类型建构——以“五院四系”为样本的分析》，载杨宗科主编：《法学教育研究》第 32 卷，法律出版社 2021 年版。

累。在教材方面,虽然我国人工智能法学领域已经有相当数量的专著成果,但体系化、理论深度层面仍需进一步提升。不过,也有学者撰写了相关系列教材。例如,马长山教授组织该领域专业学者在2022年4月出版了国内首本《数字法治概论》教科书,目的在于为关注该领域发展的学界、实务界人士提供智识上的概括总结与论证解释。与此同时,该项目组拟计划编写系列教科书,即针对本科生的《数字法治导论》,针对博士研究生的《数字法治专论》,并与之前出版的《数字法治概论》一同形成由浅入深、条分缕析式的人工智能法学专业教材体系,继而为人工智能法治创新学术人才的专业知识积累与学术培育提供理论指引。

在学术研究与平台建设方面,人工智能法治创新型人才培养同时需要增加人工智能法治共同体交流,在互动交流中形成学术观点的碰撞。例如,在2021年7月,上海市法学会主办、华东理工大学承办召开了首届智慧法治学术共同体年会,会议邀请中国人民大学、中国政法大学、华东师范大学的知名学者和《中国社会科学文摘》《新华文摘》《现代法学》《政法论坛》《政治与法律》《法学论坛》《华东政法大学学报》《东方法学》《安徽大学学报(哲社版)》《治理研究》《大连理工大学学报(社科版)》《求是学刊》《浙江社会科学》等50多家核心期刊编辑,经过充分讨论达成共识,即成立智慧法治学术共同体,建立集学术期刊、学术研究机构、相关专家学者的合作平台,营造崇尚独立自主创新、百家争鸣的发表环境,刊载具有独立见解、论证充分、符合学术规范的学术作品,鼓励良性学术竞争,支持在人工智能法治交叉创新领域孕育出更多具有中国智慧的优秀学术成果。[①] 只有在学界同人的共同努力下,学术研究群体乐于投入学术精力与时间,才能促进人工智能法治创新型学术人才的进一步创新。

在人工智能科技爆炸式迭代更新的背景下,我国人工智能创新型人才培育工作整体上不断向前推进。但近观人工智能法治学术人才培养情况可以看出,人才的总量、结构、质量等方面均处于相对弱势地位。究其原因在于,当人工智能创新的触角深入法学教育领域时,国内各高校对人工智能与法律的实

---

① 参见查建国等:《智慧法治学术共同体年会(2021)在华东理工大学召开》,载中国社会科学网2021年7月14日,https://www.cssn.cn/skgz/bwyc/202209/t20220920_5532915.shtml。

质联结关系、人工智能与人的关系地位等基础问题含混不清，也因此在教学过程、课程设置等方面无法适应人工智能的时代发展要求。长远来看，我国人工智能法治人才的学术培养需通过系统完善培养模式，整合人工智能法治课程体系，加强学科师资与学术训练，不断优化学术研究环境，最终构建赶超世界先进水平的人工智能法治创新学术人才培养体系，为我国人工智能创新事业的发展提供人才支撑。

第八章　人工智能法治创新型人才塑造之实践培养

近年来，随着人工智能技术的发展，人工智能法治理论与人工智能法治实践成为社会关注的热点。在此背景下，面向人工智能法学已成为新型法律人才培养的重要课题。[①] 不仅如此，国务院于 2017 年 7 月发布《新一代人工智能发展规划》（国发〔2017〕35 号），明确要求重视人工智能与法学学科专业教育的交叉融合，培养掌握“人工智能 + ”法律的复合型人才。教育部也于 2018 年 4 月发布《高等学校人工智能创新行动计划》（教技〔2018〕3 号），要求“促进法学类院校和相关学科与人工智能学科的结合”，“推动智能司法应用示范”。在实践中，我国人工智能法治实践如火如荼地发展，人工智能在纠纷解决领域发挥着重要作用，“在诉讼领域的立案、分案、庭审、裁判、执行阶段都有深度应用”，“在非诉纠纷解决领域也通过在线纠纷解决平台实现智能化目标”。[②] 可见，培养掌握人工智能法治理论、人工智能法治知识和人工智能法治能力的人工智能法治人才已经成为现实需要。遗憾的是，理应作为人工智能法治人才培养重要支撑的法学实践教学与人工智能的融合问题尚未引起我国法学教育界的高度重视，理论界也未深入关注这一问题。为此，本章拟从人工智能法治实践发展角度切入，分析我国法学实践教学的非适应性及其问题根源，进而提出面向人工智能法治创新型人才培养的我国法学实践教学改进策略，包括教学理念、内容体系和实施体系等，以便为我国法学实践教学较好地适应人工智能法治创新型人才培养需要提供理论支撑。

---

① 参见程龙：《从法律人工智能走向人工智能法学：目标与路径》，载《湖北社会科学》2018 年第 6 期。

② 龙飞：《人工智能在纠纷解决领域的应用与发展》，载《法律科学（西北政法大学学报）》2019 年第 1 期。

第一节　人工智能时代中国法学实践教学检讨

一、人工智能时代中国法学实践教学的非适应性

法学实践教学是使学生通过亲历法学研究和实务操作，发现、验证、描述法律知识，体验法律规律，形成法律直接经验，产出相关法律知识成果的过程，其中包括独立实验课、理论课内非独立实验课、项目性自主实验课、实习、实践等形式。[①] 因此，法学实践教学是法学人才培养的重要支撑。当前，我国人工智能法治实践在智能审判、智能检务、智能执法、智能立法、智能法律服务方面都已蓬勃发展，相关人才需求强烈。在此背景下，我国法学实践教学已呈现巨大的非适应性。

（一）中国人工智能法治实践发展情况分析

1. 智能审判

随着人工智能法治实践的发展，智能审判已成为我国司法实践的重要内容。国务院于2016年12月发布《"十三五"国家信息化规划》（国发〔2016〕73号），明确要求建设"智慧法院"，并要求到2020年电子诉讼占比要大于15%。前述国务院《新一代人工智能发展规划》要求建设"智慧法庭"，"促进人工智能在证据收集、案例分析、法律文件阅读与分析中的应用"，实现法院审判智能化。最高人民法院于2017年4月发布的《关于加快建设智慧法院的意见》要求普及网上调解、网上证据交换、网上质证、网上开庭功能，构建人工智能辅助决策体系，实现电子卷宗识别分析、庭审语音同步转录、辅助信息智能生成、法律文书自动生成，并建设完善的电子送达系统。在具体实践中，我国人工智能司法不断发展，如名为"睿法官"的北京法院智能研判系统于2016年12月开始运行，其可自动梳理出待审事实，生成庭审提纲，向法官提供相似案例与法规，帮助法官完成裁判文书的撰写。[②] 全国首个"刑事案件智能辅助办案系统"于2017年5月在上海诞生，其采用"机器智能提取加人工审查判断"的复

---

① 参见王均平：《法学实验教学相关概念的界定及其应用》，载《高等教育研究》2012年第9期。

② 参见徐隽：《"睿法官"辅助审案还远吗》，载《人民日报》2017年1月4日，第5版。

合方式,实现证据合法合规性校验以及证据链完整性审查判断功能。[①] 在此基础上,上海法院系统构建了民事、行政案件智能辅助办案系统,且行政案件智能辅助办案系统构建了由智能阅卷、智能归纳、智能辅助、庭审评议等模块组成的系统总体架构。[②] 此外,杭州互联网法院于 2017 年 8 月 18 日成立,开创了中国司法史上前所未有的司法实践,实现了全程智能化的智慧审理模式,案件可 100% 在线开庭审理,庭审平均用时 28 分钟,相较传统审理模式节约用时 3/5。[③] 可见,智能审判已成为我国正在深入应用的审判模式。

2. 智能检务

国务院《“十三五”国家信息化规划》明确要求积极打造“智慧检务”,最高人民检察院于 2018 年 1 月发布的《关于深化智慧检务建设的意见》提出“全业务智慧办案”,研发智慧检务的重点应用,以机器换人力,构建检务辅助决策支持平台,推进检察工作由信息化向智能化跃升。在实践中,黑龙江省佳木斯市检察系统研发了综合视讯平台管理系统,实现了视频会议、侦查指挥、远程提讯、远程接访、远程庭审等功能。[④] 贵州省检察机关研发了案件智能研判系统,“通过对法律文书的量刑要素自动提取,可以进行模型化量刑计算,并将计算出的量刑结果和类似案件的量刑结果进行对比,由承办人进行判断并确定最终量刑建议,从而提高量刑建议的精准度”。[⑤] 在山东省,聊城市人民检察院通过提取“看守所监管执法、监督信息系统”离所人员数据和“检察机关案件统计系统”报捕和移诉人员数据,实现了由人工比对向智能筛选转变,有效加强了对刑拘释放后既未报捕又未移诉案件侦查活动的监督。[⑥] 可见,智能检务也已在我国法治实践中逐步深入应用。

3. 智能执法

中共中央、国务院 2021 年 8 月印发的《法治政府建设实施纲要(2021 - 2025 年)》明确指出,要“积极推进智慧执法,加强信息化技术、装备的配置和

---

① 参见汤瑜:《“人工智能”办案,防范错诉错判》,载《民主与法制时报》2017 年 7 月 16 日,第 5 版。

② 参见葛翔:《司法实践中人工智能运用的现实与前瞻——以上海法院行政案件智能辅助办案系统为参照》,载《华东政法大学学报》2018 年第 5 期。

③ 参见郑莉娜:《点赞互联网法院一年成绩单》,载《杭州日报》2018 年 8 月 20 日,第 4 版。

④ 参见王树春、韩兵:《互联网时代的“赶考”》,载《检察日报》2017 年 7 月 5 日,第 1 版。

⑤ 赵志刚:《检察智能化建设的战略转型和发展趋势》,载《中国法律评论》2018 年第 2 期。

⑥ 参见许胜君:《山东邹城:扬儒家文化,铸“六型”检察》,载《检察日报》2017 年 8 月 10 日,第 9 版。

应用”,“推行行政执法 App 掌上执法。探索推行以远程监管、移动监管、预警防控为特征的非现场监管”。在我国,目前人工智能术在行政执法中的应用主要集中在“行政许可、日常监管和行政处罚”三个领域,其中日常监管中的应用主要“在传统的公安、市场监管等执法对象较多的领域以及网络信息等新兴执法领域”。① 通过引入人工智能技术,现场执法可转化为非现场执法,视频监控、遥感、无人机、无人驾驶汽车、机器人等都可以使用。如北京市城管执法系统在建筑工地安装噪声监测仪,噪声超标则自动报警,实现了监管自动化。② 在交通执法领域,违法自动拍照系统在我国早已运用多年,相关执法运用已基本普及。可见,我国智能执法实践已日益常态化。

4. 智能立法

在人工智能时代,人工智能辅助立法已是一项重要法治实践内容。人工智能辅助立法决策具有“防止制度异化”“公平分配各方利益”“使法律规定契合社会现实”“降低守法和执法的成本”等优势。③ 可见,“立法可能部分地为人工智能所替代,人工智能成为立法者的重要工具或者伙伴”。④ 2014 年 9 月,天津市人大常委会的具有人工智能雏形的规范性文件备案审查系统正式运行,该系统能够提供立法项目管理、草案意见征集、法规文件公开、法规文件报备、法规文件审查、法规文件清理、立法资料管理、立法(后)评估、立法大数据分析等,在提升备案审查准确性和收集筛选立法意见方面发挥了重要作用。⑤ 此外,北大法宝智能立法支持平台已正式为西藏自治区人大、珠海市人大、云浮市人大采用,并有多地正在试运行。⑥

5. 智能法律服务

在我国,人工智能法律服务实践也在快速发展。2016 年,我国第一款人工智能法律机器人“法小淘”诞生,其基于海量法律数据、机器学习算法和深度学

---

① 母光栋:《人工智能在行政执法中的应用、地位及规范》,载《数字法治》2023 年第 5 期。

② 参见袁雪石:《建构“互联网 +”行政执法的新生态》,载《行政管理改革》2016 年第 3 期。

③ 参见钱大军、苏杭:《人工智能视阈下我国立法决策模式之转变》,载《湖南科技大学学报(社会科学版)》2018 年第 6 期。

④ 江必新、郑礼华:《互联网、大数据、人工智能与科学立法》,载《法学杂志》2018 年第 5 期。

⑤ 参见蒲晓磊:《用人工智能辅助地方立法》,载《法制日报》2018 年 1 月 23 日,第 10 版。

⑥ 参见郭秉贵:《论社会治理视角下人工智能辅助立法决策的实践路径》,载《温州大学学报(社会科学版)》2023 年第 2 期。

习,实现了智能案情分析和律师遴选。[①] 此外,浙江省建立的“矛盾纠纷多元化解平台”将在线咨询、评估、调解、仲裁、诉讼五大功能有机结合,并提供律师调解服务,平台每项功能都有大数据支撑,每份评估报告都基于对上万份裁判文书的智能分析得出,实现了纠纷解决智能化。[②] 司法部中国法律服务网(www.12348.gov.cn)于2018年5月20日正式上线,其最大的一个亮点是能对常见民事纠纷提供免费智能法律咨询服务,智能法律意见书在几分钟内就可以生成。[③] 可见,我国智能法律服务也已深入运用。

(二)人工智能时代中国法学实践教学的非适应性分析

从我国人工智能法治看,我国法学实践教学存在明显的非适应性。具体可从三个方面分析。

1. 极大滞后于智能法治实践发展

如前所述,我国智能审判、智能检务、智能执法、智能立法、智能法律服务都已走向实践应用。法学人才培养需适应法治发展需要,并积极开展法学人才培养,其中就包括法学实践教学这一重要环节。遗憾的是,我国法学实践教学已大大滞后于智能法治实践。

从总体看,虽然近年来我国一些法学院校陆续设立了人工智能法治有关机构,如北京大学、清华大学、中国人民大学、中国政法大学、武汉大学、东南大学、南京航空航天大学、西南政法大学、四川大学等都设立了相关机构,但以法学实践教学为目的成立的机构并不多,目前主要有北京大学法律人工智能实验室和四川大学法学院法律大数据实验室,而且有效开展法学实践教学的也不多。值得注意的是,中国人民大学已开设人工智能法治相关课程,但真正具有法学实践教学属性的只有“大数据与人工智能司法”“数据法学研究方法及实践”等课程。[④]

从智能法治发展的具体实践看,法学院校如何构建“人工智能+法律”的复合型人才培养机制是当务之急。[⑤] 可是,我国法学实践教学的滞后性十分明

---

① 参见陈宜:《我国律师行业评价体系的现状与反思》,载《中国司法》2017年第2期。

② 参见孟焕良、董东:《浙江“矛盾纠纷多元化解平台”正式上线运行》,载《人民法院报》2018年1月12日,第1版。

③ 参见罗璨:《人工智能时代的法学高等教育》,载《中国社会科学报》2018年10月10日,第5版。

④ 参见张吉豫:《面向未来的人大法学院未来法治研究院》,载《人民法治》2018年第16期。

⑤ 参见朱体正:《人工智能辅助刑事裁判的不确定性风险及其防范——美国威斯康星州诉卢米斯案的启示》,载《浙江社会科学》2018年第6期。

显。例如,智能审判在法学实践教学中的主要对应内容是智能模拟审判,但我国法学实践教学的总体情况是智能模拟审判教学活动鲜有开展,模拟审判仍按照传统的模拟审判方式进行,总体上未能对模拟审判系统进行改造升级,未能积极引入智能审判辅助系统,也未能引入电子化模拟审判教学模式。可见,我国法学实践教学中的模拟审判教学已呈现出巨大的滞后性。

就智能检务而言,其包括智能生成起诉书、大数据量刑、智能摘录证据、智能讯问、诉讼文书送达、网络舆情研判与预警系统、多维度推送等。在这方面,我国亟须加快复合型人才的培养。① 总体而言,智能检务的相关教学应体现在刑法课程、刑事诉讼法课程、证据法等课程以及专门性法学实践课程中。然而,在目前我国的法学教育中,检务教学并未得到重视,智能检务实践教学也未得到有效开展。

就智能执法而言,我国法学人才培养中的行政法与行政程序法课程的实践教学未重视此类教学内容。

就智能立法而言,我国立法人工智能领域的人才"严重匮乏"。② 可是,我国法学教学中的立法对策研究分析仍局限于采用传统的研究方法,也未运用智能立法手段开展预测性立法教学。因此,我国几乎各类法学课程中都应引入了相关实践教学。

就智能法律服务而言,人工智能可提供传统律师提供的信息与服务,因此律师应转变角色,运用智能工具,为当事人更高效地创造更好的工作成果。③ 可见,人工智能的发展已经对律师行业形成了"压力",将对法律及其行业生态产生巨大影响,这也促使"法学教育根据新的发展形势做出相应的调整"。④ 然而,目前我国的法学人才培养体系中没有开设此类课程,也未开展相关法学实践教学。在法律咨询、法律援助、法律诊所等教学活动方面,我国法学院校并未积极建立智能法律服务系统。这并不利于法学人才培养。

有分析指出,"人工智能既是司法工作者的得力助手,也是竞争对手。司

---

① 参见季美君等:《大数据时代检察机关遇到的挑战与应对》,载《人民检察》2017 年第 15 期。

② 参见高绍林、张宜云:《人工智能在立法领域的应用与展望》,载《地方立法研究》2019 年第 1 期。

③ See Sean Semmler & Zeeve Rose, *Artificial Intelligence: Application Today and Implications Tomorrow*, Duke Law & Technology Review, Vol. 16:1, p. 85 - 99(2017 - 2018).

④ 高奇琦、张鹏:《论人工智能对未来法律的多方位挑战》,载《华中科技大学学报(社会科学版)》2018 年第 1 期。

法工作者如不能顺应时代需求，很可能面临被人工智能淘汰的命运”。[①] 从这个角度看，如果法学人才培养不能适应智能法治实践发展，如果不将智能法治实践相关内容融入法学实践教学中，法学院校培养的人才将无法胜任相关工作，甚至可能被法律实践部门拒之门外。

2. 无法起到智能司法示范作用

如前所述，教育部已明确要求法学院校和相关学科在智能司法中起到示范作用，其中特别要求要对智能审判和智能检务起到示范作用，要求研制智慧检务和智慧法务系统，研发自动案件线索发现、智能定罪和辅助量刑、自动文书生成、自动法律问答、智能庭审等智能辅助工具，在法院和检察院中进行应用示范。可见，国家对法学院校的要求不仅仅是人才培养要适应智能司法实践需要，而且要引领智能司法发展。从这一角度看，我国目前的法学实践教学离这一目标还有很大的差距。因此，从我国目前的情况看，“法律人工智能的人才培养与储备状况都难以为其发展提供充分的人力资源支持，甚至在未来很长一段时间内，法律人工智能的发展都可能受制于人才的匮乏”。[②] 从这一角度看，我国法学实践教学在人工智能时代已呈现出巨大的非适应性。

3. 无法满足智能时代人才培养的基本需要

从人的全面发展角度看，每个公民都应具有最基本的人工智能能力。这是科技发展的必然要求。因此，面向人工智能发展，我国高等教育当前以专才为核心的人才培养应向“通识 + 专业”式的人才培养转变。[③] 另言之，即使不从智能法治角度看，培养法学人才的智能能力也是智能时代对每个公民的基本要求，也是时代使命。[④] 有分析指出，大数据时代背景下的人才要有完备的知识谱系、高效的学习方法、创新的思维模式、娴熟的实践技能。[⑤] 因此，在人工智能时代，智能检索能力、智能识别能力、智能分析能力、智能创新能力、智

---

① 程凡卿：《我国司法人工智能建设的问题与应对》，载《东方法学》2018 年第 3 期。

② 左卫民：《关于法律人工智能在中国运用前景的若干思考》，载《清华法学》2018 年第 2 期。

③ 参见赵智兴、段鑫星：《人工智能时代高等教育人才培养模式的变革：依据、困境与路径》，载《西南民族大学学报(人文社会科学版)》2019 年第 2 期。

④ 参见冯子轩、孙莹：《勇立人工智能时代潮头共谋法学教育创新之路——首届人工智能法学教育论坛综述》，载《中国高等教育》2018 年第 21 期。

⑤ 参见冯果：《大数据时代的法学教育及其变革》，载王瀚主编：《法学教育研究》第 21 卷，法律出版社 2018 年版。

能文书制作能力,都是每个公民应当掌握的基本能力。为此,法学实践教学作为承担法学人才培养的重要环节,在培养智能时代人才基本能力方面具有基础的功能。可是,目前我国法学实践教学总体上未将智能人才培养作为重要内容,并未重视此类能力的培养,仍按照传统的教学方法开展基本能力训练,其已不能满足智能时代人才培养的基本需要。

二、人工智能时代中国法学实践教学非适应性的根源

(一)对人工智能法治主要持观望态度

随着人工智能技术的发展,一些院校开始关注人工智能法律问题,也分别设立有关研究机构,推动人工智能科技和法律关系的研究和教学工作。[①] 尽管如此,大多数高校对人工智能法治并不重视,作壁上观的情况比较多见。在过去,电脑量刑等智能司法问题在我国存在较大争论,[②]目前人们仍然对人工智能在司法领域的效用持谨慎态度,[③]这导致人们在较大程度上对人工智能司法持观望态度,影响了人们对人工智能法治的正确认识,进而影响了对相关法学实践教学活动的认识,因此相关教学活动也未得到重视。可是,近年来人工智能在司法、执法、立法实践中的应用已成为现实,只是应用的程度不同而已。可见,尽管人工智能的司法应用“还处在摸索阶段,但它拥有十分广阔的发展前景”。[④] 因此,我们不应对人工智能法治持怀疑态度。

(二)对人工智能法学教育不够重视

目前,国内只有为数不多的高校真正开展人工智能法学教育。截至 2017 年年底,我国已有 33 个网络信息法学相关研究机构成立或开展工作,但开展学科教育的只有三所高校,学科教育仍是短板。[⑤] 因此,人工智能“虽然很热,但法学教育界对于人工智能导致法学就业影响实际上还没有更多考虑”。[⑥] 目

---

① 参见王利明:《人工智能时代提出的法学新课题》,载《中国法律评论》2018 年第 2 期。

② 参见季卫东:《人工智能时代的司法权之变》,载《东方法学》2018 年第 1 期。

③ 参见潘庸鲁:《人工智能介入司法领域路径分析》,载《东方法学》2018 年第 3 期。

④ 封利强:《司法证明机理:一个亟待开拓的研究领域》,载《法学研究》2012 年第 2 期。

⑤ 参见周辉:《网络信息法学研究机构建设和发展报告(2004—2017)》,载《网络信息法学研究》2018 年第 1 期。

⑥ 张建文:《人工智能技术的发展对法学教育的影响与应对》,载《北京航空航天大学学报(社会科学版)》2018 年第 2 期。

前,我国独立开设相关法学二级学科的主要有中国社会科学院的网络与信息法学、中国政法大学的网络法学、南京航空航天大学的网络法学、北京邮电大学的电子商务法学、西南政法大学的人工智能法学等,其中西南政法大学还提出了人工智能法学人才培养目标。[①] 值得注意的是,这些法学教育改革尝试更多为研究生层面的教育,涉及本科层面法学教育的并不多。从法学实践教学角度看,一些研究生乃至本科生参与到人工智能法治的研究中,在一定程度上可以提升相关学生的创新能力。但是,法科生的人工智能法治实践能力培养在我国还未得到更为广泛的高度重视。因此,我国人工智能法学教育以及人工智能法学实践教学还有极大的发展空间。

(三)对法学实践教学有长期忽视的传统

在我国,实验教学得不到应有的重视,[②]法学实践教学也是如此。[③] 在我国,尽管人们认识到法学实践教学的重要性,但实际上有效开展法学实践教学活动的院校并不多。因此,目前我国法学实践教学环节存在"结构性缺陷",[④]法治人才培养中理论与实践脱节,导致学生法律实践能力较为缺乏,严重影响了法治人才的培养质量,进而影响到法治工作队伍的建设。[⑤] 在这种背景下,人工智能法学实践教学自然也不会得到很大程度的重视。这样,在我国大多数高校中,人们对法学教育仍持传统法学教育思维,法学实践教学仍然遵循传统法学实践教学模式,仍然以人工法学实践为全部要素,智能性要素基本没有融入。

(四)法学实践教学体系本身不够完善

法学实践教学是一个完整的体系,其应包括实践目标、实践内容、实践形式、师资队伍、实践场所、实践条件、规章制度等。在我国,法学实践教学的定位不清、方法单一,有的流于形式、高质量教材缺乏、教学投入不足、师资队伍

---

① 参见陈亮:《把握时代脉搏培养创新型法律人才——西南政法大学成立人工智能法学院》,载《人民法治》2018 年第 16 期。

② 参见李伟:《实践范式转换与实践教学改革》,教育科学出版社 2010 年版,第 68 页。

③ 参见朱全景:《法学实验论纲》,载《比较法研究》2013 年第 4 期。

④ 参见胡永平、龚战梅:《法学实践教学改革与创新研究——以法律职业能力培养为目标导向》,载《大学教育》2018 年第 1 期。

⑤ 参见廖永安、段明:《中国法学教育的供给侧改革》,载《湖南社会科学》2017 年第 4 期。

结构不合理、评价体系不健全。[①] 在实践中，法学实践教学的主要形式是毕业实习与毕业论文，其他形式如模拟审判、庭审观摩、法律援助、法律诊所、法律咨询等基本处于非定期开展状态。不仅如此，我国法学实践教师缺乏也是一个突出问题，主要原因是法学专业教师不关注法学实践教学，故未形成相关师资队伍。在实验室建设方面，虽然一些院校重视实验室建设，有的还投入了大量资金，但是总体上模拟法庭的智能化程度不高。这样，智能法学实践的开展受到诸多限制。此外，我国法学院校总体上与实践部门的联系不多，高校虽有积极的热情，但实践部门有着资源有限性的困境。因此，即使国家有关部门积极推动审判进校园等活动，但在实践中更多流于形式。这样，即使是一些实践部门已经积极开展人工智能法治实践，但也很难让高校共享其相关资源。

正是由于人们对人工智能法治持观望态度，因此我国法学教育中真正拥抱人工智能要素的高校并不多，多数高校并没有将智能法学实践纳入教学体系，加之我国法学教学中一直存在忽视实践教学的传统以及实践教学体系本身不够完善等问题，导致我国智能法学实践教学未能有效开展。这显然不利于智能时代法学人才培养。

第二节　树立智能法学实践教学理念

当前，人工智能技术仍在高速发展中，人工智能法治实践也在不断进行中，但其总体趋势是明确的。为了促进人工智能时代法治人才培养，解决我国法学实践教学的非适应性问题，我们需根据高等教育发展需要，树立智能法学实践教学的理念。

一、树立智能法学实践教学理念的意旨

所谓树立智能法学实践教学的理念，是指法学实践教学应适应人工智能发展需要，在实践教学的各要素和各环节体现智能性，包括但不限于法学实践教学主体的智能化、法学实践环境的智能化、法学实践教学工具的智能化、法

① 参见张邦铺：《法学专业实践教学模式存在的问题及改进策略》，载《教育评论》2016 年第 7 期。

学实践教学内容的智能化、法学实践教学过程的智能化、法学实践教学评价的智能化等。其中，法学实践教学主体的智能化，既包括对教师的要求，也有对学生的基本要求；法学实践环境的智能化，既包括对传统法学实践空间如模拟法庭、教室的智能化改造，也包括虚拟实验空间的建设，还包括校外实践教学环境的利用；法学实践教学工具的智能化，则包括教材和教学软件等工具的智能化；法学实践内容的智能化，是指从简单实践到复杂实践都应智能化；法学实践教学过程的智能化，既包括常规实践的智能化，也包括特殊实践的智能化。

二、树立智能法学实践教学理念的正当性

之所以认为我国应树立智能法学实践教学理念，其正当性理由如下。

（一）教育人工智能化是时代发展需要

众所周知，随着人工智能技术的发展，我们应发展“教育人工智能”，其“最终目的就是通过人工智能与教育的融合，促进人类智能与人工智能和谐发展，人类与机器和谐共处，共同推动经济、社会发展，最终目的是促进人的全面发展，让人们更加有尊严、有智慧地生活”。[①] 而“教育人工智能的关键技术主要体现在知识的表示方法、机器学习与深度学习、自然语言处理、智能代理、情感计算等方面，其应用与发展趋势集中在智能导师与助手、智能测评、学习伙伴、数据挖掘与学习分析等领域”。[②] 这样，我们需向智慧教育变革，以“人的智慧成长”为导向，提供“全面感知的学习场所、灵活创新的学校布局和深度交互的网络学习空间”。[③] 因此，在人工智能时代，人的学习教育和机器学习教育是教育人工智能的总纲。[④] 因此，“在‘未来已来’的当下，法学教育必须走智能化的道路，建立中国的智慧法学教育”。[⑤] 这样，作为法学教育重要内容之一的法学实践教学必须智能化，因为智能教育、智能法学教育和智能法学实践教学是一脉相承的。

---

① 徐晔：《从“人工智能教育”走向“教育人工智能”的路径探究》，载《中国电化教育》2018 年第 12 期。

② 闫志明等：《教育人工智能（EAI）的内涵、关键技术与应用趋势》，载《远程教育杂志》2017 年第 1 期。

③ 曹培杰：《智慧教育：人工智能时代的教育变革》，载《教育研究》2018 年第 8 期。

④ 参见刘凯等：《中国教育领域人工智能研究论纲——基于通用人工智能视角》，载《开放教育研究》2018 年第 2 期。

⑤ 郜占川：《新时代卓越法治人才培养之道与术》，载《政法论坛》2019 年第 2 期。

（二）智能法治实践已越来越普遍化

如前所述，智能法院、智能检务、智能执法、智能立法、智能法律服务等不仅是我国法治建设的重要内容，并且已在我国法治实践中得到深入应用。虽然这些应用仍然具有弱人工智能时代的技术特征，但是其向更高级别的人工智能法治方向发展已是一种趋势。因此，智能法治实践将越来越普及化、高级化，将有越来越多的法院、检察院、执法机关、立法机关、律师事务所等实践智能法治。可见，在未来，法律服务越来越强调通过技术援助实现正义。① 因此，高等学校须积极开展智能法学实践教学，以培养能满足智能法治实践需要的人才。

（三）法学人才培养需适应智能法治实践发展需要

法学人才培养的目标是法学人才能服务于社会，因此法学人才培养需适应时代发展需要。从总体上看，无论是法学本科人才培养还是法学研究生人才培养，其人才主体要走向法治实践。因此，当法治实践越来越智能化时，法学人才培养也应使学生掌握智能法治基本能力，否则其就无法适应智能法治发展需要。更为重要的是，智能法治总体上对人类有益，因此法学人才培养不仅要能适应当前智能法治需要，而且还要促进智能法治发展。有分析指出，人工智能时代的法学教师要将机器与人类各自的优势结合，充分利用人工智能的及时反馈机制、个性化测试辅导等优势，培养学生的问题意识和法律思维。② 从这个角度看，在人工智能时代，开展智能型法学人才培养具有紧迫性。

（四）智能法学实践教学是法学人才培养的重要组成部分

一般而言，法学教学可分为理论教学与实践教学两部分。通过法学实践教学，学生对法学理论知识获得直接的观感和体验，可以更加深刻地掌握法学理论知识；可以在正式走向法律实践之前不断体验法律“适用”情事，养成良好的法律运用能力。不仅如此，法学实践教学可促使学生创新法学理论知识，尤其是创新类法学实践教学就能起到这一重要作用。因此，随着科技的发展，法学院校应帮助学生理解新技术和软件代码，使其成为具有多种能力的法律从

---

① See Daniel Martin Katz, *The MIT School of Law—A Perspective on Legal Education in the 21st Century*, University of Illinois Law Review, Vol. 2014:5, p. 1431 - 1472(2014).

② 参见贾引狮：《人工智能对法律职业的影响与法学教育面临的挑战》，载王瀚主编：《法学教育研究》第22卷，法律出版社2018年版。

业者。[①] 从这一角度看，智能法学实践教学也具有促进学生掌握理论知识、培养法律运用能力、促进法学理论创新的功能。原因是，与传统法学实践相比，智能法学实践可以提高效率，可以在更短的时间内使学生掌握理论知识、开展法学理论创新，熟练地掌握智能型法治手段，进而在正式走向实践后能娴熟运用之。因此，智能法学实践教学是现代法学教学的重要内容。

三、树立智能法学实践教学理念的规范

综上可见，在人工智能法治越来越普遍化的情况下，我们需以开放性的心态，以教育人工智能发展为指导，以智能法学实践教学为理念，积极开展智能法学实践教学。当然，需要指出的是，智能法学实践教学的水平受限于人工智能技术的发展水平。因此，在人工智能的初级阶段，我们更需最大化发挥人类的创造力。

此外，开展智能法学实践教学也要求我们理性地运用人工智能于法学实践教学中。这就要求我们在法学实践教学中能合理纠正智能错误，保证实践的科学性。因此，我们应建立智能法学实践的核验和评价系统，发现智能法学实践中的可能错误并勘正，进而改进实践设计并实践之，为学生今后的智能法律实践错误矫正提供“经验”。

第三节　建设智能型法学实践教学体系

本书认为，人工智能法治创新型人才塑造之实践培养需要全方位展开，主要包括智能实践教学内容、智能型师资队伍、智能型教室、智能型模拟法庭、智能型教学软件、智能型教材、智能法律援助中心、智能型校外实践教学基地、智能型考核系统等方面。以下具体阐述之。

一、智能实践教学内容

总体而言，法学实践教学内容体系应根据时间标准、空间标准、客体标准、

---

① See Mark Fenwick, Wulf A Kaal & Erik PM Vermeulen, *Legal Education in the Blockchain Revolution*, Vanderbilt Journal of Entertainment & Technology Law, Vol. 20;2, p. 351 – 384(2017).

功能标准、角色标准等进行构建。按照法学实践教学的层次，法学实践教学的内容可以划分为基本技能实践、综合性技能实践和创新性实践。因此，智能法学实践教学的内容也可按照这一方法进行构建。

（一）基本技能实践方面

基本技能实践是仅仅针对某一基本能力训练的实践，如有关文书撰写能力、检索能力、咨询解答能力、谈判能力、辩护能力、取证能力有关的实践。因此，在法学基本技能实践中，证据检验、文书撰写、模拟咨询、法学检索、辩论训练、庭审观摩都应智能化，应建立证据智能检验识别（包括视频、音像、文字、足迹、指纹、人脸识别等）、文书撰写辅助系统、智能检索、模拟谈判智能训练等系统，并实现庭审观摩网络化。

（二）综合性技能实践方面

综合性技能实践是指对多种法学能力进行训练的实践，如模拟诉讼、模拟检务、模拟执法、模拟仲裁、模拟调解、模拟公证、模拟企业法律实务、模拟国际会议、法律援助、法律诊所、校外实习等。在人工智能时代，应运用人工智能技术，建立智能程序辅助系统、智能法律援助系统、校外实习智能考核系统等。很早就有研究指出，人工智能法律系统可以在法学教学中发挥模拟法庭的作用，可以帮助学生巩固所学知识，较快地提高解决法律实践问题的能力。① 在现代社会，法律问题处理常涉及极其复杂的大规模群体纠纷，涉及复杂的权利、义务、责任问题分析，因此对法律人的素质要求越来越高。在综合性技能训练中，若能有效运用人工智能技术，则可以培养学生的复杂法律问题解决能力。实际上，IBM 的“沃森”和“辩论者”程序已使得深度问答、信息提取和论证挖掘等法律人工智能的应用具有了可能性。② 因此，我们应积极开展智能型综合技能实践这一法学实践教学的重要内容。

（三）创新性实践方面

创新性实践主要是指培养学生创造性能力的实践，如学术前沿研讨、专题辩论、调查研究、参与立法、学术论文撰写等。其中，法学实践教学要让学生掌握大数据挖掘与分析、模拟立法、智能型研究方法等能力。特别指出的是，在

---

① 参见张保生：《人工智能法律系统的法理学思考》，载《法学评论》2001 年第 5 期。

② 参见邱昭继：《文本解析技术及其在法律实践中的应用》，载《中国法律评论》2019 年第 2 期。

人工智能时代,智能化的机器学习可以生成海量数据并以此进行预测性和实验性立法。[①] 因此,模拟智能立法也是法学实践教学的重要内容。当然,在人工智能法治时代,法治人才培养要重视方法塑造,而不是知识的简单传授。因此,我们必须将知识传授与方法传授相结合,重视方法指引。从这一角度看,法学实践教学应重视人工智能法治方法的教学。

当然,从课程设置看,智能法学实践教学体系应在通识教育模块、专业课程模块、专门性实践教学模块中都设置实践课程。在通识教育模块中,应增设体现"人工智能+法律"的课程体系,避免学生出现知识盲点。[②] 在专业课程模块中,应根据各类课程的特点融入智能法学实践教学的内容。在专门性实践教学模块中,各环节都应融入智能实践教学内容。

二、智能型师资队伍

在人工智能快速发展的背景下,教师的多元化是一种趋势。[③] 这样,教师应当具备基本的"智能技术素养"。[④] 因此,每位法学教师都应具有智能法学实践的基本能力。为此,法学专业教师需加强人工智能相关知识学习,掌握智能法学教学能力;需要与人工智能学科教师加强交流合作,必要时邀请人工智能学科教师参与智能法学教育;需要配备人工智能法学实验员,为法学实践教学提供技术支撑。另外,还可以设置机器人教师,建造具有云化虚拟现实计算能力的教学系统机器人,充分进行虚实融合、实时交互和三维跟踪。[⑤] 当然,由于当前教育依托人工智能技术实现的自动化程度还很有限,因此增强教师的设计比替代教师的设计更为重要。[⑥]

三、智能型教室

在人工智能时代,教学场所应当立体化,而"智慧教室"是其中的重要应用

① 参见余成峰:《法律的"死亡":人工智能时代的法律功能危机》,载《华东政法大学学报》2018年第2期。
② 参见薛应军:《应增设"人工智能+法律"课程体系》,载《民主与法制时报》2018年8月16日,第5版。
③ 参见朱永新:《未来学习中心构想》,载《教育发展研究》2017年第9期。
④ 参见张务农:《人工智能时代教育哲学"技术理论"问题的生成及论域》,载《电化教育研究》2019年第5期。
⑤ 参见杨继文:《从实验法学到智能法学》,载《检察日报》2018年12月18日,第3版。
⑥ 参见张志祯等:《人工智能教育应用的实然分析:教学自动化的方法与限度》,载《中国远程教育》2019年第3期。

形态之一。[①] 因此,如何将“互联网+”、人工智能、区块链嵌入法学课堂教学,这是法学界必须重视的。[②] 依此而论,教室应是法学实践教学的重要场所。这样,传统教室需要进行软硬件升级,使其具有智能教学的基本条件。其中,智能教室需要实现网络化,实现多媒体控制系统智能化、多媒体显示系统智能化、师生教学交流系统智能化。在功能上,智能化教室应能再现案件场景,包括案件场景、生活场景、审判场景等,而教室内的人工智能工具能对法律法规实现自动阅读或分析功能,在此基础上可在教室开展智能模拟审判等实践活动。

四、智能型模拟法庭

首先,模拟法庭应参照智能法院的标准进行建设。这就要求模拟法庭能实现案件受理、审理、宣判、送达的智能化。其次,模拟法庭还需实现录播功能。模拟法庭活动能够实现直播,至少能向校园内直播,使学生可以开展非现场观摩。最后,其他教学设施的智能化。智能法学实践不一定要求都在某一固定地点进行,因此应为学生远程开展智能模拟审判提供条件。这就需要建设能接入、融入校内智能法学实践的设施。

五、智能型教学软件

开展智能化法学实践需要开发能有效集合法学实践的高级软件。该软件能聚合海量法学实践教学资源,能将各种实践系统融入其中。因此,应研发智能法学实践系统 App。智能法学实践教学软件应能将所有实践教学内容融入其中,实践环节全面体现于其中。在智能法学实践软件中,智能人的运用是一项十分重要的内容。也就是说,在法学实践中,人工智能技术可以促进智能人担任一些法律角色,如书记员、证人等,以提高法学实践的有效性。在这种情境下,人才培养既能突出个性化培养,又能突出专业化培养,这有利于实现智能时代高等教育人才培养目标。[③] 为此,加强与行业性科技企业的合作十分重

---

① 参见吴永和等:《构筑“人工智能+教育”的生态系统》,载《远程教育杂志》2017 年第 5 期。

② 参见徐显明、黄进、潘剑锋、韩大元、申卫星:《改革开放四十年的中国法学教育》,载《中国法律评论》2018 年第 3 期。

③ 参见余小波、张欢欢:《人工智能时代的高等教育人才培养观探析》,载《大学教育科学》2019 年第 1 期。

要，如有研究就提出应积极促成高校法学院与阿里云、腾讯、百度、科大讯飞等大型科技企业的教学实践合作。[①]

六、智能型教材

传统教材一般采理论知识与实践指导分开编纂的方式。这已不能适应人工智能时代的发展需要。因此，智能型教材需要将理论知识与实践知识融为一体。智能教材应具备“导航”功能，其应具有智能识别系统，以将教材内容转化为语音或其他介质，可以通过智能扫码等方式直接访问教材编写者建立的实践教学资源或者可以合法获得的其他教学资源。这样，智能型教材就可以作为实践教材。

七、智能法律援助中心

传统法律援助中心建在校园内，服务很难出校门，其在校外开展活动时，往往又存在一些条件限制。因此，目前我国法学院校的法律援助服务总体上处于少活动状态，流于形式的居多。在人工智能时代，可以建设智能法律援助系统，通过在线法律服务系统为广大法律援助需求者提供法律服务，可以使法律援助服务活动有效开展起来，从而培养学生的法治能力。

八、智能型校外实践教学基地

法学院校应与司法机关、行政执法部门、立法机关、律师事务所等法律实践部门或单位合作，建立起智能型校外实践教学基地网络，有效促进法学人才培养。其中，要做到校园与相关法院智能联网，在校园内也能直接观摩法律上允许公开的审判活动。当然，这也要求法院审判活动实现智能化。从这一角度看，人工智能法学实践并不是仅仅依靠学校就能解决的，还需要国家积极推动司法实践设施条件改造升级。因此，法学院校应加强与智能法院等部门的合作联系。目前，我国已建有少数智能法院，高校应与这些法院建立有效联系，实现相互交流学习，促进法学人才培养。

---

① 参见高鲁嘉：《人工智能时代我国司法智慧化的机遇、挑战及发展路径》，载《山东大学学报（哲学社会科学版）》2019 年第 3 期。

九、智能型考核系统

在人工智能时代,法学实践的考核也应智能化。因此,应设计智能型法学实践评分系统,实现智能化考核。目前,智能批改作业工具已广泛应用,法学实践教学的智能化考核应实现在此基础上的智能化,包括实现一键化智能考核,以便对学生的法学实践实行自动评分。

综上可见,人工智能法治已蓬勃发展,智能审判、智能检务、智能执法、智能立法、智能法律服务在我国已逐步深入应用,法学实践教学已呈现出巨大的滞后性,无法起到促进司法的作用,更不能满足智能时代人才培养的基本需要。为此,我国需以教育人工智能为指导,从传统法学实践教学向智能法学实践教学转变,多层次构建智能法学实践教学内容,建设智能型师资队伍、智能型教室、智能型模拟法庭、智能型教学软件、智能型教材、智能型法律援助中心、智能型校外实践教学基地、智能型考核系统等,以促进智能时代法学人才培养。当然,需要指出的是,人工智能技术的高级运用仍在发展中,高级智能法治实践也在发展中,因此智能法学教育以及智能法学实践教学仍需不断探索。在发展过程中,我们要最大可能地发挥自然人与人工智能的正向潜能,并避免相关负面影响,最大限度地促进人类法治发展。

第九章　人工智能法治创新型人才塑造的评价机制

“教育评价事关教育发展方向，有什么样的评价指挥棒，就有什么样的办学导向。”我国现行的法学教育评价机制主要以学科评估机制为载体。通过对教育部学科评估和“双一流”学科评估的考察可知，传统的法学学科评估以指标性考核为主要特征。这种单一性的行政主导模式既不能适应法学教育的实践性需求，也无法契合人工智能法的交叉学科建设方向。为此，应当以人工智能法治创新型人才塑造为核心目标，建构具有异质性、动态性、综合性的新型教育评价机制。在具体机制构建上，既要优化评价目标与标准，又要设计多元化评价方法，还要通过吸引跨学科专家与社会公众、制定多元化的评估指标体系、开展公开与透明的评价活动、建立持续性更新的反馈机制等一系列举措建立第三方评价机制。

第一节　传统法学教育评价机制的现状与问题

中共中央、国务院 2020 年 10 月印发的《深化新时代教育评价改革总体方案》中明确指出，教育评价事关教育发展方向，有什么样的评价指挥棒，就有什么样的办学导向。因而，判断高等教育机构是否能够真正实现“为党育人、为国育才”的关键路径就是教育评价机制。法学作为一类典型性的社会科学学科，对法学教育育人育才效果的评价也是经由教育评价机制实现的。

一、法学教育评价机制的实证考察

高等教育评价主要是指针对高等教育机构开展的相关评价,包括高校评价、教学评估、学科评估、专项评价等内容。[①] 法学教育评价机制主要表现为我国现行的学科评估机制。

需要说明的是,我国法学教育主要是依托高等学校展开的,因而以高等学校为对象开展的高校评价、教学评估等也会间接对法学教育产生评价效果。[②] 如针对“985 工程”项目、“211 工程”项目对高等学校开展的评估必然也会涉及对法学教育的评价,同时评估结果也会对法学教育产生影响;但是此时法学教育仅仅是作为高等学校分学科教育的组成部分而存在的,并不会单独根据学科特点开展评估。故而,法学教育评价主要是通过学科评估的方式展开的,我国现行的主要有教育部学科评估和“双一流”学科评估两种。

(一)教育部学科评估现状考察

教育部学科评估是教育部学位与研究生教育发展中心按照《学位授予和人才培养学科目录》,对全国具有博士、硕士学位授权的一级学科进行的整体性评估。在高等教育界,学科评估目前被认为是对我国高等学校教育评价的最权威评价系统。首先,学科评估致力于提高教育质量和竞争力。通过定期的评估,高等教育机构受到鼓励,不断改进课程内容、教学方法和研究成果。例言之,一所大学可能在某个学科领域获得高分,将激发其他学校的竞争,从而推动学科建设进步,以提高其自身的竞争力。其次,评估结果为资源分配和政策制定提供了相应的依据,有助于优化教育资源的利用,更科学地分配资源,确保高效的教育投入,满足社会和经济需求。最后,学科评估的结果还会进一步在高校系统外部产生影响,一方面左右学生对高校的选择,另一方面在一定程度上决定了高校的国际声誉。概言之,通过持续性的学科评估能够督促高校学科建设不断进步,推动高等教育内生动力的自我革新。[③] 就教育部学

① 参见何敦春等:《新时代加强高校学科建设的探索》,载《中国高等教育》2020 年第 1 期。

② 参见雷磊:《当代中国法学学科评价机制的问题与重建——以德国法学学科评价机制为参照系》,载《国家教育行政学院学报》2021 年第 12 期。

③ 参见张炜、王良:《大学知识生产模式变革与学科评估的未来走向》,载《江苏高教》2022 年第 2 期。

科评估重点而言，其主要关注高等学校的学科建设综合质量。① 具体就学科评估指标体系而言，主要包括人才培养质量、师资队伍与资源、科学研究水平、社会服务与学科声誉4个方面。② 考察历次学科评估指标体系中的一级指标、二级指标和三级指标变化，教育部学科评估呈现出如下特点：首先，学科评估中学科建设内容和学科建设成效权重在逐次增加。如首次学科评估中采用的“学术声誉”指标在第三次被更改为“学科声誉”，并在第四次学科评估中被进一步扩充为“社会服务和学科声誉”且保留至第五次学科评估，从最初对单纯学术内容的评价逐渐过渡到对学科建设内容和学科建设的评价。其次，指标体系从形式化转变为实质化。如第一次和第二次考评中“学术队伍”指标下属的二级指标中明确将获得博士学位和硕士学位的教师人数、院士人数与长江学者等教师特殊头衔人数等作为评价标准；第三次评价中一级指标被修改为师资队伍和资源，并在二级指标中增加重点学科、重点实验室情况、生师比等指标；第四次评估中进一步对师资队伍的结构进行细化，并在法学学科门类的学科评估中取消重点实验室这一指标；③第五次评估中更是在三级指标中增加师德师风建设成效这一评价指标，更加关注学科建设“立德树人”成效。最后，学科评价逐渐回归人才培养的基本逻辑，突出科研育人成效。前三次学科评估中相应指标建设遵循相关指标简单加成的逻辑，一段时间内甚至被称为“查数字”评估，对学科建设产生了一定的消极作用。针对这一现象，国务院在《深化新时代教育评价改革总体方案》中明确提出“破五唯”这一要求，并在第五次学科评估中得到具体体现，相关指标更加切中高等教育的“初心”，以科研育人、立德树人成效为最终考核依据。这也为不同学科采用区别性的指标体系提供了基础，防止拔苗助长的“虚假繁荣”。④

（二）“双一流”学科评估现状考察

“双一流”建设方案是我国继“985工程”项目、“211工程”项目、“优势学科创新平台”和“特色重点学科项目”之后，为了进一步加强高等学校立德树

---

① 参见刘晖、李嘉慧：《中国高等教育质量保障体系的完型》，载《教育研究》2019年第11期。

② 需要说明的是，历次评估中4个方面的内容排序不尽相同，此处列举以第五次学科评估指标体系为准。

③ 参见《第四轮学科评估指标体系（二）》，载中国科学技术大学学位与研究生教育网，https://gradschool.ustc.edu.cn/static/upload/article/file/ae328ed37c12470f91bfdb84ed766dfa.pdf，最后访问日期：2024年1月2日。

④ 参见胡业飞等：《为发展找回时间："破五唯"政策背景下高校学科建设时间投入需求研究》，载《国家教育行政学院学报》2023年第2期。

人根本职能、推进重点高校、重点学科建设，于2015年开始推行的高校、学科建设方案。所谓“双一流”学科评估正是这一建设方案实施过程中对学科开展的评估。根据国务院《统筹推进世界一流大学和一流学科建设总体方案》（以下简称《总体方案》），以实现我国从高等教育大国到高等教育强国历史性跨越为最终目标，聚焦于推进世界一流大学和一流学科建设内容；以学科为基础、以绩效为杠杆、以改革为动力，综合促进我国高等学校和学科进入世界一流行业或前列。梳理我国“双一流”建设方案的发展历程，大致可将其分为：首次评估阶段、首次考核阶段、二次评估阶段、二次考核阶段。

首次评估阶段是指在国务院《总体方案》的基础上开展的对我国高校、学科的第一次评估。具体为：2017年，教育部、财政部、发改委经国务院同意印发《统筹推进世界一流大学和一流学科建设实施办法（暂行）》，其中要求一流大学建设高校和一流学科建设高校均需要在人才培养、科学研究、社会服务、文化传承创新、师资队伍、国际交流合作6个方面达到相应的要求；同时对相应单位给予财政支持，并对名单进行动态管理。同年9月，教育部、财政部、发改委三部门印发《关于公布世界一流大学和一流学科建设高校及建设学科名单的通知》，公布了首轮评估中被列入一流大学建设名单和一流学科建设名单的高等教育机构。

首次考核阶段是指在首次评估之后，相关主管部门对列入首轮建设名单的高校和学科的建设情况进行考核评价的阶段。教育部等三部门于2020年再次印发《“双一流”建设成效评价办法（试行）》，其中明确对一流学科建设评价主要考察建设学科在人才培养、科学研究、社会服务、教师队伍建设4个方面的综合成效。其中：人才培养评价是指以立德树人成效作为根本考察标准，综合考察课程建设、教学投入、创新创业教育、毕业生就业情况、学生全面发展情况等；科学研究方面明确为突出原始创新与重大突破，实行代表作评价，强调成果的创新质量和贡献，就法学而言尤其关注在构建中国特色哲学社会科学学科体系、学术体系、话语体系中的贡献；社会服务方面突出贡献和引领作用，重点考察智库建设情况、成果转化效益、标准制定贡献等内容；教师队伍方面突出教师思想政治素质和师德师风建设，破“五唯”，综合考察教师道德、教学、科研、服务、专业等多方面的情况。

二次评估阶段是指基于首次考核阶段所得到的结果，对一流高校和一流学科建设名单进行动态调整的评估阶段。教育部、财政部、发改委于 2022 年 2 月印发《关于公布第二轮“双一流”建设高校及建设学科名单的通知》，其中明确北京大学、清华大学在“双一流”建设中自主确定建设学科并自行公布，并根据二次评估阶段和首次考核阶段所得结果分别确定了第二轮“双一流”建设名单和给予公开警示（含撤销）的首轮建设学科名单。更进一步地，根据《“双一流”建设成效评价办法》，在二次评估阶段结束之后自然进入二次考核阶段，对公布的第二轮“双一流”建设名单中的相关单位和被公开警示的首轮建设学科进行考核，并由此进入下一个循环。

整体而言，教育部学科评估和“双一流”学科评估具有以下 4 个特征。第一，评估主体的官方性。无论是教育部学科评估，还是“双一流”学科评估，都是由我国教育行政主管部门以规范性文件为支撑，对我国高等教育机构实施的，能够决定被评估对象在下一周期内政策和财政支持的评估，具有强烈的行政属性。这也就决定了评估指标体系的构建是由行政机关主导完成的，社会等主体仅能够附随性地参与到指标体系制定过程。第二，评估形式具有统一性。尽管教育部第五次学科评估中为不同学科针对其特点开展区别性指标体系建设提供了条件，但是目前仍未得到系统实现，两种学科评估中不同学科采用的指标体系也都基本类似，这也就为学科建设埋下了削足适履的隐患。第三，评估内容的科研性。考察教育部学科评估和“双一流”学科评估，二者对于师资队伍、人才质量、科研水平等内容的考核都偏重于科研论文的发表、科研观点的形成，对于立德树人的其他侧面缺乏足够关注，这也为高等学校重科研轻教学埋下隐患。第四，评估标准的量化性。如前所述，两种学科评估或许出于保证公平等目的，均采取了客观化的指标体系建设，即以实际形成的数据为基础进行评估。

二、法学教育评价机制的缺陷反思

通过对现行两种典型学科评估模式的考察可知，我国当前的学科评估模式坚守的是一种重科研、重数据的评估模式，不能完全适应法学教育的实践性需求。

（一）新时代法治人才培养的实践性需求

从历史维度上说，我国法学教育呈现出实践性目的逐渐增强的趋势。新中国成立初期，我国法学教育的主要目的表现为培养政法人才实施行政管理；自改革开放以来，我国法学教育逐渐走入正轨，以培养法律人才作为目标指引法学教育的建设和发展；进入新世纪之后，随着国际社会的剧烈变动和法学人才需求的不断增加，国家对法律人才的认知不断加深，法学教育的培养需求也逐渐转变为对卓越法律人才的培养。教育部、中央政法委于2011年发布的《关于实施卓越法律人才教育培养计划的若干意见》中明确指出"我国高等法学教育还不能完全适应社会主义法治国家建设的需要，社会主义法治理念教育还不够深入，培养模式相对单一，学生实践能力不强，应用型、复合型法律职业人才培养不足"。卓越法律人才培养的重点在于培养应用型、复合型法律人才，即"坚持厚基础、宽口径，强化学生法律职业伦理教育、强化学生法律实务技能培养，提高学生运用法学与其他学科知识方法解决实际法律问题的能力，促进法学教育与法律职业的深度衔接"。由此可见，这一阶段我国法律人才的培养模式已经开始关注到不同领域法律人才需求的独特性，强调法学教育中的实践性特征。2018年，教育部和中央政法委又发布《关于坚持德法兼修实施卓越法治人才教育培养计划2.0的意见》，相对于卓越法律人才培养计划，其中再次强调了法学教育中学科特色的重要性，强调厚德育、强专业、重实践、深协同、强德能、拓渠道、促开放、立标准8个指标，进一步强化了法学教育的实践性色彩要求。实质上，就法学教育的发展而言，其根源在于回答新时代法学教育"为谁培养人、培养什么人、怎样培养人、谁来培养人、培养得怎么样"等基础性问题。[①] 由此观之，在新时代背景下，我国法学教育呈现出越来越强烈的时代性色彩，对特殊社会现实的应对成效则成为我国法学教育发展的关键特征。

（二）法学学科评估机制无法适应实践性需求

经过对我国现行学科评估机制的考察可知，尽管行政部门针对学科评估中存在的根本性问题进行了相应的制度设计以减轻负面影响，[②]但是整体上仍未彻底摆脱静态评价机制与动态学科发展之间的矛盾，遑论契合法学教育的

---

① 参见杨宗科：《习近平德法兼修高素质法治人才培养思想的科学内涵》，载《法学》2021年第1期。

② 参见吕俊杰等：《我国人文社科评价方法实践与探索——以法学学科为例》，载《情报探索》2021年第6期。

个性化实践需求。具体而言，学科评估机制和我国学科发展实践之间的龃龉体现为以下三点。

首先，我国学科评估采用单一官方评估的方式，忽略了实务部门的评价，导致学科评估标准建构视角的单一性。根据学科评估实施主体的不同，可以将学科评估区分为体制内评估和体制外评估：体制内评估是指由教育行政主管部门或者被授权单位依据规范性文件实施的，直接决定被评估对象在下一周期内政策和财政支持的评估，具有强烈的行政属性，如前述两种学科评估就是如此；体制外评估是指由市场、社会自发开展的对高等教育的评估，其中受关注较多的是国际排名体系，典型如泰晤士高等教育世界大学排名、QS 世界大学排名、软科世界大学学术排名等。两种类型的学科评估相比，体制内学科评估具有更强的行政性，因此也就注定了其体系是自上而下意志贯彻型的，对于高等教育所产生的外部影响仅通过吸纳社会意见的方式加以考虑；而体制外排名则是横向的评价体系，相对更为关注企业、社会对人才需求的被满足程度。尽管体制外排名存在自身的局限性，[①]但是其对横向评价的采纳则是体制内学科评估所需的。概言之，我国学科评估尚缺乏多元化的建构视角。

其次，我国学科评估采取的总体上仍然是统一指标体系，无法应对法学教育的特殊性需求。如前所述，教育部学科评估和"双一流"学科评估中的指标体系建设都是基于统一标准实施的，尽管设置了一定程度的宽余度，但是仍然不能结合具体学科的特点对指标体系内容进行调整。但是，相对于其他学科而言，法学学科是一门实践性很强的学科，由此也就要求法学教育中处理好认知教学与实践教学之间的关系；[②]同时法学学科的应用性特征也要求法学教育在完成对法学专业基础知识传授的同时，对外围相关专业基础概念有所涉猎。两相对比可知，我国现行的学科评估指标体系并不能够契合法学教育的发展需要，无法体现出法学教育的特色，更无法充分保障对法学职业能力的培养。

最后，现行学科评价指标体系中的量化趋势与法学教育之间存在根本性

① 参见雷磊：《当代中国法学学科评价机制的问题与重建——以德国法学学科评价体系为参照系》，载《国家教育行政学院学报》2021 年第 12 期。

② 参见阮晨新、刘艳红：《大数据司法领域对法学教育的渗透与影响——以区块链技术的法律行业运用为视角》，载杨宗科主编：《法学教育研究》第 28 卷，法律出版社 2020 年版。

矛盾。前已述及,我国学科评估中相关指标倾向于采取量化标准进行评价,不可否认,这一策略排除了评估过程的主观倾向干扰,有助于保障评估的公平性。但是需要注意的是,对于法学等社会科学学科,学科建设成效、科研育人成效、立德树人成效的评价过程本就是由不同主体开展的主观判断,故而学科评估的量化趋势实际上是将评估权力转移给了上游主体,即学术期刊编辑、科研项目评委等。一方面,这导致了学科评估目标异化,从立德树人的目的取向转变为其他各分目的;另一方面,这也会导致责任的分散化,不仅难以形成对法学教育的完整性评估结论,在上游评估主体产生意见分歧时,也缺乏统一机制。原因在于,量化指标的分散化评价导向有悖于法学教育"培养德法兼修高素质法学人才"的综合性培养目标。[①]

第二节 人工智能对传统法学教育评价机制的冲击

人工智能(Artificial Intelligence,AI)是计算机科学的一个分支,它旨在创造能够执行需要人类智慧的任务的机器。换句话说,AI 旨在使机器能够模仿和执行与人类思维相关的功能,如学习、推理、自主决策、识别和处理语言。建立 AI 与学科教育相结合的教育体系是人工智能时代教育发展的趋势所向。[②]2017 年 7 月国务院印发的《新一代人工智能发展规划》(国发〔2017〕35 号)确立了"建设人工智能学科"的重点任务,并第一次明确提出:鼓励高校在原有基础上拓宽人工智能专业教育内容,形成"人工智能 + X"复合专业培养新模式,重视人工智能与法学等学科专业教育的交叉融合。加强产学研合作,鼓励高校、科研院所与企业等机构合作开展人工智能学科建设。而且,根据该文件确立的三步走目标,可以概括出"人工智能 + 法学"的三个发展阶段:一是到 2020 年,部分领域的人工智能伦理规范和政策法规初步建立;二是到 2025 年,初步建立人工智能法律法规、伦理规范和政策体系;三是到 2030 年,建成更加完善的人工智能法律法规、伦理规范和政策体系。由此可见,人工智能兼具技

① 参见董玮、孙鹏:《高等政法院校法学一流学科建设论》,载杨宗科主编:《法学教育研究》第 31 卷,法律出版社 2020 年版。

② 参见邹卫中、李萍萍:《人工智能与法学教育融合发展研究》,载《南宁师范大学学报(哲学社会科学版)》2020 年第 2 期。

术性与知识性以及发展的阶段性。它所代表的先进工具与前沿知识对传统法学教育和法学学科都提出了新的挑战和机遇,这样不仅放大了传统法学学科评估机制的缺陷,而且此缺陷将随着人工智能法学的新兴交叉学科建立而越发严重。下文将分别从现实的法学教育革新与未来的法学学科发展两个层面,说明人工智能对传统法学教育评价机制的冲击。

一、人工智能技术对传统法学教育的挑战

(一)人工智能对法学教育模式的变革

在我国,传统法学教育通常结合了法学基础知识的教授与法律行业的实地实习。虽然法学本科教育已经取得了不凡的现实成就,但法学专业教育模式尤其是实践教学模式仍然存在与知识教学、社会需求相脱钩的严峻问题。从现实状况来看,人工智能技术正在深刻地改变传统的法学教育模式,这些变革为法学学生提供了更多的学习机会和方式,同时也为法学教育模式带来了前所未有的挑战。具体从以下三个方面展开。

从教育目标方面来看,人工智能大大提高了对知识更新、实践应用与跨学科思维的要求。就知识更新速度而言,传统的法学教育侧重于历史、文献和纯理论的学习。但在人工智能时代,知识更新的速度明显加快。法律与技术的结合使得法学知识内容需要更快地适应技术的变化。这要求转变法学教育理念,更注重实时更新的教材和案例分析。就实践应用而言,传统法学注重理论研究。现在,由于人工智能的应用在法律实践中发挥了越来越大的作用,法学教育开始强调实践与理论并重的教育模式。就跨学科思维而言,人工智能的广泛应用要求法律专业的学生不仅需要掌握法律知识,还需要理解技术背景,这使跨学科教育变得越来越重要。以芝加哥大学法学院课程为例,其通过引入 Hot Dpcs 等软件系统,要求学生熟悉使用 1 ~ 2 个法律软件,以应对新科技时代下法律学习的改革方向。①

从教学条件方面来看,人工智能大大丰富及拓展了教育资料、实践平台与学习途径。具体变化有三:一是资料获取的数字化与智能化。传统的法学教

---

① See Ronald W. Staudt & Andrew P. Medeiros, *Access to Justice and Technology Clinics: A 4% Solution*, Chicago-Kent Law Review, Vol. 88:3, p. 695 - 727(2013).

育资料主要依赖于书本和实体图书馆。但现在,大数据、云计算和人工智能使法律资料的检索、整理和分析变得更加快速和智能。二是实践平台的多元化。利用虚拟现实和增强现实技术,学生可以参与到模拟法庭的实践中,获得更真实的法庭体验。比如,以自适应学习技术为依托的 AI 工具可以作为教学助手,帮助学生解答疑问、提供案例研究建议或进行模拟法庭练习。[①] 三是学习途径的便捷化。MOOCs、在线研讨会和互动平台为学生提供了更加灵活的学习方式,他们可以在任何时间、任何地方进行学习。这种结合线上 AI 教学资源与线下实际教学的模式,能够打破传统的课堂限制,实现教学时间和教学地点的灵活性。

从教学关系方面来看,人工智能大大促进了师生互动、团队协作与实时反馈的效果,这样就使得教育从原来的"以教师为本"转变为"以学生为本"。[②] 就师生互动方式而言,传统的法学教育中,教师是知识的主要传递者,学生是被动接受者。在 AI 的支持下,智能教育平台可以为每个学生提供定制化的学习路径,使学生在学习过程中更加主动。就团队协作关系而言,在人工智能的项目中,法学学生需要与计算机科学、数据分析等其他学科的学生合作,这种合作模式要求学生具备更强的团队协作能力。就实时反馈成效而言,通过智能教育工具,教师可以获得学生学习情况的实时反馈,从而更有针对性地指导学生,同时也使学生能够更快地理解和纠正自己的错误。

(二)人工智能对法学教育评价要求的变革

虽然目前的"人工智能 + 法学"尚处于初步交叉融合阶段,但是人工智能技术的广泛应用已经对法学教育模式产生了深刻变革,传统的法学教育评价机制为此需展开系统性变革。需要说明的是,这种教育评价机制的系统性变革要求,既包括对教师能力评价与学生能力评价的变革,也涉及对高校学科建设评价的变革。具体可以从评价维度与重点、评价标准与方法、评价与实际需求的匹配度三个方面展开。

首先,在教育评价维度与重点上,有别于传统法学教育评价通常基于该学

① 参见唐玉溪、何伟光:《技术文化哲学视域下美国高校自适应学习变革》,载《中国远程教育》2020 年第 7 期。

② 参见卢臻、覃淮宇:《高校法治教育的有效路径:自主式探究学习法》,载《广西师范学院学报(哲学社会科学版)》2018 年第 6 期。

科的历史地位、学术贡献、教育质量和研究产出等维度，人工智能技术应用下的法学教育评价应当更强调对人才知识能力应用性与创新性的考察。

从教育教学角度而言，在传统法学教育评价机制中，评价的核心往往集中在学生的法律知识掌握程度和实习经验。但随着人工智能技术的介入，评价的维度和重点也开始发生转变。一方面，交叉学科教学能力的评价成为重要的新维度。这不仅仅是因为法律本身正在被人工智能技术影响，更因为人工智能本身也带有法律属性，如数据隐私、算法公正性等问题。因此，现代的法学生需要对 AI 和大数据等新技术有一定的了解，并能够将它们与法律知识结合，解决实际问题。另一方面，创新能力和技术应用能力的评价逐渐成为新的重点。在 AI 时代，传统的法律问题可能需要新的方法予以解决，而新的法律问题也层出不穷。学生是否能够利用 AI 工具，如自然语言处理、机器学习等，高效地解决问题，逐渐成为评价的新标准。

从高校建设角度而言，既要提高对学科交叉与交叉学科建设能力的评估，又要提高对科技与法律融合效果的考评。事实上，法学与人工智能的结合催生了跨学科合作研究，如法学研究与计算机技术、大数据技术相结合。然而，我国高校跨学科发展相对落后，跨学科呈现“复而不合”的尴尬境地，学科之间的交叉呈现封闭僵化的特点。[①] 为此，高校需要在学科建设中充分考虑这些新兴交叉研究方向，并为其提供充足的资源和支持。与此同时，高校在学科建设中不仅要注重法律知识的深度，还要关注法律与科技如何融合，如何将新技术应用于法律实践中。例如，作为“硅谷之父”的斯坦福大学法学院设有法律信息学研究中心，其研究领域有法律文件检索、法律基础设施和计算法学，开设的课程包括法律信息学人工智能的历史与哲学、法科技术与信息科学、编程 = 法律、计算机与法律等。[②]

其次，在教育评价标准与方法上，有别于传统法学教育评价通常基于某些固定和历史悠久的标准，如学术论文的数量和质量、学术会议的影响力、教学成果和学生反馈等，人工智能技术应用下的法学教育评价应当更提倡多元化

① 参见刘海涛：《高等学校跨学科专业设置：逻辑、困境与对策》，载《江苏高教》2018 年第 2 期。

② 参见邹卫中、李萍萍：《人工智能与法学教育融合发展研究》，载《南宁师范大学学报（哲学社会科学版）》2020 年第 2 期。

与综合性的考察。

从教育教学角度而言，传统的法学教育评价主要依靠书面考试和实习评估，但在AI技术影响下，评价方法变得更加丰富与科技化。一来，模拟法庭、在线法律辅助工具和AI法律分析平台等成为评价学生的新工具，评价方法从单一的笔试、口试扩展到项目、实践和团队合作。例如，学生可能需要在模拟法庭中使用AI工具帮助分析案件，或者利用AI工具为客户提供法律咨询，学生的综合能力、创新能力和团队协作能力都可以被纳入考核范围。二来，数据分析和算法能力成为评价的新标准。在AI的影响下，法律问题的分析和解决不再仅仅依靠人的经验和直觉，更多地需要依靠数据和算法。故除了传统的法律知识和技能考核外，学生在数据处理、算法设计和AI工具使用等方面的表现，也要成为考核的重要部分。

从高校建设角度而言，既要重视对学术研究与应用转化的结果考评，又要提升对学科的前沿性程度考察。如今，越来越多的法学研究选题涉及新技术领域（如大数据、人工智能、区块链、物联网等），法学教育也要以更积极的态势应对司法领域的变化。① 反馈到学科建设评价中，高校不仅要关注学科的研究深度，还要看这些研究如何转化为实际的应用，如何为社会和行业带来价值。此外，学科建设的评价还需要关注学科的前沿性，即学科研究是否与国际标准接轨，是否探索了最新的研究领域和方向。

最后，在教育评价与实际需求的匹配度上，有别于传统法学教育评价重视学术纯度和学术传统，人工智能技术应用下的法学教育评价应当更注重教育产出与实际社会和产业需求的匹配度考察。诚如苏力教授所言："法学院的产品，主要是毕业生和学术成果（并且这两者常常是交织在一起的）理应满足中国社会发展的现实需要。"②

从教育教学角度而言，传统的法学教育评价机制往往更注重学生的理论知识和实习经验，但在AI时代，法律实践的真实需求及其评价权重正在发生变化。其一，法律服务市场对具有技术背景的法律人才的需求正在增加。无

① 参见阮晨新、刘艳红：《大数据司法领域对法学教育的渗透与影响——以区块链技术的法律行业运用为视角》，载杨宗科主编：《法学教育研究》第28卷，法律出版社2020年版。

② 苏力：《当代中国法学教育的挑战与机遇》，载《法学》2006年第2期。

论是在诉讼、合同审查，还是在知识产权、数据隐私等领域，对于能够理解和应用 AI 技术的法律专家的需求都在增加。对此，应强调市场与学术的结合，法学教育评价需要确保学生掌握的知识和技能能够满足市场的实际需求，教育内容和方法需要与实际工作环境、行业需求和技术发展保持一致。其二，传统的实习经验已经无法满足现代法律服务的需求。新型高校教师应该扮演集动机激发者、氛围营造者、计划制定者、资源提供者、过程监督者、效果评价者于一体的综合角色。[①] 利用 AI 技术，学生具备了更多在学习和实践中进行自主学习的优势与可能。对此，应持续进行教育与技术更新，法学教育评价需要关注学生的终身学习能力，确保他们能够适应技术和行业的持续变革。

从高校建设角度而言，评价机制也需要根据市场和实践的真实需求进行调整。一方面，要重视产学研合作及其成效。学科建设的评价需要确保学科研究与产业、市场和社会的实际需求相结合。这可能涉及与企业、政府和其他研究机构的合作。另一方面，要重视国际化与本土化的贡献。以现实问题为导向，法学学科建设评价既要关注学科的国际化程度，即学科研究是否与国际最新发展接轨，同时也要关注本土化，即研究是否解决了本国的实际问题。

二、人工智能法学与法学学科评估机制不匹配

“人工智能法学”不是“人工智能 + 部门法学”，也不是“数据信息 + 法学”或“数据技术 + 法学”，人工智能法学是由“人工智能 + 法学”交叉融合而成的独立新型学科。[②] 对人工智能法学的研究，不能仅限于人工智能、部门法学、数据信息、数据技术等不同学科知识的任意叠加或组合，而是要形成一种整体意义上的耦合。法律作为社会治理的重要方式和手段，权力与权利配置的基础来源，面对智能时代的冲击，更要进行及时变革，构建符合时代特点的良法善治模式。[③] 从未来发展来看，法学领域对人工智能的回应，应当从人工智能法学的学科体系构建与法治人才培养的更深层次展开，在人工智能法学的“新文

① 参见邱晖、许淑琴：《提高大学生自主学习能力目标下高校教师角色转变》，载《黑龙江高教研究》2014 年第 1 期。

② 参见刘艳红：《人工智能法学的“时代三问”》，载《东方法学》2021 年第 5 期。

③ 参见周佑勇：《论智能时代的技术逻辑与法律变革》，载《东南大学学报（哲学社会科学版）》2019 年第 5 期。

科、新法科”框架内布局法学理论研究体系、教育教学任务。[①] 遗憾的是,现有以学科评估与排名为主要载体的法学教育评价机制并不能适用于作为独立交叉学科的人工智能法学。究其根源,我国现有的学科评估机制无法回应新兴交叉学科发展的现实需求,具体理由阐释如下。

(一)评价指标体系的单一性与刻板性

传统的法学学科评估机制主要关注法律的基础知识、理论研究和案例分析等方面,评价指标往往以期刊发表、论文质量、教学质量和学术影响力为主。但人工智能法学不仅涉及传统的法律知识,还包括技术、数据和算法等方面的内容。这使得单纯从法律角度评估人工智能法学的价值和影响力变得不够全面。事实上,目前所有的评估指标均以学科建设的显性要素为核心,[②]而忽略了对学科建设最重要、最关键和最有价值的要素,即学科结构的优化、学科方向的凝练、学科组织模式的创新以及学科文化的关注。[③]

而且,人工智能法学的研究成果可能会更多地发表在跨学科的期刊和会议上,而不是传统的法学期刊。例如,某项关于人工智能技术的法律风险和伦理问题的研究,可能会在计算机科学或人工智能的顶级会议上发表,而非在传统的法学核心期刊上发表。这意味着,依赖于传统的法学期刊发表数量和质量的评价指标会低估人工智能法学的研究成果和影响力。这可能导致评价指标的偏差,难以准确反映教师队伍和研究团队的贡献和成果。

(二)缺乏对交叉学科特性的深入了解

我国在政策导向与科研基金支持的双重推动下,虽有大量多学科并置合作项目以及课程涌现,却并未在具体实践中有充分的多学科互动与深度交叉交流,仍停留在学科边界清晰的多学科并置的科研合作模式,同时大量多学科交叉课程虽已开设却缺乏实际的交叉学科背景教师队伍等问题仍很突出。[④]传统的法学学科评估机制往往注重纯法律研究的深度和广度,缺乏对技术和算法的深入了解。评审团队主要由法学专家组成,缺乏计算机科学和人工智

---

① 参见刘艳红:《人工智能法学的“时代三问”》,载《东方法学》2021 年第 5 期。

② 参见段鑫星、赵智兴:《学科评估指标体系:从理论建构到实践审思》,载《江苏高教》2021 年第 4 期。

③ 参见龚放:《一流学科建设不应舍本逐末》,载《高教发展与评估》2018 年第 3 期。

④ 参见张丹、姚婷洁:《法国交叉学科研究机构评估的制度变迁与指标体系》,载《上海交通大学学报(哲学社会科学版)》2023 年第 5 期。

能方面的专家。这就会导致对人工智能法学研究的误解和低估。比如，一项关于算法歧视和公平性的法律研究需要深入了解算法的工作原理和实际应用情况。如果评审团队缺乏这方面的知识和经验，其可能无法准确评估该研究的质量、创新性和社会影响。

因此，对于人工智能法学这种新兴交叉学科而言，评价机制需要融合多学科的专家和观点，以全面、公正地评估人工智能法学的研究成果和价值。

（三）与实际需求和社会发展趋势脱节

人工智能技术的快速发展和广泛应用，对社会和产业提出了很多新的法律和伦理挑战。人工智能法学正是为了回应这些挑战而诞生的。然而，传统的法学学科评估机制和排名过于注重学术理论和传统法律问题，而忽略了与现实社会和产业需求的匹配度。例如，关于人工智能技术在医疗、交通和金融等领域的法律问题，可能是当前社会和产业亟须解决的实际问题。若评价机制不能反映这些实际需求和价值，就会导致学术研究与实际应用和产业发展的脱节。

为了更好地评估人工智能法学的研究成果和价值，评价机制和排名需要与社会和产业发展的实际需求紧密结合，反映交叉学科在解决现实问题和推动社会发展中的实际作用。

概言之，交叉学科研究虽然承担着开辟新研究领域、融合多学科理论与方法、构建新学科范式的重任，但在成果评价方面并没有形成适应交叉学科发展规律及特点的评价体系。[①] 传统的法学学科评估机制和排名在评估人工智能法学这一新兴交叉学科时面临很多挑战和困难，需要进行深度的改革和创新，以更加公正、全面和灵活地评估其研究成果和价值。

第三节　人工智能法学教育评价机制的理论重构

以学科评估为基础的学科排名虽然极大地调动了高校参与的热情，但是

① 参见崔育宝等：《交叉学科建设：内涵论析、实施困境与推进策略》，载《中国高教研究》2022 年第 4 期。

造成了盲目攀比和趋同化效应。[①] 我国现有的法学教育评价机制既不能适应新时代法学教育的实践性需求,也不能回应人工智能法学的交叉学科建设要求。为此,需要从理论层面重新审视传统学科评估机制问题,从人工智能法学的交叉学科属性和社会发展趋势出发,提出重构人工智能法学教育评价机制的基本思路。

一、人工智能法学教育评价机制的重构逻辑

(一)法学学科评估机制的功能转向

前已述及,我国传统法学学科评估机制以指标性竞争为核心特征,这样会对人工智能法学的创新与发展造成以下不利影响。其一,过度量化与忽视独特性。传统评估过于强调量化指标,如论文数量和引用次数,从而可能导致研究评价的表面化,并忽视人工智能法学这种交叉学科的复杂性和独特性。其二,阻碍创新与导致趋同化。在指标评估压力下,教师队伍与科研团队可能会选择那些容易得到肯定的研究方向和方法,从而避免涉及可能带来创新性突破的领域。这也导致学科内的趋同化效应,阻碍了真正的创新。其三,响应迟缓与短视行为。由于过于依赖传统指标,这种评估方法难以适应人工智能技术的快速变化和新的挑战。同时,为了快速提升指标,传统法学学科评估机制可能鼓励研究人员作出短期、片面的决策,而忽视长远和深入的研究。

因此,为了更准确地评价人工智能法学的研究质量和价值,促进其健康、多样化和持续地发展,我们应当淡化指标性竞争,建构适应人工智能法学未来发展的评价机制。从功能主义视角而言,理想的学科评估制度应当具备以下功能。一是服务实际需求。与其纯粹追求量化的学术指标,不如从真实的法律问题和技术应用中发现研究的需求。这样的研究不仅具有针对性,而且可以更好地为社会提供服务。二是诊断研究短板。学科评估机制应该能够准确诊断出学科内部的研究短板和不足,为教师队伍和研究团队提供针对性的改进意见和建议。这有助于整个学科持续地进行自我完善和创新。三是实现引导与激励。学科评估不仅是对学术成果的一种评价,更是对教师队伍和研究

---

① 参见王洪才:《学科排名:利大还是弊大——对我国学科评估特征、正当性与机理的省思》,载《厦门大学学报(哲学社会科学版)》2019 年第 1 期。

团队的一种引导和鼓励。此时,评价机制应当能够为教师队伍和研究团队提供明确的研究方向,同时,通过一系列的奖励机制,鼓励教师队伍和研究团队进行更深入、更有价值的研究。

在面向未来的学科评估中,要坚决破除评估排名与资源利益直接挂钩的做法,重视发挥学科评估的诊断、服务、引导和激励等功能,发挥好学科评估对教育发展的促进功能。[①] 人工智能法学教育评价机制的转变应当更注重质的方面,而不是仅仅追求量的增长。为此,我们需要建立一个更加公正、公开和透明的评价体系,真正发挥学科评估对教育发展的促进作用。

(二)人工智能法学教育评价机制的变革要求

综上所述,在人工智能技术与法律学科的交汇点,我们需要建构一种能够引导和促进人工智能法学发展的新型教育评价机制。因而,传统的法学学科评估机制应当实现以下变革。

一是从量化考核转向质化诊断。尽管论文发表数量和被引用次数等数量指标长期以来被认为是学术研究的主要评价标准,但这对于一个涉及多重技术和伦理考量的交叉学科如人工智能法学来说,可能显得过于简化。新型评估体系应当重视研究的创新程度、实际应用的有效性及其在社会中造成的深远影响。它还应当反映研究成果在实践中的效用,比如法律自动化工具的实际效果或人工智能伦理的实际影响,这样可以更真实地体现研究的实际价值。

二是从孤立到交叉学科的综合视角。人工智能法学绝非仅仅是法律学的一个分支,它是技术与法律相互作用的产物。因此,其评价机制也应当跳出单一学科的框架,吸纳多学科的智慧。这不仅意味着我们要引入其他学科的评估经验,还意味着评估过程可能需要跨学科专家的共同努力。在评价一个交叉学科时,我们不只是看它在法学研究的深度,还要关注它在技术、伦理等多方面的贡献。

三是从纯结果导向到过程与结果相结合。相比于只关注研究结果,新型评价机制还应当关注学科建设的整个周期,包括学科建设的创新性、培养方案的科学性等,从而更全面地评价学科建设的质量。在这个过程中,它应当能够

---

① 参见辛涛、贾瑜:《国际视野与本土探索:“国际学生评估项目”的作用及启示》,载《教育研究》2019 年第 12 期。

准确诊断出现有学科交叉工作中的不足,提供改进的方向,并对交叉学科建设团队给出更为全面和建设性的反馈。

总而言之,为了确保人工智能法学健康、稳健地发展,我们需要一个更加综合、精准的评价体系,这个体系应当既关注学术研究的深度,也考虑其在社会实践中的广度与影响。

二、面向人工智能法治创新型人才塑造的评价机制

法学与一般的人文学科不同,因其实用性而与现实联系非常紧密,必须注重与社会的对接,以便通过提供直接服务等获得社会声誉。① 法学学科评价机制必须考虑人才培养的效果与质量。具体就人工智能法学这种交叉学科而言,应当以人工智能法治创新型人才塑造为核心目标,建构具有异质性、动态性、综合性的新型教育评价机制。

(一)核心目标:塑造人工智能法治创新型人才

早在2018年发布的《关于坚持德法兼修实施卓越法治人才教育培养计划2.0的意见》中就已经指出,法学教育要发展"互联网+法学教育"。如今随着人工智能法向深度交叉学科发展,人工智能法治创新人才应当具有更丰富的内涵和更全面的要求。

从基本内涵而言,人工智能法治创新型人才是具有交叉学科知识、问题解决能力、创新思维和实践经验的德法兼修法治人才。首先,人工智能法治创新型人才不仅要具备传统的法学知识,还要掌握人工智能、数据分析、计算机科学等领域的基础知识。只有这样,他们才能真正理解技术如何改变法律实践和法律如何规范技术。其次,在人工智能技术与法律领域的交汇点上,这类人才要有能力应对各种新出现的法律挑战,如数据隐私、AI伦理、机器学习算法的透明性和公正性等问题。人工智能法学是对全新社会结构的时代回应,研究面向不仅要回应智能技术对法理、伦理等元问题的挑战,还要回应智能时代下如何实现对各种要素之间的合理分配与利用。② 再次,面对技术与法律的交

① 参见李云霖、李伯超:《法学教育现代化:定位、支点与趋势——以法学本科教育为中心》,载《大学教育科学》2016年第4期。

② 参见刘艳红:《人工智能法学的"时代三问"》,载《东方法学》2021年第5期。

融,人工智能法治创新型人才应具备独立思考的能力,能够从传统法律框架中跳出来,为新的法律问题提供创新性解决方案。最后,理论知识固然重要,但与此同时,法治创新型人才还应在实践中积累经验,对技术如何实际应用在法律领域有深入的了解。

从基本要求而言,人工智能法治创新型人才至少应当具备以下能力:一是过硬的专业背景。人工智能法治创新型人才不仅需要有扎实的法学基础,对法律条文、案例和法律逻辑有深入的理解,同时对人工智能的基础概念、原理和应用也有所了解。二是沟通与协作能力。在人工智能与法律的交叉领域工作,往往需要跨学科团队合作。因此,良好的沟通和协作能力是必不可少的。三是伦理责任感。德法兼修是法学专业学生的基本素养,也是法学教育的应然目标,新时代语境下的"德法兼修"不仅要求学生具有德与法"两条腿",而且要求"两条腿"的协调。[①] 在AI与法律的交汇点,伦理问题尤为突出。这类人才需要有强烈的伦理责任感,能够平衡技术创新与社会、个人权益之间的关系。四是持续学习能力。由于技术和法律都在不断发展,这类人才需要有持续学习的意识和能力,要能够迅速捕捉到技术发展的新趋势,并及时思考这些变化对法律领域的影响,确保自己的知识和技能始终与时俱进。

(二)基本特征:异质性、动态性、综合性

为了实现塑造人工智能法治创新型人才的核心目标,结合前文所述传统法学学科评估机制的缺陷,人工智能法学的教育评价机制应当具有如下三个特征。

一是异质性。人工智能法是一个交叉学科,涵盖了法学、人工智能技术、伦理学、社会学等多个学科领域,其知识结构、研究方法和研究内容都存在显著的差异。建设能够促进学科交叉融合的体制机制,发展新型跨学科组织,促进学科交叉和交叉学科发展,是学科创新发展的大趋势,因此学科评估制度改革也必须遵循学科发展的大趋势,鼓励发展跨学科和交叉学科的评估模式。[②] 因此,人工智能法学的教育评价机制需要充分考虑这种异质性。

---

① 参见黄锡生、王中政:《新文科与法学教育的现代化转型》,载杨宗科主编:《法学教育研究》第36卷,法律出版社2022年版。

② 参见张应强:《"双一流"建设需要什么样的学科评估——基于学科评估元评估的思考》,载《清华大学教育研究》2019年第5期。

对此，针对人工智能法学的教育评价机制应当强调分类评估原则。目前各类学科评估普遍采用一级学科评估排名办法对高校学科进行排名，导致高校相应按照一级学科开展学科建设，使得高校的特色学科建设和发展受到严重影响。[①] 然而，不同的知识生产模式和应用场景需要不同的评估策略。[②] 对人工智能法学这种交叉学科的评估，需要更新评估指标和方法。如，评估一个AI法学项目可能要考虑其技术创新、法律合规性和实际应用价值等多个方面。这种分类评估不仅能更好地服务于教师队伍和研究团队，还可以提供更为实际和有针对性的建议。

二是动态性。人工智能法是持续发展的领域，随着技术进步和社会变革，评价的重点和标准也应随之调整。这就要求评价机制具有动态性，既要考虑其当前的评价结果，也要考虑其对未来发展的服务与引导功能。

为此，要建立能够促进人工智能法发展的"元评估"体系。元评估是实现教育评估专业化发展的有效路径，[③]同时也是回应社会问责和改进学科评估有效性的重要手段。[④] 评估不应是一次性的，而应是一个持续的过程。除了要对学科建设能力进行直接评估外，元评估强调的是对评估机制本身进行反思和修正。例如，随着AI技术的发展，某些评价指标可能变得过时或不再重要，需要对其进行调整或替换。

三是综合性。面对复杂的交叉学科，单一的评价视角或方法难以全面准确地评价教师科研和学科建设的质量和价值。因此，评价机制需要具有综合性，既要涵盖多个评价维度，也要涉及多个评价主体。

进言之，从评价主体上看，除了同行评审外，还应当考虑司法实务界、政府部门、社会公众等多方的反馈和评价。从评价内容上看，评价内容不仅包括学术研究的质量和价值，还要考虑学科在实践中的应用和影响，以及产出的伦理和社会责任。从评价对象上看，评估不仅要关注学科建设的成果，还要考虑其教育队伍和学术能力，以及对学生培养的效果和影响。

---

① 参见张应强：《"双一流"建设需要什么样的学科评估——基于学科评估元评估的思考》，载《清华大学教育研究》2019年第5期。

② 参见张炜、王良：《大学知识生产模式变革与学科评估的未来走向》，载《江苏高教》2022年第2期。

③ 参见严芳、汪建华：《我国教育元评估指标体系构建》，载《上海教育评估研究》2020年第2期。

④ 参见赵立莹：《问责与改进：我国第四轮学科评估元评估》，载《学位与研究生教育》2018年第2期。

第四节　人工智能法治创新型人才塑造评价机制的具体展开

传统以指标性竞争为特征的法学学科评估机制既不能适应法学教育的实践性需求，也无法促进未来人工智能法学的发展，故需要构建面向人工智能法治创新型人才塑造的评价机制。从该机制的异质性、动态性和综合性特征出发，具体内容可以从三个方面予以展开。

一、优化评价目标与标准

建立面向人工智能法治创新型人才的评价机制，需要首先明确培养目标，然后将这些目标转化为可操作的评价指标。这样，我们既可以确保人才培养的方向正确，又可以有效地衡量培养效果。

（一）明确人才塑造目标

如前所述，面对现代社会日益复杂的法律挑战，特别是与人工智能技术相结合的新兴问题，我们迫切需要一批具备跨学科素养的法律人才。这些人才不仅要有扎实的法律专业知识，还要能理解和运用先进的人工智能技术，以应对各种前沿法律问题。

一是法律知识。作为基础，人工智能法治创新型人才应对民商法、刑法、行政法等传统法律领域有深入的了解。同时，还要能够理解与人工智能相关的特定法律规定，如数据隐私、算法歧视等。二是技术理解。人工智能技术的运作、可能的隐患和应用领域对于这类人才来说是必不可少的知识。他们需要理解算法的基础，知道其可能对社会、经济和法律带来的影响。三是跨学科交流。在处理与人工智能相关的法律问题时，法律专家应当与计算机科学家、数据分析师等进行深度合作。因此，有效的跨学科交流能力对于找到问题的解决方案至关重要。四是伦理意识。人工智能带来的法律问题往往涉及伦理考量，如自动驾驶车的决策逻辑、深度学习算法的偏见等。因此，创新型人才应具备强烈的伦理意识，能够平衡技术进步与伦理原则。

（二）建立评价指标体系

在明确了人才培养的目标之后，应进一步将这些目标转化为可操作的、具体的评价指标。这样,不仅能为教育者提供明确的教学方向,还能为学习者提供成长的参照。

一是研究成果的数量与质量。这一指标可用于评估学者在人工智能法律领域的研究深度和广度。例如,他们发表的论文数量、论文被引用的次数、参与的研究项目等。二是实践项目的参与及成果。除了理论研究外,实践经验也是衡量人才素质的重要指标。这可能涉及他们参与的实际项目、为企业或政府提供的咨询服务、解决的实际法律问题等。三是伦理问题的处理方法。通过分析学者在研究和实践中遇到的伦理挑战,以及他们是如何处理这些挑战的,我们可以评估他们的伦理意识和道德判断能力。

二、设计多元化评价方法

在面向人工智能法治创新型人才的培养中,仅依赖单一的评价方法可能会忽视交叉学科的异质性。因此,需要设计多元化的评价方法,既要考虑学术理论的深度,也要考虑实践应用的广度。可以从以下三个维度进行评估方法的创新。

(一)定性与定量评估相结合

一般来说,定量评估是最常用的评价方法,通过数值量化评估对象的某些属性或成果。例如,学者发表的论文数量、获得的奖项、参与的项目数量等。这种评估方法的优点在于客观、明确、易于对比。但是对于人工智能法学而言,也不能忽视定性评估。因为除了数字性指标外,我们还需要理解背后的情境、过程和影响,即人工智能法学的现实意义。

实现定性评估的方法众多。对于人工智能法学专业而言,主要途径包括邀请领域内的专家与实务人员对研究成果进行专家评审、邀请同行或同级别的研究者进行同行评议或者通过分析教师与学生处理实际案例的方法和结果,评估其应用知识的能力和实践经验。

(二)实践与学术相结合

在对教师教学能力和学生综合素质的评估中,应当强调实践能力与学术能力相结合评估。主要考核方式有三。一是基于实际案例或项目的分析。比如,教师可以要求学生选择一个或几个实际案例,进行深入的分析。这可以评估他们的实际应用能力、问题解决能力以及跨学科交流的能力。二是模拟法庭审判。比如,教师可以模拟真实的法庭环境,让学生扮演不同的角色,如律师、法官、证人等。这种评估方法既能检验学生的法律知识,也能考查其沟通、辩论和团队协作的能力。三是技术应用的实践评估。特别是在人工智能法治领域,技术与法律的结合是关键。因此,教师在对学生进行能力评估时,可以设置一些涉及技术应用的实践任务,如使用AI技术分析法律文档、设计自动合同审查系统等。

(三)自评与他评相结合

除了上述的评估方法外,还可以引入教师与学生的自评和他评。自评可以帮助当事人反思自己科研、教学或学习的过程和成果,更好地了解自己的优点和不足。而他评,则可以获得同学、同事或合作伙伴对教育教学科研活动的评价,这种评价往往更为真实、全面。

总体来说,设计多元化的评价方法,旨在从不同的角度、不同的层次对高校、教师、学生以及学科进行全面、深入的评估。只有这样,才能确保我们培养出的人才真正具备人工智能法治创新的能力和素质。

三、建立第三方评价机制

知识生产方式的快速转型对同行评议提出了新的挑战:一是跨学科和学科集群情境下越来越难以找到真正"懂行"的同行;二是以不同学科范式评价跨学科研究容易导致评议结果出现偏颇;三是知识的应用性价值缺失使得同行评议无法对研究的"社会之用"进行评价。[①] 对此,应当在多元价值取向下,构建独立于传统政府主导模式的第三方学科评估机制。在人工智能法治创新型人才的评价中引入专业机构进行第三方评价,有助于形成客观的评价报告,并能够据此全面考量新时代人工智能法学专业的建设质量。特别说明的是,这种第三方评价机制应当具有"元评估"属性。元评估作为对高校学科评估活动、学科评估制度、学科评估系统、学科评估机制等进行再评估的活动,[②]是解

① 参见李澄锋、陈洪捷:《知识生产方式的转型与同行评议的危机》,载《高等教育研究》2020年第12期。
② 参见张继平:《学科评估服务"双一流"建设:元评估的现实困境与路径选择》,载《现代教育管理》2020年第12期。

决传统法学学科评估机制局限、持续提升学科评估有效性的重要途径。关于该种第三方评价机制的具体内容，阐释如下。

(一)吸引跨学科专家与社会公众

一方面，对于人工智能法学这种交叉学科而言，评估团队应该由多学科的专家组成，包括法律、人工智能、伦理学等领域的专家。这不仅可以确保评价的全面性，还能够从不同的角度和层面对人工智能法学进行深入的分析和评估。另一方面，公众的参与可以确保评价的公正性与透明性。从促进人工智能法发展的角度建立的学科评估机制，理应在科学价值与应用价值之间取得平衡。科学家不能决定研究的社会价值，社会公众也不应该决定科学方法或研究策略的选择，更不应该影响研究结论。①

(二)制定多元化的评估指标体系

如前所述，与传统的以教育部为主导的评估机制不同，针对人工智能法学的第三方评价应该采用多元化的评价指标。这包括但不限于学术研究的数量和质量、技术应用的实际效果、学者的社会影响和伦理标准等。此外，必须加强实践与应用的评估。因为人工智能法学不仅仅是一个理论领域，它还与实际应用和社会问题紧密相关。故第三方评价机制要更加重视实践和应用的效果，如对 AI 在法律领域的实际应用、对法律伦理问题的解决方案等进行评估。

(三)开展公开与透明的评价活动

人工智能法学作为一门新兴交叉学科，需要得到更多的社会关注和支持。因此，公开与透明的评价活动成为确保该学科健康、有序发展的关键。

首先，公开透明的评价活动可以赢得公众的信任。第三方评价机构发布的结果，如果经过公众、学者和企业的广泛认可，那么这样的评价结果将更具权威性和影响力。例如，机构可以定期在其官方网站上公布评价报告，详细列出评价的方法、标准和结果，让外界对其工作流程有一个全面的了解。其次，公开的学术研讨会和研究成果展示会，可以为学者提供一个交流和展示的平台。在这样的活动中，学者可以就人工智能法学的最新研究成果进行讨论，分享自己的研究方法和心得，也可以借此机会与企业、政府部门进行对接，推进学科的应用和产业化进程。此外，透明的评价活动还能够促进学科的自我完

① See Harvey Brooks Daedalus, *The Problem of Research Priorities*, Dædalus, Vol. 107: 2, p. 171 – 190 (1978).

善。评价结果公之于众后，可能存在的问题和不足就会被广大学者和公众所关注，从而推动学科的持续改进和创新。

（四）建立持续性更新的反馈机制

人工智能和法律都是不断发展的领域，新的技术、新的法规、新的伦理问题层出不穷。因此，评价机制不能一成不变，必须随着时代的进步而不断更新。

一来，第三方评价机构应定期收集来自各方的反馈。这可以通过在线调查、专家咨询、学术研讨会等多种方式实现。收集到的反馈信息，可以帮助评价机构了解其评价方法和标准在实际应用中的优缺点，从而进行适时的调整。二来，评价机构还要关注国内外的研究动态。例如，当新的人工智能技术或法律出现时，评价机构应该及时调整其评价指标，确保其评价结果能够真实反映学科的最新发展。此外，持续的反馈机制还同时是一个长效的工作机制。这意味着，评价机构不仅要在每次评价活动后收集反馈，还要建立一个定期检查和更新评价标准和方法的制度，确保其评价工作始终与时俱进。

总而言之，构建面向人工智能法治创新型人才塑造的评价机制，需要充分考虑其交叉学科的特点，结合实际应用需求，确保评价的全面性、公正性与实用性。需要指出的是，无论是人工智能法的学科建设还是第三方评价机制的建构，都不是一蹴而就的工作，而要不断地进行发展与调整、变革与完善。

第十章　人工智能法治创新型人才塑造的具体建议

人工智能法治创新型人才的加快塑造符合当前的大势所趋和现实需要。[①]一方面这符合国家层面人才培养的大局规划。2018 年 4 月，教育部发布《高等学校人工智能创新行动计划》（教技〔2018〕3 号），其中提出要完善人工智能领域人才培养计划，重视人工智能与包括法学在内的相关学科教育的交叉融合。2020 年 2 月，教育部、国家发改委、财政部三部委联合印发《关于"双一流"建设高校促进学科融合加快人工智能领域研究生培养的若干意见》（教研〔2020〕4 号），其中提出在高层次人才培养中应贯彻跨界融合、精准培养的基本原则。由此可见，人工智能法治创新型人才培养符合上述计划中所强调的探索"人工智能 + X"培养模式这一具体要求。另一方面，也迎合了人工智能快速发展所带来的法律规制需求。当前人工智能技术的迅猛发展带来了较大的应用风险，用法律手段进行妥善规制是保障技术健康合规发展的重要渠道。相关前沿问题的研究迫切需要依赖相关法治人才提供充分智力支持。人工智能法治创新型人才作为一种新型高端法治人才，其复合学科背景的生成，卓越法治创新能力的铸就都更加困难，需要更多的适配条件和可行方案，可以考虑从教学力量、培养路径、育人范式、塑造场域、素质涵养等方面切入，助推这类人才培养目标的顺利达成。

---

① 有学者指出，"法学教育和法治人才培养是全面依法治国的基础性工作"。参见马怀德：《法学教育法治人才培养的根本遵循》，载《中国党政干部论坛》2020 年第 12 期。

第一节　强化建设"复合学科+科教汇通"的教学力量

教师队伍的水平高低直接影响着人才培养水平，优秀教师在人才培养过程中的能力涵养和灵魂塑造方面可以发挥持续而深远的影响。人工智能法治创新型人才培养的难度较大，其更需要卓越师资队伍恰到好处的引领方能发挥点石成金之效。

一、建设适配教学力量是人才塑造的重要条件

人工智能法治创新型人才作为一种高水平的人才形态，需要具备知识的迁移能力，正向的价值理念，敏锐的创新触角等多方面的素质养成，这些高阶技能的掌握靠自学悟性是很难实现的，必须要借助卓越师资队伍进行有实效性和针对性的持续引导。具体而言，卓越师资队伍对人工智能法治创新型人才塑造的功能有三。

（一）提供不可或缺的助力动能

人工智能法治创新型人才的位阶决定了其通过自学成才的可能性较小。首先，该种人才属于法律人才中的高等级类型，既要精通法律原理，也要具备实务能力，能面向实际所需提出切实可行的解决方案，而此类雄厚法律素养的养成非一朝一夕之功。其次，该种人才还需精研人工智能的运转原理和技术特点，对正处于快速迭代发展期的人工智能技术的理解和掌握不仅需要前期的大量常识积累，还需要有持续跟进的行业眼光和观念更新。尚处于被培育状态的学生在前沿知识储备、总体行业把控、科研创新能力等诸多方面均存在强烈的引领需求。

因此，人工智能法治创新型人才的特质要求对应着高水平的教学力量。这一类型的人才不仅要知识体系底色多元丰富，还需要有较强的知识迁移和运用能力，这是创新能力的重要侧面。这对培养过程中的教学引导能力提出了较高的要求。上述引领需求并非传统的照本宣科型知识传授即可达成，需要知识结构合理、教学科研俱佳的卓越教师队伍和恰当的教学方法才能实现。

（二）引导德润人心目标的实际落地

2018 年《教育部、中央政法委关于坚持德法兼修实施卓越法治人才教育

培养计划2.0的意见》(教高〔2018〕6号)中指出“厚德育,铸就法治人才之魂”。与之前的《卓越法律人才教育培养计划》相比,该意见重点强调德育的重要性。[①] “进入新时代,习近平总书记明确提出要培养‘德法兼修的高素质法治人才的新目标。’”[②]以上充分表明,卓越法治人才的培养需要达成德法兼修的基本要求,其中德在法前。德法兼修也含有回应时代所需的意蕴。[③] 具体到人工智能法治创新型人才培养中尤其需要关注德育侧面,德润人心一方面是人工智能技术合规应用符合科技伦理要求的客观要求。鉴于人工智能技术与人类社会运行模式的耦合程度更高,对原有社会结构的冲击力更大,更需要深入考量技术应用中的伦理问题。另一方面,需要使人工智能法治问题的解决策略符合社会主义核心价值观的要求,这是“法治专门人才政治素质过硬、理想信念坚定、专业技能高超”[④]在人工智能法治创新型人才培养领域的现实表征。

德润人心需要外部引导才能有效达成。学生往往会关注于知识运用能力的提升,而忽视正向伦理取向的塑造,存在自觉性和主动性不足的典型问题。教师的教学过程以立德树人为基本目标,用符合社会主义核心价值观的伦理导向为人才的正态发展护好行为底线。鉴于价值判断能力欠缺和技术伦理化程度尚待提升,人工智能技术在教学环节的适用尚无法取代教师在伦理引导上的主导地位。[⑤]

(三)为黏合异质学科间的断裂鸿沟提供正向支持

同一学科的内核一般具有趋同的质态,相关理念规则和思维模式具有内在统一性。人工智能法治创新型人才需要包括软件工程、信息技术、应用数学、法学等汇通融合的多学科知识为创新能力涵养提供必要积淀,这对提升差异学科之间的内核黏合度提出了较高要求。当前的复合学科大多是存在貌合神离之态,只是从名义上将多个学科的名称合在一起,内部理论与规则的融通

---

① 参见郜占川:《新时代卓越法治人才培养之道与术》,载《政法论坛》2019年第2期。

② 杨宗科:《习近平德法兼修高素质法治人才培养思想的科学内涵》,载《法学》2021年第1期。

③ 参见梁平:《新时代“德法兼修”法治人才培养——基于习近平法治思想的时代意蕴》,载《湖北社会科学》2021年第2期。

④ 李树忠:《坚持改革调整创新立中国法学教育,德法兼修明法笃行塑世界法治文明》,载《中国大学教学》2018年第4期。

⑤ 参见刘坤轮:《何以固本:法学教育如何回应人工智能时代?》,载《山东社会科学》2020年第11期。

性尚需提升。

适配的教学力量依托科教环节的革新与自身学科背景的迭代是使复合学科成为实质意义上单一学科的重要智力支撑，这不仅有助于人才培养，同时也能有效回应新兴交叉学科理论和实践的发展需要。[①] 因此，可引导教师重视相关科研活动，探索明确融通逻辑，并在教学环节强化对学生的指引，从而使人才成长过程中不再遭遇学科之间知识泾渭分明的分区之苦。

二、复合型教学力量耦合培养目标的难点所在与模式选择

人工智能法治创新型人才塑造需要学科间的融会贯通。适配的教学力量显然需要具有复合学科背景，但这一领域中的学科复合面临不同于其他学科交叉情形的特殊要求与难点关窍，这在一定程度上会影响相关师资队伍建设的可选模式。

（一）"人工智能＋法学"复合型教学力量生成的现实困难

首先，复合学科中工科部分习得难度较大，影响了原有教学力量的后期转型。对人工智能技术原理的掌握涉及大量工科知识，对数理等学科的前期学习积累程度要求较高。在当前教育体系文理分科的背景下，一般在高中和大学阶段没有接受过系统理科知识培训的法学师资队伍的后期转型将面临实质障碍。

其次，"人工智能＋法学"学科间的知识异质感较强导致原有教学力量融通新知识体系存在障碍。人工智能与法学的结合是文理结合，学科跨度明显较大，存在一定的对冲之处。比如，人工智能中算法模型的运行效果存在客观难测的不可控之处，而法律制度运行状态则需要进行理性评估，确保可预见性；又如，适用于不同场域的人工智能技术存在共通性，而不同部门法之间存在明显的价值偏好。上述差异感来自学科知识体系和价值取向的先天异质性。不仅如此，这一领域所涉学科知识内容丰富，理论体系庞大，存在知皮毛易、懂机理难的问题。

最后，"人工智能＋法学"的学科知识更新速度快对师资队伍及时跟进的

---

① 有研究指出，"随着科学技术发展和社会变革的推动，学科融合、学科交叉、学科重构已然成为推动学术创新和学科发展的新趋势"。杨宗科：《论"新法学"的建设理路》，载《法学》2020 年第 7 期。

应对能力要求较高。一方面,鉴于法律需匹配社会需要的固有互动关系,法学知识体系的变化速度比以往加快很多;另一方面,人工智能也属于技术迭代速度极快的领域,带来人类社会的诸多深刻变革,相关知识的更新速度也是惊人的。这导致处于前端引领位置的师资队伍必须有敏锐的学习意识和持续的提升能力,能有效应对变革进行知识和观念迭代,以避免陈旧思路和过时知识成为人才培养过程中的拦路虎。

(二)"人工智能+法学"复合型教学力量生成的可行模式

高质量复合型法治人才培养需以学科知识的交叉融合为前提,[①]而融合的前端力量在于师资队伍。"人工智能+法学"师资队伍卓越的标志之一是学科知识的掌握与运用达到实质意义上的复合汇通。鉴于达成这一知识背景上的底线复合要求会面临转型障碍,真正的融通状态实现难和应对速度高标准等痛点,而人工智能法治创新型人才培养的要求又较迫切,由此决定了该类师资队伍快速生成的可选方式。同时,学校应该为此类师资队伍的形成提供必要的资金支持和资源倾斜。[②]

一是选择具有工科背景的法学教师进行人工智能相关的学科深度培训。当前法学专业人才培养过程中的跨学科准入门槛较低,在硕博阶段积极引导具有工科背景的学生进入法学人才培养体系中来,经过系统学习后有一部分毕业生进入高校教师队伍,可能会倾向于从事科技法、知识产权法等与理工科知识密切相关的法学研究工作。这些教师的学习背景本身就带有复合性质,具有基础的跨学科知识和思维模式,因此转型进入人工智能学科的难度障碍相对较小。深度培训方式可以利用高教网络平台的教学资源展开适当学时要求的课程学习,在完成必要测试后通过认证证书的形式确认相关资质。存在工科资源优势的学校,也可以充分利用相关学院资源,通过定期线下教学提升培训效果。

二是加强法学教师对人工智能通用技术运行机理的全面理解。人工智能技术应用中涉及机器学习、语言与图像处理、神经网络等通用技术,而且是人

① 参见中共中央办公厅、国务院办公厅:《关于加强新时代法学教育和法学理论研究的意见》,载《人民日报》2023年2月27日,第1版。

② 参见黄进:《培养德法兼修的高素质法治人才引领中国法学教育进入新时代》,载《中国高等教育》2018年第9期。

工智能运行效能发挥的地基所在。一方面对上述技术具体应用能力的实际掌握确需假以时日,并非一时之功,但从宏观角度理解上述技术的运行机制相对易行,在培训内容设计上可偏向基础扫盲要求;另一方面,了解技术的运行机制也是提出合理法律规制方案的重要前提。比如在人工智能法学研究领域受到较多关注的算法规制问题中破除算法黑箱的尝试,需以明确算法结果的不可预测性为前提。以上两点表明加强有关基础技术问题的知识积淀不仅具有可行性,也具有必要性。

三是以双导师的固定班底为过渡模式。在复合背景归于一人短期内难以实现的状态下,可采用不同学科背景的教师进入同一导师队伍的做法实现复合学科的引导要求,可以通过加强师资人员之间的黏合度回应学科复合的客观需要。

四是以跨专业的师资博士后为准师资来源。定向招收具有人工智能专业背景的博士生进入法学师资博士后的培养流程。通过该阶段的学习过程和与法学密切相关的科创活动,可以协同养成法学思维模式,建构法学知识地基,是复合背景师资形成的高效可行路径。

三、科教汇通赋能人才培养的关键要点

科研和教学不是两条线,而是一张皮,“教学没有科研作为底蕴,就是一种没有观点的教育,没有灵魂的教育”。[①] 科教汇通是一种可以有效激发学生的主动性和创造力的人才培养模式。[②] 该模式运行的关键在于拥有合适的教学力量。在人工智能法治创新型人才的培养过程中所依托的适配师资和所适用的教学方法,应可达成科研教学互助互推,彼此反哺,着力服务于人才创新能力的培养需求,使相关人才创新能力立足于现实问题的解决,具备实际可行的研究力和创造力。具体而言,可以尝试在教学过程中贯彻创新思维,不以完整传导基础知识,而以对标解决问题的知识综合运用能力为前置目标。

(一)以科创型教学助推科研能力的养成

科教汇通在教学偏好上的贯彻,可倾向于将尚待深入研讨的,适合科创的

---

① 钱伟长:《大学必须拆除教学与科研之间的高墙》,载《群言》2003 年第 10 期。

② 参见孙菁:《科教融合:创新人才培养的新路径》,载《中国高等教育》2012 年第 17 期。

相关内容进行大量引入,将培养环节从被动接受知识转为主动参与创新。

一是可采用以赛促教的方式。将参加人工智能法治创新方面的主题比赛作为教学中的重要组成部分。比赛的主题可更加务实,与实际所需的问题解决密切相关,由此可避免形式化的学习过程,增加以此方式提高实际问题解决能力的概率。

二是可适用以真项目带动实科创的方式。可利用大学生创新创业计划项目申请资源,引导学生组队申请人工智能法治相关的创新课题。学生通过项目申请环节可在教师的引导下系统梳理科创思路,初步确定科创步骤,展开科创活动的准备工作,通过项目的实际完成过程可以进一步积累科研经验和固定科研成果。科创项目的申请和完成,能实质锻炼人工智能法治创新型人才的科创能力,通过运用知识解决问题的实际操作体验科研过程,并以成果达成为契机进一步提升科研兴趣。创新型人才的能力要点在于以科研推动创新,学生时代的项目经验正是科研能力培养的重要手段。同时,也应完善学生进入教师主持现有科研项目科研过程的可行通道,保障在科研成果形成过程中有实质贡献的学生享有署名权,从而为其未来科研活动的展开和创新能力的评估提供可知可查的前期基础。

(二)以前沿型教学促进科研视野的扩展

教学内容的合理设计是科教汇通实现的重要路径。① 具体而言,教学时可侧重于对前沿问题的关注,尤其是对人工智能产业即将落地的技术进步、能力可及的应用领域及其相关法律问题进行充分导入。以关注前沿问题的视角引导学生提升科研落点的前瞻性,从而将探讨目标锁定在能改变思维模式、革新惯性做法、提升认知深度等助力创新源头实现体系化联动变革的领域。

一是在常规教学中包含有关前沿问题认知的系统内容。在授课教学中,教师应有意识地将有关人工智能技术应用发展的前沿问题引入教学过程,并列出解决相关问题可能所需的专业知识模块,引导学生在已积累相关知识的前提下,确定知识点之间可供前沿问题解决的隐性关联,从而为相关问题的最终解决提供认知基础。这一过程也可使学生关注基础知识的运用边界,探索

---

① 参见施林淼、刘贵松:《我国研究型大学教学科研融合的方式、问题及对策——以清华大学等 6 所高校发布的本科教学质量报告为例》,载《中国高教研究》2015 年第 3 期。

适用创新思维观念,而不仅依赖原有知识解决新问题。

二是在翻转教学中设置有关解决前沿问题的互动模块。翻转教学以学生为主体动能,以教师为辅助力量。这既有利于避免课时不够的窘境,又有助于学生主动学习能力的培养。[①] 教师可引导学生自行寻找前沿问题,或协助指明前沿问题的大致方向。学生则可依托于前沿问题的确定与解决过程锻炼寻找对科研点的敏感度和提升应对创新问题的能力。鉴于先进技术发展与翻转课堂实施的良性互动关系,[②]可以考虑采用线上 PBL 课堂分组任务的方式提升教学效果。

(三)以专题型教学引导科创触角的扩展

鉴于传统教学以知识体系传授的完整性为起点,在教学内容的安排上通常较为关注全面讲授知识内容。而创新能力的生成虽以基础知识的掌握程度为地基,但相关能力的释放和提升需要更明确清晰的触发点。

专题教学有利于学生集中阅读相关文献,其内容指向性明确,学生对核心词的把握更加便利,预先思考的指向性更加清晰。而在课堂时间之外的大量准备显然对学习效果的提升有所助力。[③]

专题教学能切实引导学生打破知识的原有体系化表征,在寻找知识内在逻辑链接点的基础上,重新服务于相关专题下知识重新整合和系统运用的实际需要。具体而言,在同一专题项下可将所有相关知识全部迁入,继而形成该专题项下的知识体系树,此类知识呈现方式已能翻越原有学科分立下的藩篱,共同指向专题中的核心要点。同时,这一教学方式也有利于系统探索创新问题,可以全面探讨所有相关创新问题,形成系列问题的递进化呈现,从而在丰富专题纵深维度的情形下,扩展创新思维的着力点。

---

① 参见李军:《构建法学课程思政教学路径》,载杨宗科主编:《法学教育研究》第 34 卷,法律出版社 2021 年版。

② 参见赵兴龙:《翻转课堂中知识内化过程及教学模式设计》,载《现代远程教育研究》2014 年第 2 期。

③ 参见王竹:《法学教育的慕课实践与国际比较——以四川大学"侵权责任法"慕课教学为例》,载《中国大学教学》2016 年第 6 期。

第二节　尝试探索“通专融合+学位多元”的培育路径

通识教育和职业教育不是对立的，树立完善的人格是保障人才能力正向能量稳定发挥的重要前提。[①] 通识教育对法学人才培养的重要性是由学科本身的特质决定的，是人才培养中的重要一环。[②] “国外高等教育奉行的一个基本理念，是教导学生做正确的事、正确地做事（do right things，do things right），这其实就是教导学生怎么做人的问题。”[③]人工智能法治创新型人才也不例外，首先应当学会做人，其次才是专业能力，由此培养路径的设计上不能仅局限于专业学科本身。与此同时，也应关注改善学位获得模式，这可为复合背景人才的生源选择和培养过程提供加持条件。

一、既通又专是人才能效发挥的源头活水

卓越法治人才需能应对复杂社会问题，这对其知识积淀的广泛性提出了现实要求。[④] 人工智能法治创新型人才的学识涵养状态既要全面涉猎，又要术业专攻，这一目标的达成以通用知识的掌握为基础条件，以领域专业化为进阶条件，同时回应了人才培养过程中知识内容明确、体系牢固的基本要求。[⑤] 这既能保证该类人才有特征化的专业标签，也能满足相关人才凭借深厚学养基础及时回应层出不穷新型问题的解决需要。

（一）既通又专是回应人工智能技术应用特点的必然结果

人工智能未来发展方向中的通用人工智能呼唤人工智能法治创新型人才中的通才。通用人工智能的特点在于其不局限于某种特定功能或特定应用场域，而是可以一并解决人们在日常生活中可能遇到的共同问题。通用人工智能的上述特点决定了能够为该技术的合规利用提供可靠规制方案的创新人才

---

① 参见郜占川：《新时代卓越法治人才培养之道与术》，载《政法论坛》2019 年第 2 期。

② 参见焦富民：《“法治中国”视域下法学教育的定位与人才培养机制的优化》，载《法学杂志》2015 年第 3 期。

③ 王利明：《培养明法厚德的卓越法治人才》，载《中国高校社会科学》2017 年第 4 期。

④ 参见陈焱光：《法学专业通识教育的维度与路径》，载湖北大学通识教育研究中心：《通识教育研究》，长江出版社 2015 年版。

⑤ 参见罗维鹏、郜占川：《人工智能法治人才培养模式选择》，载《山东社会科学》2020 年第 11 期。

应有广博的知识背景，对各类应用场景中的适用规律和基本问题有较全面的前期认知。当前人工智能技术应用场景扩展速度较快的现实状态，也对通才培养提出了实际要求。依托于宽广的知识地基，人才的思维视野会具有一定的灵活性和大局观，其能从多个视角出发综合考虑规则方案，以达到价值调和的要求。

人工智能应用高风险场域的专业化程度较高，故要求人工智能法治创新型人才中的专才。通识教育不能等同于专业教育，专业能力仍是人才培养驱动之本。[①] 比如，我国七部委在2023年7月联合发布的《生成式人工智能服务管理暂行办法》中确定了分级管理的原则。分级管理的可行依据之一是应用场景风险程度的评估结果，对高风险的监管力度一般较强。但监管不意味着压制扩展应用深度，而应用场域的风险较高又对权益平衡性监管提出了精准化的要求。如何针对应用场域的固有特征确定有针对性的监管策略和规制方案是需要特殊的专业知识加持的，由此专才的培养也实属必要。比如，针对人工智能在武器装备领域应用的法律规制，不仅要了解人工智能法学的相关通用知识，还需要对武器装备的常规运行机制及其特点有深入认知，才能尽可能达成规避技术应用风险，释放技术应用红利的最优状态。

（二）既通又专符合人工智能法治创新型人才能力的基本要求

专业分科细化会导致知识的内在联系被割断，[②]人工智能法治创新型人才需要实现知识汇通。该类人才属于复合型人才中学科跨度较大的一类，其虽以法学为基础，但涉及理工科知识，存在学科知识明显的异质化。复合学科中无论是法学还是人工智能都属于变化更新速度较快的领域，这会导致对知识体系的融合、理解和变通能力的要求更高。通识教育具有跨学科补强基础知识体系的重要价值，是适配人工智能法治创新型人才知识储备和视野扩展要求的。专业教育则能满足懂技术、明法理的技能化要求。

既通又专满足人才能量发挥的特定领域所对照的能力要求。该类人才发挥作用的场域既无成熟法案可依，也无长期经验可循，还需要必要的应对速

---

① 参见黄进：《新时代高素质法治人才培养的路径》，载《中国大学教学》2019年第6期。

② 参见程滔：《六年制法学实验班课程改革——兼与大陆、台湾一流法学院课程设置相比较》，载田士永主编：《中国法学教育研究》2020年第1辑，中国政法大学出版社2020年版。

度。这就要求相关人才知识面宽广，思维意识活跃，既不拘泥于成法，又不会跳出技术安全与发展所需的法治底线；既要关注技术问题，又能回应伦理要求。上述要求正是通识教育和专业教育并行可以提供的，前者给予必要的常识积淀，而后者则满足专业领域的特殊应对需求。

既通又专符合德法兼备的法治人才培养要求，这也与法学学科人才培养中对道德伦理的一贯高要求一脉相承。[①] 通过前期通识教育，可以加强该类人才塑造中的伦理引导，在成才阶段着力塑造方向正确的三观是人才行正坐稳的重要前提，也是其日后工作中重视从法治角度保障科技伦理化的必要积淀。

二、以由通到专为人才塑造打通生源通道

人工智能法治创新型人才作为一种高端人才，应注意从选拔机制上实现优化设置。这有助于在前期选人环节中帮助更有天赋、更有意愿、更有准备的学生进入人才培养的通道中来，而生源水平的提升也将有助于人才培养良好结果的达成。

（一）生源选择一般模式的弊端

依照学生意愿和分数排序进行首次选择是一般人才选择模式。此种模式的优点在于标准明确易知，但弊端也就此从中衍生。

首先，选择标准单一化，无法客观全面体现人才的实际能力。一方面，成绩高低只表明了一定时期的学习能力与相关成效，仅是对现有知识掌握情况的反映，而无法表明该类人才所需具备的科研创新能力；另一方面，学生意愿也会带有非理性特质，其在没有深度探查相关学科内容之前，所接触到的碎片化信息不足以将一时兴起转化为内心的完全认同与持续兴趣。

其次，选择次数仅有一次，主要偏向于单向选择。人才培养单位对生源的选择较被动，需等待生源的自主申报。学生的前期选择基本丧失便利的更改机会，一旦选定，即便后期发现并不适合或兴趣索然，也没有更好的渠道改变现状。这显示出不适配特质的生源只能在既有的轨道上盲目前进。这对人才

① 从历史传统看，法学人才培养过程中对人才道德水准的要求是最高的，这是由学科本身特质和人才从业特性所决定的。参见法学教指委秘书处：《“培养德法兼修高素质法治人才研讨会”纪要》，载黄进主编：《中国法学教育研究》2017年第3辑，中国政法大学出版社2017年版。

培养的效果造成了极大隐患。人工智能法治创新型人才的培养过程本就艰难,投入甚多,如发生上述情形,将构成对教育资源的明显浪费。

(二)由通到专的双选模式可提供适配生源

鉴于一般选材模式的弊端,在该类人才选择的过程中可凭借二次选择权、依据能力综合测评为生源和培养单位的双向奔赴创造必要条件。

培养单位应当为学生提供了解学科情况的合理通道。对学生所需信息的广泛且恰当的宣传是锁定优秀生源的重要方面。[①] 无论是招生领域还是学生入校后都需要关联学科的持续有效信息的输入。一是可以通过师生座谈、专题讲座、高年级学生的经验交流等日常方式,让学生接触到更多真实的学科信息;二是可以通过专业课程学习,让学生了解自身兴趣和能力是否适配学科要求。

培养单位对学生的前期培养应以通识教育为主,以专业教育为辅。上述做法既可为可能出现的生源分流创造条件,此种情形下专业课程比例相对较少,专业方向的固定不急于一时,同时也可为该类人才培养提供来自通识教育的必要基础,帮助生源锻炼多样思维模式,开阔认知视野。

培养单位应给予学生是否进入该类人才培养路径的二次选择权。经过一年的学习后,培养单位可以对学生知识的掌握情况和运用能力,尤其是科创能力进行综合测评,并根据能力测评结果提供给学生选择权,随后可通过面试确定学生的选择结果,完成优中选优。这种双向认可的生源锁定过程,就可使能力和意愿均适配学科要求的优秀生源在卓越师资队伍的带领下将人才培养的效果在最大程度上得以释放。

三、以学位加持为人才塑造提供可靠背书

人工智能法治创新型人才是凭借复合学科背景,应对高速发展的人工智能技术的引导规制需要,发挥法治创新能力的优质高端人才。鉴于人才的自身特点和发挥作用的场域特征,相关人才需要学位加持作为提升培育效能,认定培养过程和佐证实际能力的客观证明。

---

① 参见唐检云、谢慧敏:《一般院校吸引优质生源的思路——基于 X 大学 2016 年推荐免试研究生志愿选择影响因素的调研》,载《学位与研究生教育》2017 年第 9 期。

为人工智能专业或法学学生在本科阶段提供复合学位的制度保障。如有的学校已经形成本科阶段的“法学 + X”双专业双学位汇通。[①] 这对于同时设有法学和人工智能专业的高校来说更具有借鉴意义。人工智能专业学生学习法学的障碍相对较小,在所在高校同时设置法学专业的情形下,可实现资源互通,通过二学位或辅修专业模式补充法学基础知识,建立初步的法学思维的路径存在相当大的可行性。有理科背景或对人工智能知识掌握能力较强的法科生,也可通过类似方式形成本科阶段的复合学位背景,为进一步深造创造前期条件。在学位授予能力受限的情形下,可以为参与相关课程培训的学生提供结业证明文件和成绩单,作为已经具备相关知识水准的客观证据。

对高学历人工智能法治创新型人才培养的学位前提不应设限。硕士博士阶段的此类人才培养,不应以法学和人工智能相关专业为前置条件,可以通过完善的综合能力测评机制实现对生源的前期合理挑选。针对缺少相关学科背景生源,可以以设置配套补充课程等方式弥补前期知识积累上的缺憾,并通过后期二次选择权和退出机制的设置保障培养目的的达成。

应当考虑为人工智能法治创新型人才的本硕学位贯通提供可行通道。该类人才所需研究能力要求较高,凸显了进入研究生阶段促进系统科研能力提升的必要性。为了提升教育过程的连续性,可以为本硕培养过程的顺畅链接提供明确的规则指引。如有的高校在本科阶段设置了多种类型的试验班,均明确了本硕贯通的具体条件。[②]

第三节　妥善设置“学额限制 + 精细引领”育人范式

受制于现实条件,考虑人才类型的所在位阶,人工智能法治创新型人才的培养方式不宜采用大班化的粗放式培养模式。同时,应以现实行业所需为基本导向,可以考虑通过项目式人才培养和对口单位输送的方式,提高人工智能法治创新型人才的行业适配度。

---

① 参见卢春龙《“四型人才”导向的“四跨”——中国政法大学法治人才培养新模式》,载《政法论坛》2019 年第 2 期。

② 参见《中国政法大学关于人才培养模式改革的说明(2023 年)》,载中国政法大学本科招生信息网 2023 年 6 月 2 日,http://zs.cupl.edu.cn/info/1027/1224.htm。

一、小班化精英式培养的客观要求

人工智能法治创新型人才现阶段培养应贯彻少而精的原则,在较高的师生配比前提下,通过多样化的课程设计和多元能力的着力涵养达成德才兼备、专业能力高的人才培养目标。

(一)适配教学力量供给不足

现有适配的师资人数总体较少,事实上无法支撑较多的生源培养需求。相关师资队伍的组建尚处于初级阶段,当前具备真正复合背景的师资凤毛麟角。

具有人工智能及其相关专业如计算机专业教育背景的可能进入师资队伍的博士生或博士后,对法学学科的认识较浅,长期的理科思维训练导致其存在一定的忽视文科倾向,引导其认真接受法学的系统学习存在相当难度,弥补知识上的缺憾相对容易,但推动意识上的转变尚需时日。

法学专业的现有教师或准师资力量,在面对人工智能相关学科的培训时又存在巨大障碍。人工智能相关学科包括计算机、软件工程、应用数学等方面,法学专业教师在学习难度上明显提升,想要达到灵活自如运用的目标并非易事。

师资转型所需的条件加持,尚缺乏较好的制度保障。首先,将现有师资分配大量时间精力进行新学科知识的再培训在现有的考核机制下缺乏实质动力。其次,交叉学科跨度较大,缺乏稳定对口的学院力量支持,以学科知识补充和汇通为目标的培训举措往往会流于形式。上述情况的改变显然还需要配套制度层面的对应变化。

(二)创新能力生成需依赖设置精巧的教学环节

人工智能法治创新型人才不是知识的守成者,也不是知识的原样应用者,而是能对跨学科的知识进行创造性整合,并依托学科知识,完成符合现实需要的创造性方案,即能用创新思维解决崭新或疑难问题。

创新能力是高段位的复合型能力状态,包括自学、探索、观察、判断、分析等诸多方面,这表明其生成过程是较复杂的。创新能力的培养需要细致观察学生的状态,鼓励他们在着力表达自我认知、多角度看待事物中尝试不同思维模式，并在反复交流中激发创新灵感。这需要设计精巧的精细化教学过程方能实现，以教师为绝对主导的传统授课模式并不适配。比如在大班化的情形下，师生之间深度互动和课内外实践活动的开展都面临教学资源小于生源需求的问题，也面临教学改革方式推进较困难的难题。另外，引导多类型的师资力量投入是培养拔尖创新人才的通常做法，比如提供学校课内导师和校外实践导师进行联合培养。[①] 这表明该类人才能力提升需要课内外教学的精细化配合。

（三）该类人才培养须经以点带面的试验过程

关于该类人才的培养方法还在探索的过程中，已有的实践样本较为有限，教学目标还需进一步定型，教学资料还需完备整合，适合高端交叉型人才的教学方法模式还处于摸索阶段，成熟的教学模式尚不能大规模铺开，由此应采用以点带面的思路，针对较少生源，先以小规模的精品化教学流程为试验田，妥善考评实用效果之后再进行推而广之。

该类人才培养方式需要谨慎推进，持续完善。该类人才发挥能力的场域是作为国家重要战略资源组成部分的人工智能领域，相关人才能力需要匹配现实要求，不断精进。上述人才培养过程会耗费大量的教学资源，如培养方式不当，将造成资源浪费，得不偿失。由此应避免因该类人才稀缺重要，就在缺乏科学思路的指引下盲目推进培养。

二、小班化精英式培养的实用效能

采用师生互动频率更高，教学模式更精致的小班化精英式培育方式会更有利于高端人才培养目标的达成，对人才能力涵养结果的正向助推力更强悍。

以小班化培养促进有限教学资源的合理配置和迭代升级。在师生配比较高的情况下，每位学生的具体情况可以得到更充分的回应，诸如课堂教学的互动次数，分组讨论的全面反馈，课外实践的较高参与程度及实现状态等有利于激发学生学习的主动性，用以强化教学效能的方式都可以较好落地。这同时也有助于教师展开教学改革，从细致观察和对照课堂效果入手，用妥善评估学

① 参见石亚军：《科学谋划积极提升协同创新能力，狠抓落实全面提高法学教育质量》，载王瀚主编：《法学教育研究》第 8 卷，法律出版社 2013 年版。

生能力的提升情况反哺教学方式的变化,实现教与学的双向赋能,共同满足人才培养需要。

以精英式培养提升人才能力的养成效果和多重状态。知识的掌握、理解和运用需要多次输入,细致思考,反复加强才能达成融会贯通的目标,而这需要更深入的精细化引导。精英式的培养模式关注知识贯通运用等高阶能力的生成,也会面向分析、整合、凝练等能力状态的多重侧面,是有利于人才能力达成较高提升效果的。

三、小班化精英式培养的模式建构

应充分考虑该人才的自身特征、预计发挥作用的场域特质以及充分应对未来的能力需求对该类人才的具体培养模式进行精心设计。

(一)以试验班的模式吸纳生源

试验班是现有法学教育改革中所采用的基本方式,已有一定的实践经验,也是实现学科深度交叉的重要途径。[①] 人工智能法治创新型人才试验班的定位意味着在设置理念上、运行条件、教学偏好上应符合新型人才能力素养的要求进行大胆革新与积极探索,同时应重视对试验班人才培养效果的评估,[②]以便及时调整培养策略。

以轻重相宜和主次分明为设置理念。轻重相宜是指重创新运用,轻知识传授。打破注重知识系统全面掌握的传统观念,在知识爆炸的时代,转而强调边学边用,以用带学,将关注知识应用的效能状态摆在首位。主次分明是指合理明确复合学科中的主次关系,鉴于该类人才仍是利用法律问题解决技术应用问题的高端人才,因此在培养方向上应以精通法理为主,熟稔技术为辅。

以学额限制和师资多元为具体运行条件。小班人数可考虑在 30 ~ 40 人,一个学年建议只设置一个试验班,以便更好地实现资源倾斜,并通过巩固荣耀感增强学生的学习动力。学校层面应对试验班的运行提供跨学院的师资力量

---

① 西南政法大学的相关实践表明法治人才实验班可作为集中资源推进跨学科培养人才的渠道。参见张建文、章晓明:《立德树人,课程育人,培养具有政法特色的高素质法治人才——西南政法大学关于新时代中国特色法学教育路径的探索》,载杨宗科主编:《法学教育研究》第 25 卷,法律出版社 2019 年版。

② 可以通过培养过程质量和毕业生质量两个维度入手展开评估。参见王家启:《中国政法大学法学实验班人才培养质量评估研究》,载田士永主编:《中国法学教育研究》2021 年第 3 辑,中国政法大学出版社 2022 年版。

支持。在通识教育层面，引入各学科的优秀教师完成授课过程。在专业教育方面，贯彻双导师制度，在真正复合背景教师队伍尚待充实的状态下，各领域的专业师资能更好地呈现学科知识样态和内在逻辑。

以强化实践教学和活化考评方式为通行教学偏好。法学专业是实践性要求较强的学科，[①]而"法学教育的生命力也在实践"。[②] 由此可见，人工智能法治创新型人才的培养效果不在于沉淀丰富知识，而在于识别和利用多样知识为现实难题提供解决方案，就此实践教学应占据更大比重，让学生习惯于在用中学，在学中用，明确知晓知识与现实之间的吻合点，并以现实为导向展开必要的理论积累。考评是学习过程中最直白的原动力之一。作为学生，需要解决的首要问题就是顺利通过各类课程考核。考评方式在事实上发挥了学习风向标的作用，就此应将考评方式与能力评估密切结合，以创新任务的完成能力作为评估依据，加大过程性评估的比重，如至少可将后者设置为总成绩的50%以上，避免一考定成绩这一传统考评模式。同时，考评内容还应关注对实务能力，伦理水平的考查，[③]为综合素质状态的认定提供依据。

（二）以项目式对口模式开展人才培养

人工智能具有广泛的应用场景，涉及不同类型的单位或企业需求。为了保证人工智能法治创新型人才的专业程度和应用能力得到有针对性的涵养提升，可以考虑高校与政府部门、企事业单位、司法机关等主体展开项目式的联动培养，将后者的单位人员输入高校，完成量身定做型的人才培养，而后再将相关人才回输到相关单位，形成指向专业应用培养过程的完美闭环。这类人才可以针对人工智能在特定应用领域中的风险问题提供专业化的应对方案，并依托于单位人员身份拥有推广应用相关方案的便利条件。人工智能的应用会带来一定的风险已经成为广泛共识，存在大量需要理论支撑和实务应对的棘手问题。比如，在企业层面，当前人工智能在自动驾驶领域有一定应用，但自动驾驶所引发的应用问题的频繁出现也带来了法律适用上的难题。比如，自动驾驶失灵后的侵权责任认定问题呈现出一定的特殊性，会涉及制造商、销

---

① 参见陈菲等：《为全面依法治国培养更多优秀人才》，载《人民日报》2017年5月5日，第2版。

② 杨翔、廖永安：《论法治实践部门在法治人才培养中的责任主体地位》，载《政法论丛》2015年第6期。

③ 参见谢伟：《论从卓越法律人才到卓越法治人才培养的转变》，载《社会科学家》2019年第10期。

售者、智能系统设计者和驾驶人等多元责任主体的识别问题。[①] 又如,在司法适用层面,我国法院在人工智能司法领域的应用是抱有乐观态度的,一方面出于对技术可信度的认同,另一方面也将其看作缓解案源多、法官少这一司法资源不足问题的重要途径。但人工智能在司法领域的应用也存在相当风险,一是人工智能的伦理认知能力不足,共情力欠缺,难以应对需要弹性人文关怀的法律适用情形。二是法律与社会之间总是存在不吻合之处,需要能动司法的作用空间始终存在,而现有的人工智能技术尚不存在此类能力。三是人工智能在数据训练上可能存在天然缺陷,附加算法模型运行结果的不可预见性会导致适用结果存在偏差。四是人工智能先进的通用型算法未必适合法律专业化的实务需要,比如知识图谱比深度学习更适合法律实务。[②] 对上述前沿问题的解决需要有一定实务背景的,附加法律和人工智能专业知识的高端法治人才。

在对口项目培养模式下,对该类人才培养会设定更明确的培养偏好和方向,即会注重学生深入了解特定应用场景特征和相关技术运行机理,继而在人才培养过程中着力强化解决相关问题的理论和实务能力。不仅如此,也能通过具备上述特征的培养过程,为人工智能无法取代法治人才的方面提供重要例证,[③]缓解新技术知识侵入传统学科的心理焦虑。

第四节 合理建构"学院支撑+平台延伸"协同模式

法学院应成为人工智能法治创新型人才培养的生发基地,但因人工智能法治创新型人才培养的跨界性过强,单靠法学院的力量很难完美达成培养目标。该类人才面向现实所需的特质决定了课堂不是充分的人才培养场所,必须考虑向多平台延伸,建立协同合作机制,打破学院与实务单位之间的天然

---

① 参见袁曾:《无人驾驶汽车侵权责任的链式分配机制——以算法应用为切入点》,载《东方法学》2019年第5期。

② 参见左卫民:《关于法律人工智能在中国运用前景的若干思考》,载《清华法学》2018年第2期。

③ 如将法学教育不仅限于规则传授,而与社会现实、人们的心理状态等复杂因素结合起来,就能使人才依托于创新性能力超越人工智能的机械能力。参见何志鹏:《卓越法治人才培养的实践解读》,载《中国大学教育》2019年第6期。

壁垒。

一、建设高水平的专业学院作为人才塑造的主力平台

该类人才培养需依托较好的院系条件。高水平的法学院是吸纳优秀生源,配置优质师资,整合教育资源,产出研究成果的基地条件。

(一)人工智能法治创新型人才培养的主场模式

人工智能法学人才培养主场在当前主要有两种模式,均通过有意识的强化学院的交叉特性达成吻合人才培养特质的目标。

一是在现有法学院的内部设置人工智能法学的培养方向。考虑到人工智能学科交叉的需要,存在相关工科优势学科的学校,引导文理学院之间形成强强联合。比如,北京航空航天大学法学院已经进行了相关尝试,即立足于学校优势理工科的条件,通过研究基地或联合项目建设,实现卓有成效的法工互通。① 又如,清华大学法学院下设校级研究机构,名为清华大学智能法治研究院,为智能科技赋能法治方案提供固定研究平台。②

二是设置单独的人工智能法学院。相关尝试也已展开。上海政法学院成立了独立挂牌的人工智能法学院,从 2018 年开始招收人工智能法学专业本科生。③ 西南政法大学也成立了人工智能法学院,同年开始招收人工智能法学专业研究生。④

(二)学院交叉模式效能发挥的要点

上述两种模式,前者简单易行,但很难凸显人工智能法学的专业优势,在诸多专业方向的平衡调配中如何进行优势补差还需要学院层面的额外支持。后者的实现难度相对较大,需要学校层面的大力支持,但对持续性的资源积累和倾斜性的资源配给有利。无论采用哪种模式,都需要注意资源深度整合和高效运用的问题。另外,学科之间的理论知识融合汇通,规则互惠应用也需要给予额外关注,避免形式上的一个牌子,实质上的“两张皮”。这需要持续产出

---

① 参见王轶等:《“新时代复合型法治人才的培养”大家谈(笔谈)》,载《西北工业大学学报》2022 年第 2 期。

② 参见清华大学法学院研究中心,载清华大学法学院网,https://www.law.tsinghua.edu.cn/xygk/yjzx.htm,最后访问日期:2023 年 9 月 1 日。

③ 参见刘晓红、杨华、牛秉儒:《人工智能法治复合型人才培养实证研究》,载《世界人工智能法治蓝皮书(2020)》,第 263 页。

④ 参见高学强:《智能时代的法学教育革命》,载《中国社会科学报》2020 年 8 月 26 日,第 3 版。

的高水平研究成果作为支撑，这对师资队伍的科创能力和师生互动中学生创造力的高能输出提出了现实要求。

值得注意的是，为了顺应人工智能技术井喷式发展的客观现实，为该技术进步提供更直接的智力支持，人工智能学院在各大高校如雨后春笋般不断涌现。但人工智能学院下设与法学相关研究中心的做法比较罕见，体现了工科对文科赋能效用的忽视，对此法学院应以人才培养为契机，通过沟通互联加强彼此了解，增强互信，逐渐向常规化合作靠拢。学校层面也应为上述合作开展提供必要的政策和制度支持。

二、重点打造跨学科实验室作为人才塑造的常规实践平台

人工智能法治创新型人才培养不应局限于常规教室，鉴于人工智能技术的应用需要凭借一定的虚拟模式才能在教学中得到充分展现，因此相关实验室的建设运行是有利于人才培养的。

（一）以跨学科的实验室助推人才塑造

在常规理论教学中很难涉及的技术应用状态可通过实验室中的教学过程得以明确。一方面单靠主观臆测很难了解技术应用后的真实情况，可能产生的风险与真正出现的失控状态之间存在一定的概率问题；另一方面，学生对相关应用问题的理解需建立在实际操作的基础上。另外，在加入了工科因子的复合人才培养的过程中，实验室中的教学也是必要的，从中可以直观理解技术应用原理的实地落地情形，并可模拟各类应用场景在附加不同实验条件下的应用效果，深入了解、分析、归纳其中蕴含的问题，因此实验室是人才塑造中的沉浸式的教学空间。

实验室是发挥学生主动性和创新力的有效空间。传统课堂教学的翻转程度和方式有限，以教师主导为常见模式，而实现以学生为主体的翻转课堂则需要教师进行合理设计，课堂时长和硬件条件有限，这意味着并不是每位学生都有主动参与的机会。实验室教学应以学生为中心，教师可以设定实验主题、原则、方法、步骤，实际操作过程均由学生完成，原有书本上关于技术应用的文字说明实现了立体化呈现，更能吸引学生的注意力，也能更有效地实现学生的主动参与。学生在兴趣驱动的情况下，更容易集中精力发现问题、分析问题和解决问题，这为创新能力的衍生创造了前置条件。

(二)实验室及其运行机制的建构路径

在建设方式上,可考虑以法学院为主体,向人工智能技术相关学院、应用场景相关单位充分征求意见,同时寻求有技术能力的企业在学院的专业指导下开发相关软硬件系统,力求最大化地真实再现和模拟技术应用场景实况,放大实验室的运行效果。

在课制学程设计上,可以考虑在本科大三阶段开设相关实验课程作为必修课程,根据实验室的容纳能力设置对应课时和与之匹配的学分。在实验课程的考评上,通过创新型和应用型任务设定检验学生对新方案的创造力和对实际运作机制的理解力。

在人员配置上,实验室可仿照工科实验室的运行方式,设置实验室管理和运行专员,其不仅可以负责日常实验室的运转和设备维护,也可以同时负责没有挑战性和创新性的实验课程。在设置创新任务的实验课程中,可以考虑采用多导师制,根据任务适用场域的不同,选择不同学科的教师进入实验教学环节,以提升实验环节教学内容的专业性和问题敏感度。

三、建立专业学院之外的多平台协同育人机制

学院在系统传递知识上具有相当大的优势,但在实务能力的培养上存在天然缺陷。即便试图依托实验室教学的虚拟情景链接现实,但是再真实的模拟也只是仿真,是无法替代真实世界的,因此人工智能创新型法治人才的培养还需要通过培养平台的扩展和延伸完成高阶实务能力的进化,为知识学习和实践应用之间搭建桥梁。[①] 以整合和引入优质资源为目标,[②]以培养阵地延伸为模式突破点。[③] 多平台的有效协同应以人力资源互通为基本前提,以有效实践活动为常规手段,以增加科研链接节点为重要推力,从而提升人才培养的实际效果。

(一)完善校外导师制度

以人员互通为切口,可以实现平台资源的灵活互用。配合精英化的人工

---

① 有研究指出,法学教育中面临学科体系缺乏实践性的关键卡点,既影响了交叉学科发展,又阻碍了学科知识更新。参见刘同君:《新时代卓越法治人才培养的三个基本问题》,载《法学》2019 年第 10 期。

② 参见张守文:《法治人才培养的目标与路径》,载《中国高校社会科学》2017 年第 4 期。

③ 参见徐显明:《高等教育新时代与卓越法治人才培养》,载《中国大学教学》2019 年第 10 期。

智能法治创新型人才的培养方式，在校内双导师或多导师配置的情况下，还可以增加校外导师的设置，以此带动学生对实际问题的关切并相应提高实务能力。为了避免校外导师制流于形式，可以通过完善的配套机制促进效能发挥。

一是通过加强校外导师库的建设强化导师人选的相对稳定性。一方面，校外导师一般不在教学一线，因此保证人选的相对固定有利于校外导师不断积累教学经验；另一方面，固定人员有利于减少跨平台协作过程中的交流成本。

二是给予学生依据校外导师专业特长进行主动选择的权利。校外导师因职业背景的差异，所具备的专长会有一定差异，应通过向学生送校外导师个人情况资料的方式，给予学生全面了解校外导师情况的机会，使学生根据自己的意愿做出最优选择，从而得以在兴趣驱动下更好地接受校外导师的对应指导。

三是学校可为校外导师资格认定确定制度化标准。如可以从教育背景、从业情况、领域影响力等因素进行综合判定，确定聘任年限。对校外导师资格进行动态评估，到期需重新评定导师资格。同时，学校层面还应考虑给予校外导师必要的资格认定证明和报酬回馈，为激发其指导学生的责任心创造条件。

（二）设置常设实践基地

人工智能法治创新型人才发挥作用的场域主要涉及技术开发与应用领域，因此可对应设置与技术开发和应用关系密切的实践基地。比如，可以在利用人工智能技术完成审批的政府部门、尝试智慧司法的法院、检察院等设置高校的对口实践基地，也可以考虑在开发人工智能技术的企业，如百度、腾讯等进行类似尝试，以便加强校企沟通。

通常，依托于法学院的天然学科优势，在公检法、律所等法律实务部门设置实践基地是比较便利的做法，这些法律实务部门也能为实践教学资料的实时整合创造条件。[①] 但是在相关企业中设置实践基地存在一定障碍，一是以营利性为目标的企业，对培养学生这类需要一定投入奉献的工作不一定重视；二

---

① 中国政法大学建设了“同步实践教学模式”，通过庭审直播，录像观摩、案卷副本阅览等方式实现了实践教学资源的及时传送。参见胡明：《创新法学教育模式培养德法兼修的高素质法治人才》，载《中国高等教育》2018 年第 9 期。

是开发人工智能技术的企业与法学院之间的学科鸿沟过大,人员链接关系不紧密;三是相关企业的技术开发情况可能会涉及商业秘密,开展实践实习的学生未必能接触到与技术开发有关的资料。为了改变上述状态,法学院可以考虑主动加强校企之间的日常联系,学校层面也应提供必要支持,如引导与技术开发企业关系密切的其他专业学院为加强法学院与相关企业的沟通创造机会。这至少可以从观念上引导企业重视法治人才培养,提高学生进入企业后的学习效果。涉及商业秘密的部分虽然无法向参与实践的学生完全公开,但是可介绍引导企业为学生介绍符合行业发展趋势的前沿技术热点,以便使学生及时准确把握行业动态和技术革新方向,开阔视野。

应注重现有学制中关于社会实践培养目标和考核要求的协同配合。比如,应强化学生在实践教学中完成与人工智能法治密切相关的创新任务,而不是仅完成没有挑战性的实践任务。另外,可以通过立法方式明确实务部门在人才培养中的义务,这对加强其与高校的深度合作有益。[①]

(三)扩展平台之间深入协作的链接方式

针对协同育人的机制流于形式的问题,[②]应通过恰当手段予以避免。可以采用“走出去,请进来”的双向奔赴模式,将学院与其他实务部门的教学和科研资源依托于多样路径进行深度黏合链接。

一是以研究院、智库等常设科研组织的设置运行为组织依托,通过提升人员的归属感增强跨界合作的持续性。同时,可以依托上述组织促成科研项目的合作完成,为高水平研究成果的形成提供跨界平台支撑。

二是以学术会议、讲座、大课堂等方式进行前沿资讯互通。这有助于学生及时接触到最新信息,紧跟发展现状,避免闭门造车的无用功。学院到实务单位开展的讲座,可以为后者实务问题的解决提供理论支撑,可以尝试由表现优秀的在读生将在校的科研成果通过这一方式传递到相关实务部门,这不仅可以为后者与人工智能相关的工作开展提供了相关研究成果的支撑,而且为后者选择优秀人才创造了前期接触和了解的机会。

---

① 参见田士永:《法治人才法治化培养的德国经验》,载《中国政法大学学报》2017 年第 4 期。

② 参见蒙柳、许承光:《协同育人视角下的法学专业实践教学研究》,载《学校党建与思想教育》2017 年第 11 期。

三是以合作举办或指导参加竞赛的方式，集合校内外的优质导师资源，在以赛促教的过程中实现合作目标。竞赛在引导深度合作方面具有特性优势，一方面竞赛中的指导频次一般较多，可以实现校内外导师在培养学生过程中的密切合作；另一方面竞赛集中于特定主题，比之流于形式的口号式合作，具有明显的专业性。比如2018年至今，中国司法大数据研究院（最高人民法院智慧法院重点实验室）联合各大高校、相关领域研究院、实验室、企业每年举办一届“中国法研杯”司法人工智能挑战赛（LAIC），旨在加强人工智能驱动智慧司法的实用通道，提高智能司法的运行力，是真正体现产学研深度合作的赛事。从赛道内容看，不仅着重关注人工智能应用于司法的难点痛点，也希望通过实证研究更好地驱动技术服务于司法活动，强化研究成果的实用性。该项赛事将来自各方的智力资源以竞赛为平台进行了深度整合，产生了良好实效。[①] 这类竞赛为学校、政府、企业提供了共同竞技交流的平台，是有利于智力成果共享的上佳通道。

第五节 侧重确立“自发内驱＋综合素养”创新能力体系

人工智能产业的发展速度极快，新产品层出不穷，给社会发展带来深刻变革，亟须法律规制，以期化解技术风险的现实要求。应对新问题和新变化缺乏现成可用的方法策略，需要依赖具有相当创新能力的法治人才提供合理方案。这为人才塑造指明了方向，即理应探究和审视人才塑造过程中创新能力的要素内容，并提供对应有效的培育路径，从而使这类人才的塑造目标得以实现，能够满足以创新性的法律手段有效引导人工智能产业良性发展的实际需要。

一、人才创新能力配置的决定因素

人工智能法治创新型人才应面向人工智能产业发展中崭新法律问题的解

① 比如在第五届的获奖名单中，犯罪事实实体识别赛道、司法文本小样本多任务赛道的获奖名单中既有高校又有企业，通过不同类型单位的同台竞技可以加强彼此的了解与互信。而创新创业赛道中的获奖名单中所涉及的项目内容实用创新性特征显著，如有智能文本机器人、医患纠纷一站式调解平台等面向实际所需，可为司法纠纷的快速便捷处理贡献能量的可靠创新方案。参见“中国法研杯”司法人工智能挑战赛网，https://data.court.gov.cn/pages/laic.html，最后访问日期：2023年9月2日。

决需要，并具有一定的全局观、大局观，可针对产业未来的发展趋势提前进行法治方案的规划和布局，对此该类人才塑造应紧紧围绕未来产业发展和新型问题解决的需求主题，从客观因素出发精准识别创新能力的需求要素。

（一）人工智能产业生态的快速迭代对人才的敏捷应对能力的要求

人工智能产业在当代社会快速发展，进入了狂奔前进的黄金时期，新技术升级的时间在明显缩短。这得益于显著的技术突破、大幅增长的行业投资、关键要素的具备等客观因素的加持。一是技术突破对人工智能的产业发展和产品迭代的影响明显。比如，神经网络技术的发展受限使人工神经网络的发展在20世纪90年代初达到顶峰之后，迅速走上下坡路。2006年深度学习技术的有效突破才带来行业发展的新进展。① 二是行业投资状态的改善为产业加速前行提供了重要的经济支持。人工智能产业曾因投资的缩减而遭遇发展瓶颈。② 与此相对，2017年人工智能已经成为最热的投资领域，美国、欧洲、中国的投资额位列三强，占世界总投资量将近八成。③ 资本的大量注入为产业起飞创造了先决条件。三是人工智能的发展已具备了关键要素。数据、算法和算力是人工智能发展所需的必要条件。以大型语言模型的发展为例，2017年作为该类模型运行基础的 Transformer 算法进入视野，仅仅在几年后，2022年ChatGPT4 令世人惊讶。④

人工智能产业的发展速度太快，因此需要快速生成的法律治理方案应与之对应，⑤继而对法治创新人才能力提出了前瞻预测、敏捷回应、睿智灵动的客观要求。

（二）人工智能技术效能的良好状态对能力伦理化的要求

人工智能技术在应用中会呈现出明显优于人类能力的状态。这主要表现在，第一，优异的学习能力。依托于深度学习技术和大量数据的投喂，人工智

① 参见顾险峰：《人工智能的历史回顾和发展现状》，载《自然杂志》2016年第3期。

② “例如：1974～1980年美国国防高级研究计划局（DARPA）缩减了对于人工智能研究的拨款（第一次寒冬）、1987～1993年 Lisp 机市场的崩溃（第二次寒冬）。”徐献军：《人工智能的极限与未来》，载《自然辩证法通讯》2018年第1期。

③ 参见蔡自兴：《人工智能产业化的历史、现状与发展趋势》，载《冶金自动化》2019年第2期。

④ 参见苏宇：《大型语言模型的法律风险与治理路径》，载《法律科学（西北政法大学学报）》2024年第1期。

⑤ 参见张凌寒：《深度合成治理的逻辑更新与体系迭代——ChatGPT 等生成型人工智能治理的中国路径》，载《法律科学（西北政法大学学报）》2023年第3期。

能可以在短时间内完成多学科、多领域的知识积累,有效弥补认知盲区。人类的学习过程漫长,受到人类生长规律的客观限制。第二,响应速度极快,人工智能在应对问题给出解决方案的速度上要远快于人类。以 ChatGPT 为例,输入需要大篇幅应答的复杂问题后,比如提供某一领域的研究方案框架,往往瞬时就能呈现内容丰富的系统方案。有预测称,至 2030 年 ChatGPT 将能生成优于人类的文稿,至 2050 年,ChatGPT 的文稿生成能力将优于职业作家。[①] 第三,运用复杂综合技能的能力强悍。具有里程碑意义的例子是 2016 年 AlphaGo 在与韩国棋手李世石的人机作战中以 4 比 1 的比分大获全胜,震惊了全世界。围棋技能的掌握并非易事,一方面围棋的变数太多,一招之下会造成结局的巨大差异;另一方面围棋规则与人类社会中的社交规则有互通之处,对并不了解人情世故的机器来说,掌握起来难度极大。AlphaGO 不仅轻松驾驭,而且在对弈中还会有创造性打法。[②] 在律师行业,人工智能也较早就有了优于人类的能力。[③] 上述状态充分说明机器具备掌控复杂技能的卓越能力,具有一定的主动性和个性化特质,从而颠覆了人们对机器能力边界的原有认知。

在人工智能强于人类的现实图景逐渐清晰,并具有实质落地的可能性之后,人机之间的关系界定将成为重要的伦理问题。《新一代人工智能发展规划》(国发〔2017〕35 号)中亦强调需"重视人工智能法律伦理的基础理论问题研究"。具体而言,人工智能是否能凭借超越人类的性能而获得一定的法律地位,人工智能是否可以成为权利的享有者和义务的承担者等方面将成为困扰人类社会法治生活的重要议题,对这类议题的解答需要具有伦理内化能力的人才的积极助力。

(三)人工智能技术应用的广泛场域对能力综合性的要求

人工智能技术的实际应用已进入井喷式的增长阶段,这一应用扩展趋势以数据训练为起步点,凭借大模型的入场,在制造业、交通运输业、医疗业、金

---

① 参见《人工智能全域变革图景展望:跃迁点来临(2023)》,载微信公众号"毕马威 KPMG"2023 年 12 月 27 日,https://mp. weixin. qq. com/s/b9hBar6nCxO1n0jLumUoBw。

② 参见孙冰:《"阿尔法狗"留下的兴奋与忧伤》,载《中国经济周刊》2016 年第 12 期。

③ 在名为 Case Cruncher Alpha 的机器律师与 100 位人类律师展开的竞赛中,表现明显优于人类律师。参见左卫民:《关于法律人工智能在中国运用前景的若干思考》,载《清华法学》2018 年第 2 期。

融业、文娱业、基础研究领域有广泛的产业型应用场域。[①] 该类技术的迭代前景进一步提供了应用扩展的可能，比如具身智能和脑机接口技术的未来发展将为通用人工智能的应用扩展提供实质推力。[②]

人工智能的应用状态与具体场景的耦合度高，为了提升智能效果，必然需要人工智能匹配特定场景的应用需求，就此应根据人工智能应用场景的特征及风险规制的需要来确定对应的法律方案。这表明人工智能法治创新型人才在面对不同场域的应用状态提供应对方案时需要多元的知识谱系，宽泛的审视视角，精准的环节把握，对综合能力的要求较高。

二、以塑造自发内驱力为创新能力提供内在动能

人工智能法治创新型人才所要完成的历史使命是针对新兴领域法律适用需求，提出对应的创造性解决方案。这一使命的达成具有相当高的难度，没有坚定的探索意志和持续的兴趣驱动是不能高质完成的。有强烈意愿的主动探索是人才天赋能力得以外化展示的重要条件。[③]

（一）自发内驱力的塑造要点

一是激发学生对人工智能行业法治问题的兴趣。兴趣对行动有显而易见的内驱力。首先，将这一领域的研究看作一件颇有意趣之事会将创新人才的积极性最大限度地激发出来。“当人们对某项任务存在高内在动机的时候，他们往往会突破固有条件的束缚，全力以赴寻找新的办法解决问题，作出创造性成果。”[④]其次，在学生形成兴趣之后，他们所作出的行动是一个自然而然的内驱过程，不需要额外条件加持，而且具有低成本、高产出的驱动效果。

二是涵养对人工智能法治问题不断追问和持续探究的核心意识。从是什么、为什么再到怎么办的接续思考链条中，促进难题的解决。探究意识在人工智能法治创新领域尤其重要，在一个崭新的产业应用领域，学生剥离相关法治

---

① 参见《人工智能全域变革图景展望：跃迁点来临（2023）》，载微信公众号“毕马威 KPMG”2023 年 12 月 27 日，https://mp.weixin.qq.com/s/b9hBar6nCxO1n0jLumUoBw。

② 参见《人工智能全域变革图景展望：跃迁点来临（2023）》，载微信公众号“毕马威 KPMG”2023 年 12 月 27 日，https://mp.weixin.qq.com/s/b9hBar6nCxO1n0jLumUoBw。

③ 参见史秋衡、李瑞：《高校拔尖创新人才培养的价值逻辑、关键要素与路径选择》，载《中国远程教育》2024 年第 1 期。

④ 吴瑞林、王建中：《研究性教学与研究生创新能力培养》，载《学位与研究生教育》2013 年第 3 期。

问题,提炼要点,明确创新方案等都需要经历不断深入探究的过程。

三是树立以法治手段为人工智能技术革新保驾护航的崇高理想信念。应使学生了解人工智能技术对促进国家安全的关键意义,明确以法治手段为国家人工智能产业发展贡献聪明才智的时代使命。在正向理想信念的支持下,在认同行为价值全局意义的基础上,使学生不断获得在人工智能领域攻坚克难的内生动能。

(二)自发内驱力的塑造途径

一是妥善制定以学生为中心的个性化培养引导方案。每位学生的天赋状态和兴趣所在具有先天差异,结合小班化的个性教学便利条件,因人设案,在尊重学生个性差异的基础上发现每位学生的优势特质,并就此因势利导。

二是设定充分展现人工智能行业魅力的教学内容。应完整考量呈现行业发展的过去、现在和未来,强化对这一朝阳强势产业的认识。应将典型的人工智能服务产品引入课堂教学环节,引导学生通过实际运用环节了解相关服务反应速度快、能力多元化、学习能力强等优越特性和神奇要点,通过亲身体验现实感知类人智能的技术状态。

三是着重强化适配法治赋能技术发展的价值理念。引导学生自行梳理人工智能应用中的风险问题,明确相关技术风险给自身、社会和国家带来的现实威胁,提升用法律手段解决问题的紧迫感和明确其现实意义,从专业能力的提高具有显著社会价值的角度来坚定学生在人工智能领域中的学术选择和智力投入。

三、以涵养综合素养为创新能力供给内源力量

人工智能法治创新型人才创新能力是人才价值体现的重要条件。该类人才创新能力的表征是具备优异的学术能力和实践技能,具体而言,学生能展开新问题的学理讨论,形成有说服力和有新意的观点,可以为相关难题的解决提供有效的应用方案。创新能力的形成应以综合素养的提升为条件。

(一)创新能力综合素养的构成要素

综合素养的提升可促进人才创新能力的形成,具备相关素养的人才可提高问题解决的能力。人工智能法治创新型人才的创新能力要素应该可以回应

在人工智能法律规制领域发现问题、分析问题、解决问题的基本侧面，以合理的手段方式进入核心环节，层层推进难点突破进程。该类人才创新能力综合素养的构成应以创新意识为起点，以创新技能为依托，以创新思维为抓手，协力促进革新方案的构建。

一是锁定问题的创新意识。人工智能法治问题中的有些部分是不需要创新的，用现有的法律规范便可解决。比如，人工智能侵权认定的构成要件可以从传统民法规则中寻找可靠依据。需要明确的是，对现有法治造成明显挑战和制造难题的方面如人工智能的生成内容具有一定的独创性，但是否能给予版权保护在学理讨论和司法实践中存在巨大争议。法律的独立性与应和社会所需的调整并不矛盾。① 人工智能法治创新型人才在面对社会变化时，应具有抽离法律问题的意识和能力，聚焦实际所需，为有价值的学术研讨创造必要前提。

二是助力难点突破的创新技能。首先，持续学习技能。人工智能技术及其产业的发展速度较快，崭新的技术服务内容层出不穷，应用场域不断扩展，因此需要创新型人才通过持续学习不断提升和扩展认知边界。其次，信息整合技能。人工智能领域的信息数量膨胀广博，从"乱花渐欲迷人眼"的大量信息中整合出主线，确定要点是人工智能法治创新型人才必备的技能。最后，知识融通迁移技能。人工智能法治问题往往需借助于跨学科的知识导引，相关人才应掌握跨学科的知识，并能运用跨学科的知识来解决现实问题。

三是促成新型方案的创新思维。思维状态的改善是促成认知更新和行动改变的核心因素。正如爱因斯坦所言："大学教育的价值，不在于学习很多事实，而在于训练大脑会思考。"②在培养人工智能法治创新型人才的学术能力时，应结合人才效能发挥的场域要求，强化养成批判性和发散式思维。首先，批判性思维有助于实现去伪存真的目标。这是一种可以在纷繁争议中寻找合理依据，确定正确方向的思维能力。③ 学界对批判性思维的定义存在差异，但

---

① 参见赵鹏：《法律人工智能技术的发展和法学教育的回应》，载中国政法大学法治政府研究院网 2019 年 4 月 16 日，http://fzzfyjy. cupl. edu. cn/info/1038/10372. htm。

② 钱颖一：《批判性思维与创造性思维教育：理念与实践》，载《清华大学教育研究》2018 年第 4 期。

③ 参见陈振华：《批判性思维培养的模式之争及其启示》，载《高等教育研究》2014 年第 9 期。

对批判性思维核心特质的总结都是重视反思迭代。[①] 批判性思维对人工智能法治创新型人才来说尤为重要，因为在该领域的法治问题解决过程中不是完全没有方案，而是有很多不同方案，对应各派学理讨论，在这一过程中迫切需要借助批判性思维来明辨事理。其次，发散式思维有助于实现活化方案的目标。人工智能法治问题的解决没有一成不变的既定模式，需要经过主动和积极思考，寻找一切可能的解决方案，而凭借发散式思维，相关人才可以从多角度、多层面、多途径探索达成目标方案的可能性，这符合该领域问题解决的需要。比如，就人工智能是否能赋予法律主体地位的问题，可从完全肯定、完全否定、有条件地肯定，或有条件地否定等几个侧面出发探索和思考可行方案。

（二）创新能力综合素养的培育方式

人工智能法治创新型人才创新能力综合素养的培育形成过程应侧重于使相关人才有扎实的知识基础，熟练的应用技能和多元的科创思维，从知识积累，技能运用和思维养成三个核心点出发，并以自驱力为关键驱动力，匹配优化培育方式和对应目标。

一是引导自学知识，导向宽泛的学科基础。人工智能法治问题的解决需要多学科知识的合力汇通。课堂教学受制于预设学时和培养方案，不能完全实现全部知识传授的目标，而在知识传授中学生经常处于被动学习的状态，由此应着力引导效果更好的自学过程。培育过程中应通过常规教学、导师阐释、同学交流、专题讲座等路径明确现有知识的短板所在，合理设定学习方向，系统说明学习方法，而不将重点放在系统知识的直接传授上。鼓励学生通过知识图谱、思维导图等方式呈现跨学科知识点之间的关联，思考可以将跨学科知识点融会贯通的方法。

二是强化自觉输出，面向知识的多次应用。知识的运用能力应从接近实战的应用模拟中进行不断的锤炼提升，遵循熟能生巧的客观规律。应在课堂教学中注重引入拟定现实问题和面向未来可能发生的问题，从问题切入，引导解决问题的知识应用过程。

三是鼓励自主探究，营造开放的科研环境。以思维养成为核心目标，鼓励学生应用逻辑树和鱼骨图等有效工具展现思维过程。在课堂和实务教学中，

① 参见钟启泉：《批判性思维：概念界定与教学方略》，载《全球教育展望》2020 年第 1 期。

注重采用新型的教学工具引导学生积极思考,探究未知,给予学生表达自身观点,群体力量形成更新观念想法的机会。比如,可以采用激发思路碰撞的世界咖啡馆模式,营造一个宽松的讨论环境,设置开放性人工智能法治主题展开对话式讨论,激发学生解决问题的新思路。

综上可见,人工智能法治创新型人才塑造是一项综合工程,应当采用全景式的宽泛视角,通过外部条件的达成来促进人才能力的培养。在教学力量上,贯彻科教融合的思路,将科学研究、跨学科融通作为适配的教学力量发挥作用的着力方向。在培养路径上,应将专业教育与通识教育密切结合,并对应学位授予的灵活模式,用多个学位为人才培养状态进行权威背书。在培育范式上,考虑到该类人才培养的难度,应贯彻小而精的原则,适当提高师生比,以便给予学生更多精细化的有效引导。在培养渠道上,应考虑以专业学院为基点,并将传统课堂向外延展,在多平台和多场域中实现教学目标,比如关注高水平竞赛,达成以赛促教、以赛促学、课赛融合的多重目标,实现人才培养的回路畅通。在内化能力上,应注意培养该类人才的自驱力,并重视塑造知识基础,应用技能,思维状态等几个关键方面,让该类人才在人工智能法治问题的学术研究中想创新、敢创新、能创新和会创新。

主要参考文献

一、中文文献

(一)著作类

1. [美]雷·库兹韦尔:《人工智能的未来:揭示人类思维的奥秘》,盛杨燕译,浙江人民出版社 2016 年版。

2. [美]卢克·多梅尔:《算法时代——新经济的新引擎》,胡小锐、钟毅译,中信出版社 2016 年版。

3. [美]罗素、诺维格:《人工智能:一种现代的方法》(第 3 版),殷建平等译,清华大学出版社 2013 年版。

4. [美]马克·A. 莱姆利等:《软件与互联网法(上)》,张韬略译,商务印书馆 2014 年版。

5. [美]佩德罗·多明戈斯:《终极算法:机器学习和人工智能如何重塑世界》,黄芳萍译,中信出版社 2017 年版。

6. [美]萨尔曼·可汗:《翻转课堂的可汗学院:互联网时代的教育革命》,刘婧译,浙江人民出版社 2014 年版。

7. [意大利]乌戈·帕加罗:《谁为机器人的行为负责?》,张卉林、王黎黎译,上海人民出版社 2018 年版。

8. [英]玛格丽特·博登:《人工智能哲学》,刘西瑞、王汉琦译,上海译文出版社 2001 年版。

9. [德]乌尔希里·贝克:《风险社会:新的现代性之路》,张文杰、何博闻译,译林出版社 2022 年版。

10. [美]托尼·瓦格纳:《教育大未来》,余燕译,南海出版公司 2013 年版。

11. [英]安东尼·吉登斯:《现代性的后果》,田禾译,译林出版社 2000 年版。

12. [英]安东尼·塞尔登、奥拉迪梅吉·阿比多耶:《第四次教育革命:人工智能如何改变教育》,吕晓志译,机械工业出版 2019 年版。

13. [英]罗杰·布朗斯沃德:《法律 3.0:规则、规制和技术》,毛海栋译,北京大学出版社 2023 年版。

14. [英]齐格蒙特·鲍曼:《流动的现代性》,欧阳景根译,中国人民大学出版社 2018 年版。

15. [英]乔治·扎卡达基斯:《人类的终极命运——从旧石器时代到人工智能的未来》,陈朝译,中信出版集团 2017 年版。

16. [英]维克托·迈尔-舍恩伯格、肯尼思·库克耶:《大数据时代:生活、工作与思维的大变革》,盛杨燕、周涛译,浙江人民出版社 2013 年版。

17. [德]卡尔·拉伦茨:《法学方法论》(全本·第 6 版),黄家镇译,商务印书馆 2020 年版。

18. 刘宪权主编:《人工智能:刑法的时代挑战》,上海人民出版社 2018 年版。

19. 尼克:《人工智能简史》,中信出版集团、人民邮电出版社 2017 年版。

20. 汤敏:《慕课革命——互联网如何变革教育?》,中信出版社 2015 年版。

21. 腾讯研究院、中国信通院互联网法律研究中心等:《人工智能:国家人工智能战略行动抓手》,中国人民大学出版社 2017 年版。

22. 曾铮、王磊等:《数据市场治理——构建基础性制度的理论与政策》,社会科学文献出版社 2021 年版。

23. 崔亚东主编:《世界人工智能法治蓝皮书(2021)》,上海人民出版社 2021 年版。

24. 孙建伟、袁曾、袁苇鸣:《人工智能法学简论》,知识产权出版社 2019 年版。

25. 王崇主编:《人工智能法律概论》,中山大学出版社 2023 年版。

26. 王建文主编:《网络与人工智能法学》,法律出版社 2023 年版。

27. 王利军、李大庆主编:《人工智能法学导论》,法律出版社 2022 年版。

28. 王润华、张武军:《人工智能法律分析》,知识产权出版社 2023 年版。

29. 郑飞、马国洋主编:《人工智能法学》,中国政法大学出版社 2023 年版。

30. 李彦宏等:《智能革命:迎接人工智能时代的社会、经济与文化变革》,中信出版集团 2017 年版。

31. 吴军:《智能时代:大数据与智能革命重新定义未来》,中信出版集团 2016 年版。

32. 姜伟主编:《法律人工智能导论》,北京大学出版社 2023 年版。

33. 莫荣主编,战梦霞、吴加富副主编:《人才蓝皮书:中国人工智能人才发展报告(2022)》,社会科学文献出版社 2022 年版。

34. 吴飞、陈为:《人工智能交叉人才培养与课程体系》,清华大学出版社 2022 年版。

35. 余胜泉主编:《人工智能 + 教育蓝皮书》,北京师范大学出版集团、北京师范大学出版社 2020 年版。

36. 李伟:《实践范式转换与实践教学改革》,教育科学出版社 2010 年版。

(二)期刊论文类

1. 杨宗科:《习近平德法兼修高素质法治人才培养思想的科学内涵》,载《法学》2021 年第 1 期。

2. 周江洪:《智能司法的发展与法学教育的未来》,载《中国大学教学》2019 年第 6 期。

3. 周婧:《人工智能法学人才的培养模式》,载《高等教育评论》2019 年第 2 期。

4. 纵博:《人工智能时代的法学教育发展方向》,载《西安电子科技大学学报(社会科学版)》2019 年第 2 期。

5. 邓世豹:《超越司法中心主义——面向全面实施依法治国的法治人才培养》,载《法学评论》2016 年第 4 期。

6. 冯果:《新理念与法学教育创新》,载《中国大学教学》2019 年第 10 期。

7. 郜占川:《新时代卓越法治人才培养之道与术》,载《政法论坛》2019 年第 2 期。

8. 葛云松:《法学教育的理想》,载《中外法学》2014 年第 2 期。

9. 刘艳红:《从学科交叉到交叉学科:法学教育的新文科发展之路》,载《中国高教研究》2022 年第 10 期。

10. 刘艳红:《人工智能法学的“时代三问”》,载《东方法学》2021 年第 5 期。

11. 罗维鹏、郜占川:《人工智能法治人才培养模式选择》,载《山东社会科学》2020 年第 11 期。

12. 马长山:《数字法学教育的迭代变革》,载《中国人民大学学报》2022 年第 6 期。

13. 申卫星、刘云:《法学研究新范式:计算法学的内涵、范畴与方法》,载《法学研究》2020 年第 5 期。

14. 杨春福:《新时代复合型法治人才及其培养路径探究》,载《法制与社会发展》2018 年第 5 期。

15. 韩大元等:《跨学科教育与研究:新时代法学学科建设的实现路径》,载《中国大学教学》2018 年第 4 期。

16. 左卫民:《中国计算法学的未来:审思与前瞻》,载《清华法学》2022 年第 3 期。

17. 马怀德:《完善法治人才培养体系》,载《民主与法制周刊》2022 年第 14 期。

18. 马长山:《数字时代的法学教育转型》,载《上海政法学院学报(法治论丛)》2023 年第 1 期。

19. 王禄生:《ChatGPT 类技术:法律人工智能的改进者还是颠覆者?》,载《政法论坛》2023 年第 4 期。

20. 刘同君:《新时代卓越法治人才培养的三个基本问题》,载《法学》2019 年第 10 期。

21. 龚向前、李寿平:《“法律 + 科技”复合型高端人才培养的实践与思考》,载《学位与研究生教育》2019 年第 2 期。

22. 官礼和等:《基于词典的法律案例自动归类系统的开发》,载《重庆交通学院学报》2004 年第 1 期。

23. 黎慈:《人工智能嵌入行政执法的法理分析:现状、风险与应对》,载《湖北社会科学》2020 年第 7 期。

24. 陆泉、张良韬:《处理流程视角下的大数据技术发展现状与趋势》,载《信息资源管理学报》2017 年第 4 期。

25. 吕玉赞、焦宝乾:《法律逻辑的拓展研究——以新兴交叉学科为背景》,载《上海政法学院学报(法治论丛)》2019 年第 1 期。

26. 马永杰、云文霞:《遗传算法研究进展》,载《计算机应用研究》2012 年第 4 期。

27. 商瀑:《人工智能与刑事侦查:历史变迁、技术分类及未来展望》,载《中国人民公安大学学报(社会科学版)》2020 年第 6 期。

28. 石少剑:《智能技术革命与法治秩序转型——从传统法治到智能法治》,载《江汉大学学报(社会科学版)》2020 年第 4 期。

29. 谭世贵、王强:《我国智慧法院建设的实践、问题与对策》,载《杭州师范大学学报(哲学社会科学版)》2019 年第 6 期。

30. 袁广林:《中世纪大学:法律职业专业化分析》,载《国家教育行政学院学报》2012 年第 8 期。

31. 张金兴:《法律逻辑论纲》,载《甘肃社会科学》1999 年第 4 期。

32. 张文显:《构建智能社会的法律秩序》,载《东方法学》2020 年第 5 期。

33. 赵艳红:《人工智能背景下法学高等教育的改革》,载《北京航空航天大学学报(社会科学版)》2020 年第 5 期。

34. 郑戈:《算法的法律与法律的算法》,载《中国法律评论》2018 年第 2 期。

35. 杨东、白银:《数据"利益束":数据权益制度新论》,载《武汉大学学报(哲学社会科学版)》2024 年第 1 期。

36. 蔡星月:《人工智能的"标准之治"》,载《中国法律评论》2021 年第 5 期。

37. 陈锐、江奕辉:《生成式 AI 的治理研究:以 ChatGPT 为例》,载《科学学研究》2024 年第 1 期。

38. 谷佳慧:《数字时代正义的内涵变迁及法治保障》,载《北方法学》2023 年第 5 期。

39. 郭春镇:《生成式 AI 的融贯性法律治理——以生成式预训练模型(GPT)为例》,载《现代法学》2023 年第 3 期。

40. 郭春镇:《作为中国政法话语的表达权》,载《法学家》2021 年第 5 期。

41. 郭栋:《法理概念的义项、构造与功能:基于 120108 份裁判文书的分析》,载《中国法学》2021 年第 5 期。

42. 雷磊:《新科技时代的法学基本范畴:挑战与回应》,载《中国法学》2023 年第 1 期。

43. 刘权:《网络平台的公共性及其实现——以电商平台的法律规制为视角》,载《法学研究》2020 年第 2 期。

44. 马长山:《智能互联网时代的法律变革》,载《法学研究》2018 年第 4 期。

45. 史静寰等:《走向 2030:中国高等教育现代化建设之路》,载《中国高教研究》2017 年第 5 期。

46. 孙晋:《数字平台的反垄断监管》,载《中国社会科学》2021 年第 5 期。

47. 孙全胜:《数字空间生产中的技术异化及破解》,载《学术界》2023 年第 10 期。

48. 孙寿涛、张晓芳:《断裂与弥合:数智时代 Z 世代“轻社交”行为分析》,载《中国青年研究》2023 年第 11 期。

49. 姚前:《ChatGPT 类大模型训练数据的托管与治理》,载《中国金融》2023 年第 6 期。

50. 喻中:《从立法中心主义转向司法中心主义?——关于几种“中心主义”研究范式的反思、延伸与比较》,载《法商研究》2008 年第 1 期。

51. 张丽霞:《“数字化生存”的教育吁求与应对》,载《教育发展研究》2011 年第 23 期。

52. 张凌寒:《数字正义的时代挑战与司法保障》,载《湖北大学学报(哲学社会科学版)》2023 年第 3 期。

53. 郑戈:《再问法学是一门社会科学吗?——一个实用主义的视角》,载《中国法律评论》2020 年第 4 期。

54. 周强:《深入学习贯彻党的十九届四中全会精神,不断推进审判体系和审判能力现代化》,载《人民司法》2020 年第 1 期。

55. 周尚君、罗有成:《数字正义论:理论内涵与实践机制》,载《社会科学》2022 年第 6 期。

56. 周详、齐文远:《法学教育以司法考试为导向的合理性——以司法考试刑法卷为例》,载《法学》2009 年第 4 期。

57. 周杨:《在科学和法治的轨道上推进中国特色世界一流法学学科建设——张文显教授访谈录》,载《中国大学教学》2017 年第 8 期。

58. 朱苏力:《追问法学教育承担的历史使命》,载《法制资讯》2011 年第 5 期。

59. 左卫民:《大数据时代法学研究的谱系面向:自科法学?》,载《政法论坛》2022 年第 6 期。

60. 左卫民:《一场新的范式革命?——解读中国法律实证研究》,载《清华法学》2017 年第 3 期。

61. 左亦鲁:《告别"街头发言者":美国网络言论自由二十年》,载《中外法学》2015 年第 2 期。

62. 吴沈括、石嘉黎:《数据安全视域下的人工智能风险应对研究》,载《西北工业大学学报(社会科学版)》2019 年第 2 期。

63. 姜素红、张可:《人工智能辅助地方立法的应用与规制》,载《湖南大学学报(社会科学版)》2019 年第 4 期。

64. 张清、张蓉:《"人工智能 + 法律"发展的两个面向》,载《求是学刊》2018 年第 4 期。

65. 江秋伟:《论司法裁判人工智能化的空间及限度》,载《学术交流》2019 年第 2 期。

66. 周尚君、伍茜:《人工智能司法决策的可能与限度》,载《华东政法大学学报》2019 年第 1 期。

67. 朱笑延:《舆论与刑法的偏差式互动:刑事责任年龄个别下调的中国叙事》,载《法学家》2022 年第 1 期。

68. 刘国华、沈杨:《人工智能辅助司法裁判的实践困境及其应对策略》,载《学术交流》2021 年第 9 期。

69. 彭中礼、刘世杰:《从"特殊性"到"去特殊性"——人工智能法律规制路径审视》,载《济南大学学报(社会科学版)》2019 年第 4 期。

70. 谷贤林、高爱平:《如何培养跨学科研究生——以加拿大为例》,载《学位与研究生教育》2022 年第 5 期。

71. 郑妮:《人工智能法学的概念误区、理论明鉴及空间重塑》,载《理论月刊》2021 年第 6 期。

72. 陈星、吴叶林:《人机协同教育治理的障碍与突破》,载《现代远程教育研究》2022 年第 1 期。

73. 徐小洲、郑淑娴、韩冠爽:《大变革时代的高等教育国际化理念创新与组织重塑》,载《中国高教研究》2022 年第 6 期。

74. 任希全:《人工智能之于法律的可能影响》,载《人民论坛》2018 年第 18 期。

75. 王彦雨、高芳:《主要国家人工智能技术发展路线图规划模式及启示》,载《中国科技论坛》2022 年第 1 期。

76. 宋保振:《智能裁判的价值填补——以法律解释的认知研究为突破口》,载《求是学刊》2021 年第 2 期。

77. 陈奕青、张富利:《大数据环境下的国家治理与风险应对》,载《广西社会科学》2021 年第 3 期。

78. 陈启迪:《人工智能嵌入高校思想政治教育的技术风险及应对策略》,载《学校党建与思想教育》2022 年第 9 期。

79. 马长山:《数字法学的理论表达》,载《中国法学》2022 年第 3 期。

80. 马长山:《人工智能的社会风险及其法律规制》,载《法律科学(西北政法大学学报)》2018 年第 6 期。

81. 马长山:《“法治中国”建设的问题与出路》,载《法制与社会发展》2014 年第 3 期。

82. 林伟:《人工智能数据安全风险及应对》,载《情报杂志》2022 年第 10 期。

83. 李世瑾、王成龙、顾小清:《人工智能教育治理:逻辑机理与实践进路》,载《华东师范大学学报(教育科学版)》2022 年第 9 期。

84. 孙海波:《反思智能化裁判的可能及限度》,载《国家检察官学院学报》2020 年第 5 期。

85. 林健、郑丽娜:《美国人工智能专业发展分析及对新兴工科专业建设的启示》,载《高等工程教育研究》2020 年第 4 期。

86. 高岳、杨小康:《前沿导向的人工智能课程内容重构——以上海交通大学“人工智能理论及应用”课程为例》,载《高等工程教育研究》2022 年第 6 期。

87. 陈诚:《数字思政的生成机理、价值意蕴与实践路向》,载《学校党建与思想教育》2023 年第 16 期。

88. 崔亚东:《人工智能应用与治理》,载《行政管理改革》2020 年第 6 期。

89. 苗连营、郎志恒:《习近平法治思想关于法治人才培养的原创性理论贡献及其实践展开》,载《中国大学教学》2022 年第 8 期。

90. 何志鹏:《卓越法治人才培养的实践解读》,载《中国大学教学》2019 年第 6 期。

91. 陈吉栋:《人工智能法的理论体系与核心议题》,载《东方法学》2023 年第 1 期。

92. 丁晓东:《从"马法"到马克思主义之法:网络法的法理学与部门法意义》,载《地方立法研究》2021 年第 6 期。

93. 傅爱竹:《数字新兴议题专门立法热之反思》,载《法商研究》2023 年第 5 期。

94. 李东方、李耕坤:《数字经济时代个人金融信息的经济法分析与对策——从"立法碎片化"到〈个人金融信息保护法〉》,载《中国政法大学学报》2023 年第 1 期。

95. 龙卫球:《数据新型财产权构建及其体系研究》,载《政法论坛》2017 年第 4 期。

96. 梅夏英:《数据的法律属性及其民法定位》,载《中国社会科学》2016 年第 9 期。

97. 苏宇:《"信息技术 + 法学"的教学、研究与平台建设:一个整体性的观察与反思》,载《中国法律评论》2021 年第 6 期。

98. 王利明:《数据何以确权》,载《法学研究》2023 年第 4 期。

99. 席月民:《我国需要制定统一的〈数字经济促进法〉》,载《法学杂志》2022 年第 5 期。

100. 张守文:《数字税立法:原理依循与价值引领》,载《税务研究》2021 年第 1 期。

101. 陈坤:《法律推理领域中的形式逻辑及其不可取代性》,载《环球法律评论》2022 年第 6 期。

102. 丁晓东:《从阿帕网到区块链:网络中心化与去中心化的法律规制》,载《东方法学》2023 年第 3 期。

103. 高利红:《新文科自主知识体系的构建》,载《华中师范大学学报(人文社会科学版)》2023 年第 4 期。

104. 季卫东:《新文科的学术范式与集群化》,载《上海交通大学学报(哲学社会科学版)》2020 年第 1 期。

105. 雷磊:《法教义学的方法》,载《中国法律评论》2022 年第 5 期。

106. 雷磊:《人工智能时代法律推理的基本模式——基于可废止逻辑的刻画》,载《比较法研究》2022 年第 1 期。

107. 苏毓松、刘江锐:《计算社会科学与研究范式之争:理论的终结?》,载《复旦学报(社会科学版)》2021 年第 2 期。

108. 魏斌:《论新一代法律智能系统的融合性道路》,载《法学论坛》2023 年第 3 期。

109. 余耀军、高利红:《人工智能时代的法学教育变革》,载《新文科教育研究》2021 年第 2 期。

110. 陈育芳:《"双一流"建设背景下高校师资队伍建设研究》,载《福州大学学报(哲学社会科学版)》2023 年第 4 期。

111. 房绍坤:《我国法学实践教学存在的问题及对策》,载《人民法治 · 法律实施》2018 年第 16 期。

112. 李文正:《元宇宙和 Web 3.0 的技术特征、关系及挑战》,载《计算机仿真》2023 年第 11 期。

113. 郑丽清、李正凝:《人工智能对法律职业的影响程度及法学教育的应对》,载《北外法学》2021 年第 2 期。

114. 周光权:《法学教学实践基地建设的探索与经验》,载《中国大学教学》2023 年第 9 期。

115. 李喜莲、彭泽兵:《"互联网 +"时代复合型法治人才培养机制研究》,载《齐齐哈尔师范高等专科学校学报》2022 年第 3 期。

116. 杨红朝、姬敬:《人工智能背景下法学本科教育的应对与创新探究》,载《文教资料》2021 年第 28 期。

117. 杨雅妮:《新文科建设背景下法学教育的变革》,载《新文科教育研究》2021 年第 2 期。

118. 杨桦、杨子巍:《论法治人才培养与市场需求》,载《法治社会》2018 年第 4 期。

119. 孟奇勋、鲍一鸣:《新文科背景下卓越法治人才培养路径研究》,载《科技创业(月刊)》2021 年第 8 期。

120. 李倩、李保芳:《人工智能时代法学实践教育模式的五维变革》,载《昆明理工大学学报(社会科学版)》2022 年第 5 期。

121. 王奎国、汪婷婷:《"双创"背景下创新型法治人才培育路径研究》,载《科技创业(月刊)》2021 年第 7 期。

122. 屈茂辉、陈锦红:《应用型复合型卓越法律人才培养方案研究》,载《大学教育科学》2015 年第 2 期。

123. 王轶等:《"新时代复合型法治人才的培养"大家谈(笔谈)》,载《西北工业大学学报(社会科学版)》2022 年第 2 期。

124. 张吉豫:《面向未来的人大法学院未来法治研究院》,载《人民法治》2018 年第 16 期。

125. 邹卫中、李萍萍:《人工智能与法学教育融合发展研究》,载《南宁师范大学学报(哲学社会科学版)》2020 年第 2 期。

126. 刘蓓、戚瀚文:《论"AI + 法律"背景下法学教育供给侧改革》,载《河北法学》2023 年第 6 期。

127. 朱松纯:《智能学科的源起、演进与趋势——北京大学智能学科的探索与实践》,载《大学与学科》2022 年第 4 期。

128. 梁洪霞、杨自意:《人工智能时代的法学教育》,载《高等教育评论》2019 年第 1 期。

129. 陈景辉:《人工智能的法律挑战:应该从哪里开始?》,载《比较法研究》2018 年第 5 期。

130. 谢昆青:《第一个智能科学技术专业——回顾在北京大学六年来的创建历程》,载《计算机教育》2009 年第 11 期。

131. 王利明:《人工智能时代提出的法学新课题》,载《中国法律评论》2018 年第 2 期。

132. 季卫东:《人工智能时代的司法权之变》,载《东方法学》2018 年第 1 期。

133. 潘庸鲁:《人工智能介入司法领域路径分析》,载《东方法学》2018 年第3期。

134. 左卫民:《关于法律人工智能在中国运用前景的若干思考》,载《清华法学》2018年第2期。

135. 赵智兴、段鑫星:《人工智能时代高等教育人才培养模式的变革:依据、困境与路径》,载《西南民族大学学报(人文社会科学版)》2019年第2期。

136. 冯子轩、孙莹:《勇立人工智能时代潮头共谋法学教育创新之路——首届人工智能法学教育论坛综述》,载《中国高等教育》2018年第21期。

137. 程龙:《从法律人工智能走向人工智能法学:目标与路径》,载《湖北社会科学》2018年第6期。

138. 龙飞:《人工智能在纠纷解决领域的应用与发展》,载《法律科学(西北政法大学学报)》2019年第1期。

139. 王均平:《法学实验教学相关概念的界定及其应用》,载《高等教育研究》2012年第9期。

140. 葛翔:《司法实践中人工智能运用的现实与前瞻——以上海法院行政案件智能辅助办案系统为参照》,载《华东政法大学学报》2018年第5期。

141. 母光栋:《人工智能在行政执法中的应用、地位及规范》,载《数字法治》2023年第5期。

142. 袁雪石:《建构"互联网+"行政执法的新生态》,载《行政管理改革》2016年第3期。

143. 廖永安、段明:《中国法学教育的供给侧改革》,载《湖南社会科学》2017年第4期。

144. 张邦铺:《法学专业实践教学模式存在的问题及改进策略》,载《教育评论》2016年第7期。

145. 徐晔:《从"人工智能教育"走向"教育人工智能"的路径探究》,载《中国电化教育》2018年第12期。

146. 闫志明等:《教育人工智能(EAI)的内涵、关键技术与应用趋势》,载《远程教育杂志》2017年第1期。

147. 曹培杰:《智慧教育:人工智能时代的教育变革》,载《教育研究》2018年第8期。

148. 刘凯等:《中国教育领域人工智能研究论纲——基于通用人工智能视

角》，载《开放教育研究》2018 年第 2 期。

149. 封利强：《司法证明机理：一个亟待开拓的研究领域》，载《法学研究》2012 年第 2 期。

150. 周辉：《网络信息法学研究机构建设和发展报告（2004—2017）》，载《网络信息法学研究》2018 年第 1 期。

151. 张建文：《人工智能技术的发展对法学教育的影响与应对》，载《北京航空航天大学学报（社会科学版）》2018 年第 2 期。

152. 陈亮：《把握时代脉搏培养创新型法律人才——西南政法大学成立人工智能法学院》，载《人民法治》2018 年第 16 期。

153. 朱全景：《法学实验论纲》，载《比较法研究》2013 年第 4 期。

154. 胡永平、龚战梅：《法学实践教学改革与创新研究——以法律职业能力培养为目标导向》，载《大学教育》2018 年第 1 期。

155. 钱大军、苏杭：《人工智能视阈下我国立法决策模式之转变》，载《湖南科技大学学报（社会科学版）》2018 年第 6 期。

156. 江必新、郑礼华：《互联网、大数据、人工智能与科学立法》，载《法学杂志》2018 年第 5 期。

157. 郭秉贵：《论社会治理视角下人工智能辅助立法决策的实践路径》，载《温州大学学报（社会科学版）》2023 年第 2 期。

158. 陈宜：《我国律师行业评价体系的现状与反思》，载《中国司法》2017 年第 2 期。

159. 朱体正：《人工智能辅助刑事裁判的不确定性风险及其防范——美国威斯康星州诉卢米斯案的启示》，载《浙江社会科学》2018 年第 6 期。

160. 季美君等：《大数据时代检察机关遇到的挑战与应对》，载《人民检察》2017 年第 15 期。

161. 高绍林、张宜云：《人工智能在立法领域的应用与展望》，载《地方立法研究》2019 年第 1 期。

162. 高奇琦、张鹏：《论人工智能对未来法律的多方位挑战》，载《华中科技大学学报（社会科学版）》2018 年第 1 期。

163. 程凡卿：《我国司法人工智能建设的问题与应对》，载《东方法学》2018 年第 3 期。

164. 张保生:《人工智能法律系统的法理学思考》,载《法学评论》2001 年第 5 期。

165. 邱昭继:《文本解析技术及其在法律实践中的应用》,载《中国法律评论》2019 年第 2 期。

166. 余成峰:《法律的“死亡”:人工智能时代的法律功能危机》,载《华东政法大学学报》2018 年第 2 期。

167. 朱永新:《未来学习中心构想》,载《教育发展研究》2017 年第 9 期。

168. 张务农:《人工智能时代教育哲学“技术理论”问题的生成及论域》,载《电化教育研究》2019 年第 5 期。

169. 张志祯等:《人工智能教育应用的实然分析:教学自动化的方法与限度》,载《中国远程教育》2019 年第 3 期。

170. 吴永和等:《构筑“人工智能 + 教育”的生态系统》,载《远程教育杂志》2017 年第 5 期。

171. 徐显明、黄进、潘剑锋、韩大元、申卫星:《改革开放四十年的中国法学教育》,载《中国法律评论》2018 年第 3 期。

172. 余小波、张欢欢:《人工智能时代的高等教育人才培养观探析》,载《大学教育科学》2019 年第 1 期。

173. 高鲁嘉:《人工智能时代我国司法智慧化的机遇、挑战及发展路径》,载《山东大学学报(哲学社会科学版)》2019 年第 3 期。

174. 何敦春等:《新时代加强高校学科建设的探索》,载《中国高等教育》2020 年第 1 期。

175. 雷磊:《当代中国法学学科评价机制的问题与重建——以德国法学学科评价机制为参照系》,载《国家教育行政学院学报》2021 年第 12 期。

176. 张炜、王良:《大学知识生产模式变革与学科评估的未来走向》,载《江苏高教》2022 年第 2 期。

177. 刘晖、李嘉慧:《中国高等教育质量保障体系的完型》,载《教育研究》2019 年第 11 期。

178. 胡业飞等:《为发展找回时间:“破五唯”政策背景下高校学科建设时间投入需求研究》,载《国家教育行政学院学报》2023 年第 2 期。

179. 吕俊杰等:《我国人文社科评价方法实践与探索——以法学学科为

例》，载《情报探索》2021 年第 6 期。

180. 唐玉溪、何伟光：《技术文化哲学视域下美国高校自适应学习变革》，载《中国远程教育》2020 年第 7 期。

181. 卢臻、覃淮宇：《高校法治教育的有效路径：自主式探究学习法》，载《广西师范学院学报（哲学社会科学版）》2018 年第 6 期。

182. 刘海涛：《高等学校跨学科专业设置：逻辑、困境与对策》，载《江苏高教》2018 年第 2 期。

183. 邱晖、许淑琴：《提高大学生自主学习能力目标下高校教师角色转变》，载《黑龙江高教研究》2014 年第 1 期。

184. 周佑勇：《论智能时代的技术逻辑与法律变革》，载《东南大学学报（哲学社会科学版）》2019 年第 5 期。

185. 段鑫星、赵智兴：《学科评估指标体系：从理论建构到实践审思》，载《江苏高教》2021 年第 4 期。

186. 龚放：《一流学科建设不应舍本逐末》，载《高教发展与评估》2018 年第 3 期。

187. 张丹、姚婷洁：《法国交叉学科研究机构评估的制度变迁与指标体系》，载《上海交通大学学报（哲学社会科学版）》2023 年第 5 期。

188. 崔育宝、李金龙、张淑林：《交叉学科建设：内涵论析、实施困境与推进策略》，载《中国高教研究》2022 年第 4 期。

189. 王洪才：《学科排名：利大还是弊大——对我国学科评估特征、正当性与机理的省思》，载《厦门大学学报（哲学社会科学版）》2019 年第 1 期。

190. 辛涛、贾瑜：《国际视野与本土探索："国际学生评估项目"的作用及启示》，载《教育研究》2019 年第 12 期。

191. 李云霖、李伯超：《法学教育现代化：定位、支点与趋势——以法学本科教育为中心》，载《大学教育科学》2016 年第 4 期。

192. 张应强：《"双一流"建设需要什么样的学科评估——基于学科评估元评估的思考》，载《清华大学教育研究》2019 年第 5 期。

193. 严芳、汪建华：《我国教育元评估指标体系构建》，载《上海教育评估研究》2020 年第 2 期。

194. 赵立莹：《问责与改进：我国第四轮学科评估元评估》，载《学位与研究生教育》2018 年第 2 期。

195. 李澄锋、陈洪捷:《知识生产方式的转型与同行评议的危机》,载《高等教育研究》2020 年第 12 期。

196. 张继平:《学科评估服务“双一流”建设:元评估的现实困境与路径选择》,载《现代教育管理》2020 年第 12 期。

197. 梁平:《新时代“德法兼修”法治人才培养——基于习近平法治思想的时代意蕴》,载《湖北社会科学》2021 年第 2 期。

198. 李树忠:《坚持改革调整创新立中国法学教育,德法兼修明法笃行塑世界法治文明》,载《中国大学教学》2018 年第 4 期。

199. 刘坤轮:《何以固本:法学教育如何回应人工智能时代?》,载《山东社会科学》2020 年第 11 期。

200. 杨宗科:《论“新法学”的建设理路》,载《法学》2020 年第 7 期。

201. 黄进:《培养德法兼修的高素质法治人才,引领中国法学教育进入新时代》,载《中国高等教育》2018 年第 9 期。

202. 孙菁:《科教融合:创新人才培养的新路径》,载《中国高等教育》2012 年第 17 期。

203. 施林淼、刘贵松:《我国研究型大学教学科研融合的方式、问题及对策——以清华大学等 6 所高校发布的本科教学质量报告为例》,载《中国高教研究》2015 年第 3 期。

204. 赵兴龙:《翻转课堂中知识内化过程及教学模式设计》,载《现代远程教育研究》2014 年第 2 期。

205. 王竹:《法学教育的慕课实践与国际比较——以四川大学“侵权责任法”慕课教学为例》,载《中国大学教学》2016 年第 6 期。

206. 焦富民:《“法治中国”视域下法学教育的定位与人才培养机制的优化》,载《法学杂志》2015 年第 3 期。

207. 王利明:《培养明法厚德的卓越法治人才》,载《中国高校社会科学》2017 年第 4 期。

208. 陈焱光:《法学专业通识教育的维度与路径》,载湖北大学通识教育研究中心:《通识教育研究》,长江出版社 2015 年版。

209. 黄进:《新时代高素质法治人才培养的路径》,载《中国大学教学》

2019 年第 6 期。

210. 唐检云、谢慧敏:《一般院校吸引优质生源的思路——基于 X 大学 2016 年推荐免试研究生志愿选择影响因素的调研》,载《学位与研究生教育》2017 年第 9 期。

211. 卢春龙:《"四型人才"导向的"四跨"——中国政法大学法治人才培养新模式》,载《政法论坛》2019 年第 2 期。

212. 杨翔、廖永安:《论法治实践部门在法治人才培养中的责任主体地位》,载《政法论丛》2015 年第 6 期。

213. 谢伟:《论从卓越法律人才到卓越法治人才培养的转变》,载《社会科学家》2019 年第 10 期。

214. 袁曾:《无人驾驶汽车侵权责任的链式分配机制——以算法应用为切入点》,载《东方法学》2019 年第 5 期。

215. 张守文:《法治人才培养的目标与路径》,载《中国高校社会科学》2017 年第 4 期。

216. 徐显明:《高等教育新时代与卓越法治人才培养》,载《中国大学教学》2019 年第 10 期。

217. 胡明:《创新法学教育模式培养德法兼修的高素质法治人才》,载《中国高等教育》2018 年第 9 期。

218. 田士永:《法治人才法治化培养的德国经验》,载《中国政法大学学报》2017 年第 4 期。

219. 蒙柳、许承光:《协同育人视角下的法学专业实践教学研究》,载《学校党建与思想教育》2017 年第 11 期。

220. 顾险峰:《人工智能的历史回顾和发展现状》,载《自然杂志》2016 年第 3 期。

221. 徐献军:《人工智能的极限与未来》,载《自然辩证法通讯》2018 年第 1 期。

222. 蔡自兴:《人工智能产业化的历史、现状与发展趋势》,载《冶金自动化》2019 年第 2 期。

223. 苏宇:《大型语言模型的法律风险与治理路径》,载《法律科学(西北政法大学学报)》2024 年第 1 期。

224. 张凌寒:《深度合成治理的逻辑更新与体系迭代——ChatGPT 等生成型人工智能治理的中国路径》,载《法律科学(西北政法大学学报)》2023 年第 3 期。

225. 史秋衡、李瑞:《高校拔尖创新人才培养的价值逻辑、关键要素与路径选择》,载《中国远程教育》2024 年第 1 期。

226. 吴瑞林、王建中:《研究性教学与研究生创新能力培养》,载《学位与研究生教育》2013 年第 3 期。

227. 钱颖一:《批判性思维与创造性思维教育:理念与实践》,载《清华大学教育研究》2018 年第 4 期。

228. 陈振华:《批判性思维培养的模式之争及其启示》,载《高等教育研究》2014 年第 9 期。

229. 钟启泉:《批判性思维:概念界定与教学方略》,载《全球教育展望》2020 年第 1 期。

(三)辑刊论文类

1. 陈京春:《论法学实践教学与现代信息技术的深度融合》,载杨宗科主编:《法学教育研究》第 25 卷,法律出版社 2019 年版。

2. 阮晨新、刘艳红:《大数据司法领域对法学教育的渗透与影响——以区块链技术的法律行业运用为视角》,载杨宗科主编:《法学教育研究》第 28 卷,法律出版社 2020 年版。

3. 刘蓓:《论 AI 与法学教育耦合赋能的动因、范式与进路》,载杨宗科主编:《法学教育研究》第 30 卷,法律出版社 2020 年版。

4. 阚明旗:《试论法学教材质量评价标准》,载黄进主编、曹义孙执行主编:《中国法学教育研究》2015 年第 2 辑,中国政法大学出版社 2015 年版。

5. 杨学科:《液态教育:未来法学教育和法学教育未来》,载范九利主编:《法学教育研究》第 39 卷,法律出版社 2022 年版。

6. 杨城新:《论"司考"改"法考"与法学教育发展——〈司考十年反思录〉再思考》,载杨宗科主编:《法学教育研究》第 36 卷,法律出版社 2022 年版。

7. 肖金明、孙旖旎:《计算法学人才培养存在的问题与对策思考》,载欧阳本祺主编:《东南法学:学术前沿与专题研究》第 7 辑,东南大学出版社 2023 年版。

8. 冯果:《大数据时代的法学教育及其变革》,载王瀚主编:《法学教育研究》第 21 卷,法律出版社 2018 年版。

9. 贾引狮:《人工智能对法律职业的影响与法学教育面临的挑战》,载王瀚主编:《法学教育研究》第 22 卷,法律出版社 2018 年版。

10. 程滔:《六年制法学实验班课程改革——兼与大陆、台湾一流法学院课程设置相比较》,载田士永主编:《中国法学教育研究》2020 年第 1 辑,中国政法大学出版社 2020 年版。

11. 石亚军:《科学谋划积极提升协同创新能力,狠抓落实全面提高法学教育质量》,载王瀚主编:《法学教育研究》第 8 卷,法律出版社 2013 年版。

12. 张建文、章晓明:《立德树人,课程育人,培养具有政法特色的高素质法治人才——西南政法大学关于新时代中国特色法学教育路径的探索》,载杨宗科主编:《法学教育研究》第 25 卷,法律出版社 2019 年版。

13. 王家启:《中国政法大学法学实验班人才培养质量评估研究》,载田士永主编:《中国法学教育研究》2021 年第 3 辑,中国政法大学出版社 2022 年版。

14. 张建文、潘林青:《人工智能时代法律人才培养的新起点、新理念与新方案》,载杨宗科主编:《法学教育研究》第 32 卷,法律出版社 2021 年版。

15. 史际春、冯辉:《"规制"辨析》,载史际春主编:《经济法学评论》第 17 卷,中国法制出版社 2017 年版。

16. 王禄生、王爽:《大数据与人工智能法学方向研究生人才培养模式探索——基于东南大学的"三元融合"教育实践》,载杨宗科主编:《法学教育研究》第 33 卷,法律出版社 2021 年版。

17. 李栗燕:《网络时代法治人才培养的革新向度》,载王瀚主编:《法学教育研究》第 21 卷,法律出版社 2018 年版。

18. 岳彩申、章晓明:《着力三个"深度融合",培养新时代社会主义卓越法治人才》,载杨宗科主编:《法学教育研究》第 33 卷,法律出版社 2021 年版。

19. 刘冰珂:《新法学建设的理论研究与实践探索——〈法学教育研究〉第四届专题研讨会综述》,载杨宗科主编:《法学教育研究》第 32 卷,法律出版社 2021 年版。

20. 付玉明、焦建峰:《法科研究生人才培养模式的类型建构——以"五院四系"为样本的分析》,载杨宗科主编:《法学教育研究》第 32 卷,法律出版社

2021 年版。

21. 蔡伟、陈侣霓:《人工智能对法学教育的机遇和挑战》,载广州市法学会编:《法治论坛》第 57 辑,中国法制出版社 2020 年版。

22. 董玮、孙鹏:《高等政法院校法学一流学科建设论》,载杨宗科主编:《法学教育研究》第 31 卷,法律出版社 2020 年版。

23. 黄锡生、王中政:《新文科与法学教育的现代化转型》,载杨宗科主编:《法学教育研究》第 36 卷,法律出版社 2022 年版。

24. 李军:《构建法学课程思政教学路径》,载杨宗科主编:《法学教育研究》第 34 卷,法律出版社 2021 年版。

(四)报纸类

1. 习近平:《在哲学社会科学工作座谈会上的讲话》,载《人民日报》2016 年 5 月 19 日,第 2 版。

2. 徐隽:《"睿法官"辅助审案还远吗》,载《人民日报》2017 年 1 月 4 日,第 5 版。

3. 陈菲等:《为全面依法治国培养更多优秀人才》,载《人民日报》2017 年 5 月 5 日,第 2 版。

4. 徐飞:《新文科建设:"新"从何来,通往何方》,载《光明日报》2021 年 3 月 20 日,第 10 版。

5. 蒲晓磊:《用人工智能辅助地方立法》,载《法制日报》2018 年 1 月 23 日,第 10 版。

6. 赵珊珊:《新文科建设背景下高校法学教师面临的机遇和挑战》,载《法制日报》2022 年 8 月 31 日,第 11 版。

7. 孟焕良、董东:《浙江"矛盾纠纷多元化解平台"正式上线运行》,载《人民法院报》2018 年 1 月 12 日,第 1 版。

8. 乔宇飞:《ChatGPT 横空出世,人工智能法治化建设亟待"提档加速"》,载《人民法院报》2023 年 2 月 24 日,第 2 版。

9. 王树春、韩兵:《互联网时代的"赶考"》,载《检察日报》2017 年 7 月 5 日,第 1 版。

10. 许胜君:《山东邹城:扬儒家文化,铸"六型"检察》,载《检察日报》2017 年 8 月 10 日,第 9 版。

11. 杨继文:《从实验法学到智能法学》,载《检察日报》2018 年 12 月 18 日,第 3 版。

12. 汤瑜:《"人工智能"办案,防范错诉错判》,载《民主与法制时报》2017 年 7 月 16 日,第 5 版。

13. 薛应军:《应增设"人工智能 + 法律"课程体系》,载《民主与法制时报》2018 年 8 月 16 日,第 5 版。

14. 郑莉娜:《点赞互联网法院一年成绩单》,载《杭州日报》2018 年 8 月 20 日,第 4 版。

15. 罗璨:《人工智能时代的法学高等教育》,载《中国社会科学报》2018 年 10 月 10 日,第 5 版。

16. 高学强:《智能时代的法学教育革命》,载《中国社会科学报》2020 年 8 月 26 日,第 3 版。

17. 王禄生:《以"领域理论"培养人工智能法学人才》,载《中国社会科学报》2022 年 6 月 21 日,第 8 版。

(五)网络文献类

1. 张文显:《加强新时代法学教育和法学理论研究的纲领性文献》,载微信公众号"民主与法制周刊"2023 年 10 月 9 日,https://mp.weixin.qq.com/s/oKeA9ArDMGN6Fee9nnonrA。

2. 方勇:《培养交叉学科人才:创新、实践、融合是关键词》,载新华网,http://education.news.cn/2021-05/25/c_1211170899.htm。

3. 刘敏华:《以智御智,重在育人——人工智能时代的数字文明与人才培养》,载光明网,https://theory.gmw.cn/2023-06/29/content_36661214.htm。

4. 谭铁牛:《人工智能的创新发展与社会影响》,载中国人大网 2018 年 10 月 29 日,http://www.npc.gov.cn/npc/c12434/c541/201905/t20190521_268525.html。

5. 侯巍巍:《人工智能赋能法学教育的回应与重塑》,载大江网,https://jxrb.jxwmw.cn/system/2023/03/27/020001647.shtml。

二、外文文献

1. National Academy of Sciences, National Academy of Engineering, and

Institute of Medicine, *Facilitating Interdisciplinary Research*, The National Academies Press, 2005.

2. Ida Madieha Abdul Ghani Azmi, *Challenges for legal education in the era of I. R.* 4. 0, UUM Journal of Legal Studies, Vol. 11: 2, p. 27 - 51(2020).

3. Abdul Paliwala, *The Seductive Serendipity of Theories: Information Technology in Legal Theory Education*, International Journal of the Legal Profession, Vol. 7:3, p. 307 - 324(2000).

4. Alyson Carrel, *Legal Intelligence Through Artificial Intelligence Requires Emotional Intelligence: A New Competency Model for the 21st Century Legal Professional*, Georgia State University Law Review, Vol. 35:4, p. 1153 - 1184 (2019).

5. Ann Thanaraj, *Making the Case for a Digital Lawyering Framework in Legal Education*, International Review of Law, Vol. 2017:3, p. 1 - 21(2017).

6. Antoinette J. Muntjewerff, *ICT in Legal Education*, German Law Journal, Vol. 10:6/7, p. 669 - 716(2009).

7. David I. C. Thomson, *How Online Learning Can Help Address Three Persistent Problems in Legal Education*, Syracuse Law Review, Vol. 70:1, p. 181 - 203(2020).

8. Edward Bryn Pugh, *Computer Assisted Learning in Legal Education*, Yearbook of Law Computers and Technology, Vol. 2, p. 135 - 141(1986).

9. Eric Allen Engle, *An Introduction to Artificial Intelligence and Legal Reasoning: Using xTalk to Model the Alien Tort Claims Act and Torture Victim Protection Act*, Richmond Journal of Law & Technology, Vol. 11:1, p. 1 - 37 (2004).

10. Georges Span, *LITES: An Intelligent Tutoring System Shell for Legal Education*, International Yearbook of Law Computers and Technology, Vol. 8, p. 103 - 114(1994).

11. James S. Winston, *The Law and Legal Education in the Computer Age*, Journal of Legal Education, Vol. 20:2, p. 159 - 168(1967).

12. Kate Galloway, *A Rationale and Framework for Digital Literacies in*

Legal Education, Legal Education Review, Vol. 27, p. 117 – 142(2017).

13. Kevin P. Lee, *The Citizen Lawyer in the Coming Era: Technology is Changing the Practice of Law, but Legal Education Must Remain Committed to Humanistic Learning*, Ohio Northern University Law Review, Vol. 40:1, p. 1 – 38 (2013).

14. Kingsley Martin, *Emergence on Contract Standards and Its Future Impact on Legal Education*, St. Thomas Law Review, Vol. 26:4, p. 570 – 578(2014).

15. Laura R. Winer, *Computer-Enhanced Collaborative Drafting in Legal Education*, Journal of Legal Education, Vol. 52:1, p. 278 – 286(2002).

16. Marcus Smith, *Integrating Technology in Contemporary Legal Education*, The Law Teacher, Vol. 54:2, p. 209 – 221(2020).

17. Mark Fenwick, Wulf A Kaal & Erik PM Vermeulen, *Legal Education in the Blockchain Revolution*, Vanderbilt Journal of Entertainment & Technology Law, Vol. 20:2, p. 351 – 384(2017).

18. Sherry Xin Chen & Mary Ann Neary, *Artificial Intelligence: Legal Research and Law Librarians*, AALL Spectrum, Vol. 21:5, p. 16 – 20(2017).

19. Pearl Goldman, *Legal Education and Technology III: An Annotated Bibliography*, Law Library Journal, Vol. 111:3, p. 325 – 438(2019).

20. Vάclav Janeček, Rebecca Williams & Ewart Keep, *Education for the Provision of Technologically Enhanced Legal Services*, Computer Law & Security Review, Vol. 40, p. 1 – 13(2021).

21. Alfredo Contreras & Joe McGrath, *Law, Technology, and Pedagogy: Teaching Coding to Build a "Future-Proof" Lawyer*, Minnesota Journal of Law, Science and Technology, Vol. 21:2, p. 297 – 332(2020).

22. Fei-Yue Wang et al., *Chat with ChatGPT on Industry* 5.0: *Learning and Decision-making for Intelligent Industries*, Journal of Automatica Sinica, Vol. 10:4, p. 831 – 834(2023).

23. Zhiqiong June Wang, *Between Constancy and Change: Legal Practice and Legal Education in the Age of Technology*, Law in Context: A Socio-Legal Journal, Vol. 36:1, p. 64 – 79(2019).

24. Frank H. Easterbrook, *Cyberspace and the Law of the Horse*, University of Chicago Legal Forum, Vol. 1996, p. 207 – 216(1996).

25. Emily Janoski-Haehlen & Sarah Starnes, *The Ghost in the Machine: Artificial Intelligence in Law Schools*, Duquesne Law Review, Vol. 58: 1, p. 3 – 49(2021).

26. William Connell & Megan Hamlin Black, *Artificial Intelligence and Legal Education*, The Computer & Internet Lawyer, Vol. 36: 5, p. 14 – 18(2019).

27. Sean Semmler & Zeeve Rose, *Artificial Intelligence: Application Today and Implications Tomorrow*, Duke Law & Technology Review, Vol. 16:1, p. 85 – 99(2017 – 2018).

28. Daniel Martin Katz, *The MIT School of Law—A Perspective on Legal Education in the 21st Century*, University of Illinois Law Review, Vol. 2014:5, p. 1431 – 1472(2014).

29. Ronald W. Staudt & Andrew P. Medeiros, *Access to Justice and Technology Clinics: A 4% Solution*, Chicago-Kent Law Review, Vol. 88:3, p. 695 – 727(2013).

30. Harvey Brooks Daedalus, *The Problem of Research Priorities*, Dædalus, Vol. 107: 2, p. 171 – 190(1978).

后　　记

本书是对人工智能时代高水平法治人才培养问题的系统性研究，主要包括对人工智能法治创新型人才塑造的先进理念、体系构成、学科建设、课程建设、教师体系、平台建设、学术培养、实践培养、评价机制等问题的分析，在此基础上提出了人工智能法治创新型人才塑造的策略建议，研究具有系统性。同时，本书各部分均以提出问题、分析问题、解决问题的思路展开，因此各部分皆具有相对的独立性、完整性、思辨性（各部分实际上也为可独立之学术论文）。

人工智能法治创新型人才塑造，既是人工智能法治研究之问题，也是人工智能法治人才培养之问题，二者密切联系。为此，本书既体现了作者对人工智能法治问题的理解，也体现了对人工智能法治人才培养的思考。这得益于各部分作者对其目前承担的研究课题的支持。因此，本书中的部分研究融入了有关课题研究的部分内容，部分研究是有关课题的阶段性成果，相关课题包括司法部法治建设与法学理论项目（项目编号:22SFB5061）、江苏省社会科学基金一般项目（项目编号:23FXB008）、中央高校基本科研业务费南京航空航天大学立项项目（项目编号:NR2020026）、南京航空航天大学研究生教育教学改革研究项目（项目编号:2024YJXGG44、2023YJXGG33、2022YJXGG35）等。故此，于此特别致谢！

于此，也非常感谢关心支持我单位网络与人工智能法治研究院工作、网络与人工智能法学学科建设、网络与人工智能法课程建设的专家学者，包括香港大学赵云教授、中国社会科学院周汉华研究员、中国人民大学杨东教授、清华大学申卫星教授、华东政法大学马长山教授、上海交通大学季卫东教授、上海交通大学王先林教授、上海交通大学程金华教授、南京大学王建文教授、武汉大学孙晋教授、西安交通大学马民虎教授、西北工业大学张敏教授等。也非常感谢我单位的高志宏教授、李宗辉教授、何邦武教授、刘耀彬副教授、施向峰副教授、熊敬副教授、郑文革博士、洪骥博士、马驰飞老师等同事的支持、促进乃至参与！

特别地，诚挚感谢法律出版社法商分社薛晗社长和肖越责任编辑的关心、指导和支持！特别地，诚挚感谢编辑们的辛勤付出！

王炳于钟山下

二〇二四年十月